Zwischen den Pausen, Band 2

GOETHE-
INSTITUT

VERLAG FÜR
DEUTSCH

Herausgegeben
von Zsuzsa Marlok
und Roland Schmidt,
Goethe-Institut

2 Zwischen den Pausen

Autoren

Katalin Hegyes
Eva Jakob
Zsuzsa Marlok
Judit Maros
Renata Ruff
Roland Schmidt
Katalin Somló
Bernadett Veress

unter Mitarbeit von
Györgyi Szalay

Für die vielen guten Ratschläge, für Kritik, Anregungen und
Erprobungen im Unterricht bedanken wir uns insbesondere bei

Eva Bedö, (OKSZI), Budapest
Klára Lindner, (FPI), Budapest
Klára Mester, Budapest
Edit Morvai, Budapest
Ingrid Schaffert, Eger
Tünde Salakta, Dunakeszi
Csilla Szasz, Budapest

und bei allen anderen, die uns tatkräftig unterstützt haben.

Dieses Werk folgt der Rechtschreibreform 1996.
Ausnahmen bilden Texte, bei denen künstlerische,
philologische oder lizenzrechtliche Gründe
einer Änderung entgegenstehen.

5. 4. 3. 2. 1. │ Die letzten Ziffern
2000 1999 98   │ bezeichnen Zahl und Jahr des Druckes.
Alle Drucke dieser Auflage können, da unverändert,
nebeneinander benutzt werden.

1. Auflage R
© 1998 VERLAG FÜR DEUTSCH
Max-Hueber-Str. 8, D-85737 Ismaning
Umschlagentwurf, Layout und Illustrationen: Christiane Gerstung, München
Druck: Druckerei Auer, Donauwörth
Printed in Germany
ISBN 3-88532-253-6

Zwischen den Pausen ...
... findet der Unterricht statt – und man findet Zeit

- für Goethe (natürlich)
  und Gefühle
- fürs Reisen und Reimen
- für Kurzgeschichte
  und Kurzvortrag
- für Metaphern
  und Mindmaps
- für Chemie und Computer
- für „hätte" und „werden"
- fürs Hören und Handeln

- für Kunst und Kitsch
- für Physik und Philosophie
- für Musik und Modalverben
- für Pop und Papageno
- für Tucholsky und Talkrunden
- fürs Schreiben
  und Schauspielerei
- für Egos und Engagement
- für Partizipien und Projekte

- für Abschied
  und Übergang
- für Fragen
  und Entdeckungen

(Zwischen den Pausen,
Band 1)

(Zwischen den Pausen,
Band 2)

Was Ihnen **Zwischen den Pausen** noch anzubieten hat, können Sie dem
Inhaltsverzeichnis entnehmen.
Apropos „Sie": Wir verwenden in diesem Buch das Sie (und nicht das
du oder ihr) – denn wir können nicht wissen, ob man sich in Ihrer
Lerngruppe auf das Duzen oder Siezen geeinigt hat. Zu unterschiedlich
ist da die Praxis an den verschiedenen Lernorten in verschiedenen
Ländern.

Zwischen den Pausen orientiert sich an Curricula mehrerer europäischer
Länder. Die Lektionsinhalte wurden ausgewählt auf Grundlage der fünf
Themenkreise
- menschliche Beziehungen
- das Eigene und das Fremde
- Mensch, Gesellschaft, Staat
- Umwelt, Natur, Technik
- ich und meine Umwelt

Dieses Lehrwerk ist ein Team-Produkt, entstanden in der Zusammen-
arbeit zwischen dem Goethe-Institut Budapest, den Autoren
und Beratern, dem Verlag für Deutsch in München und zahlreichen
Kolleginnen und Kollegen, denen wir für die kritischen Tipps und
vielen Anregungen danken.

Zwischen den Pausen wünschen wir Ihnen mit Zwischen den Pausen
viel Erfolg!

Herausgeber, Autoren, Verlag

Inhalt: Zwischen den Pausen 1

„Gib mir Musik!"

1 Ein Thema vorbesprechen

1.1

Wer ist Ihre Lieblingssängerin / Ihr Lieblingssänger / Ihre Lieblings-
gruppe?
Wer ist der Komponist, den Sie sehr verehren?
Schreiben Sie mindestens drei, höchstens sechs Namen auf einen
Zettel. Sammeln Sie alle Zettel Ihrer Mitschüler ein, ein Lerner liest sie
anschließend vor – stellen Sie Vermutungen an: Wer hat wohl welchen
Zettel geschrieben?

1.2

„Welche Bedeutung spielt Musik in deinem Leben?"

Besprechen Sie diese Frage mit einigen Lernpartnern.

Ziel Ihrer Befragung: Finden Sie jemanden in Ihrer Lernergruppe,
der ähnlich über Musik denkt wie Sie / dem Musik ähnlich viel
bedeutet wie Ihnen.
Sprechen Sie z. B. darüber, ob sich Ihre Gesprächspartner für musikalisch
halten, ob sie ein Instrument spielen, in welchen Situationen Musik für
sie besonders wichtig ist, ob sie mit dem Besenstiel an die Zimmerdecke
klopfen, wenn aus der Wohnung des Nachbarn zu laute Musik zu hören
ist ...
Machen Sie sich bei diesen Gesprächen Notizen.

Als was für einen Typ von Musikliebhaber würden Sie sich und Ihre
Gesprächspartner bezeichnen?
Als „aktiven" oder eher „passiven" Musikfreund? Als jemanden,
dem es in manchen Situationen ohne Musik nicht so gut gehen würde?
Oder empfinden Sie sich oder Ihre Gesprächspartner als eher un-
musikalisch?
Begründen Sie Ihre Einschätzung mit Hilfe Ihrer Notizen.

1.3

Lesen Sie diese beiden Strophen aus einem Lied des deutschen Lieder-
machers Reinhard Mey – haben Sie vergleichbare Situationen erlebt?

Gib mir Musik! *(Reinhard Mey)*
In der zugigen[1] Markthalle, die auf meinem Schulweg lag,
War ein kleiner Plattenladen[2], bei dem lief den ganzen Tag
Ein Zehn-Schellack-Plattenwechsler[3], und dabei war auch ein Lied,
So ein Lied, wo es dich packt, daß du nicht weißt, wie dir geschieht.
Und da stand ich starr und hörte und mir blieb gar keine Wahl:
Ich mußt' es wieder hör'n und wieder, noch einmal und noch einmal.
Aber dafür hieß es warten[4]: Zehn Lieder hin und zehn zurück.
Jedesmal 'ne knappe Stunde für knapp drei Minuten Glück.
Das gab Ärger in der Schule, doch ich hab' mich nicht beschwert.
Die Musik war all die Nerverei und alle Schläge wert!
(...)

In der ersten Frühmaschine zwischen Frankfurt und Berlin,
Eingekeilt zwischen zwei Businessmen, das Frühstück auf den Knie'n,
Den Walkman auf den Ohren, die Musik ist klar und laut.
Und ich wag' es kaum, zu atmen, und ich spür' die Gänsehaut,
Wie ein mächt'ger Strom von Wärme mich mit der Musik durchfließt,
Wie mir plötzlich, unwillkürlich Wasser in die Augen schießt.

Und ich weiß, ich hab' natürlich kein Taschentuch im Jackett,
Und ich weine einfach drauflos und auf mein Frühstückstablett,
Links und rechts die Nadelstreifen[5], und ich heulend mittendrin,
Ob die Guten[6] sich wohl vorstellen können, wie glücklich ich bin?

1 zugig: von ,-r Durchzug':
  Durchzug haben Sie in Ihrer Wohnung,
  wenn alle Fenster und Türen offen stehen.
2 -e Platte: -e Schallplatte
3 -r Zehn-Schellack-Plattenwechsler:
  Schallplattengerät, mit dem man
  10 Schallplatten hintereinander abspielt.
4 dafür hieß es warten (ugs.):
  dafür musste man warten

5 „-e Nadelstreifen" sind hier
  symbolisch gemeint:
  Das Wort bezieht sich auf die beiden
  Geschäftsmänner (Businessmen), die einen
  Nadelstreifenanzug tragen.
6 die Guten (ugs.), hier: die beiden

Mit Wörtern arbeiten

a. Schreiben Sie in drei Minuten so viele Begriffe wie möglich zum Thema „Musik" auf.

b. Tauschen Sie Ihr Heft mit Ihrem Tischnachbarn und lesen Sie dessen Wörter – kennen Sie alle? Wenn nicht: lassen Sie sich die Ihnen unbekannten Wörter erklären.

c. Vergleichen Sie Ihre Wörtersammlung mit den Begriffen in diesem Kasten – wie viele Wörter sind identisch?

-e Oper ◆ -e Premiere ◆ -s Konzert ◆ -r Chorleiter ◆ -r Applaus ◆
-r Musiklehrer ◆ -e Operette ◆ -r Reggae ◆ -s Klavier ◆
-r Dirigent ◆ sich entspannen ◆ -e Hitliste ◆ klassische Musik ◆
-s Radio ◆ -r Walkman ◆ -s Musical ◆ -s Open-Air-Konzert ◆
-r Komponist ◆ -e CD ◆ tanzen ◆ -e Diskothek ◆ -s Cello ◆
-r Musikkritiker ◆ -r Tenor ◆ -e Gitarre ◆ Noten lesen ◆
sich vor dem Publikum verneigen ◆ -s Diskussionsthema ◆
-s Autoradio ◆ -e Loge ◆ -r Musikprofessor ◆ singen ◆
-e Rock-Musik ◆ -e Technomusik ◆ -e Melodie ◆ -e Rapmusik ◆
-r Dudelsack ◆ -s Volkslied ◆ -r Rhythmus ◆ -e Violine ◆
Erfolg haben ◆ -e Aufführung ◆ -r Popsong ◆ -s Musikstück ◆
-e tiefe Stimme ◆ -r Bariton ◆ -e Symphonie ◆ -s Musikwerk ◆
-e Arie

d. Ordnen Sie die Wörter aus **a**, **b** und **c** den Oberbegriffen in der Tabelle zu. Tragen Sie weitere Oberbegriffe in die Übersicht ein, damit alle Begriffe „hineinpassen":

Musikwerke	das „Werkzeug" eines Musikers	Orte, an denen musiziert wird

Wählen Sie eines dieser Themen:
- Mein(e) Lieblingssänger(in) / Meine Lieblingsband
- Das schönste (interessanteste, langweiligste, …) Konzert, das ich besucht habe
- Musik, die mir auf die Nerven geht

Bereiten Sie zu Hause einen Kurzvortrag vor, der nicht länger als 3–5 Minuten dauern darf.
Ziel des Vortrags: Sie sollen für wenige Minuten das Interesse Ihrer Zuhörer wecken.
Nach dem Vortrag stehen Sie Ihren Zuhörern noch für Fragen zu Ihrem Vortrag zur Verfügung.

Gehen Sie bei der Vorbereitung so vor:

a. „Brainstorming": Notieren Sie auf einem großen Blatt alles, was Ihnen spontan zu diesem Thema einfällt. (Zur Arbeitstechnik „Brainstorming" finden Sie weitere Informationen in *Zwischen den Pausen,* Band 1, Lektion 1.)

b. Ordnen Sie Ihre „Brainstorming-Gedanken": Formulieren Sie einige Punkte, die für den Vortrag interessant erscheinen (z. B. Wann haben Sie diese Sängerin zum ersten Mal gehört? Was gefällt Ihnen an der Musik besonders? Fasziniert Sie nicht nur die Stimme dieser Sängerin, sondern auch ihre Ausstrahlung?).
    Notieren Sie sich zu jedem Punkt einige Stichwörter, die Ihnen bei Ihrem Vortrag als Gedankenstütze dienen sollen.

c. Überlegen Sie: Könnten Sie Ihren Vortrag mit Hilfe von Medien anschaulich gestalten? Welche Medien könnten in Frage kommen? Vielleicht ein Poster, eine Konzerteintrittskarte, Fotos, ins Deutsche übersetzte Zitate aus einer Fachzeitschrift / aus einem Jugendmagazin?

d. Haben Sie in Ihrem Unterrichtsraum einen Tageslichtprojektor (Overheadprojektor)?
    Eine beschriftete Folie kann Ihren Zuhörern das Verstehen erleichtern. Sie könnten z. B.
    - für das Verständnis Ihres Vortrages wichtige Wörter auf die Folie schreiben;
    - biografische Angaben zu Ihrer Lieblingsgruppe übersichtlich untereinander schreiben;
    - auf eine besondere – für das Fotokopieren geeignete – Folie ein Bild fotokopieren.
    Überlegen Sie, an welcher Stelle Ihres Vortrags Sie die Medien einsetzen möchten. Vermerken Sie das auf Ihrem Notizblatt.

e. **Wie könnten Sie Ihren Vortrag beginnen?**
Der Anfang (Einstieg) hat die Aufgaben,
   – das Interesse Ihrer Zuhörer zu wecken und
   – dem Zuhörer das Thema des Vortrags und eventuell einige
      Punkte, auf die Sie eingehen werden, klar zu machen.
Mögliche Einstiege:
Sie spielen den Anfang eines Liedes vor / Sie zeigen ein Poster / …

f. Halten Sie Ihren Vortrag ein oder mehrere Male zu Hause –
ergänzen / verändern Sie Ihre Notizen. Lesen Sie auf keinen Fall
ganze Sätze ab.

g. Beim Vortragen gerät jeder einmal ins Stocken – man „verliert
den Faden". Dann braucht man einige Sekunden, um den Vortrag
fortzusetzen. Diese Sekunden gewinnt man z. B., wenn man
folgende Strukturen einsetzt:
So weit so gut – habt ihr hier im Moment noch Fragen?
   Oder soll ich weitersprechen?
Einen Augenblick, jetzt weiß ich doch selbst nicht weiter –
   ah ja, was ich noch sagen wollte, ist dies: …
Bevor ich jetzt weiterspreche, möchte ich noch einmal kurz
   zusammenfassen, was ich bisher erzählt habe …

h. **Während des Vortrags:**
Während des Vortragens sollte man seine Zuhörer ansehen –
Sie erkennen dann z. B. an den Gesichtsausdrücken, ob Ihre Zuhörer
alles „mitbekommen" oder ob sie einzelne Teile nicht so gut ver-
stehen (z. B. weil Sie zu schnell sprechen oder Wörter benutzen, die
Ihre Zuhörer nicht kennen).
Da es sehr schwer ist, sich auf den Stichwortzettel und die Zuhörer
gleichzeitig zu konzentrieren, hier ein Tipp:
   – Halten Sie in erster Linie nur zu einigen wenigen Mitschülern
      Blickkontakt, die Sie besonders sympathisch finden. Das macht
      das Vortragen viel angenehmer.

4 Mit Texten arbeiten

4.1
Erstellen Sie ein Meinungsbild Ihrer Lernergruppe:

„Welche Musikrichtung gefällt dir am besten, welche am wenigsten?"

a. Volksmusik	e. Operettenmusik
b. Gospelgesang	f. Rockmusik
c. Jazz	g. klassische Konzerte
d. Opernmusik	h. leichte Unterhaltungsmusik

Werten Sie die Umfrage aus: Wie viel Prozent Ihrer Mitschüler haben sich für die Antwort a, b, c, usw. entschieden?
(Wenn Sie sich nicht ganz sicher sind, welche Wörter man braucht, um eine Statistik auszuwerten, schauen Sie noch mal in *Zwischen den Pausen*, Band 1, Lektion 2, nach.)

4.2

Können Sie sich vorstellen, dass man ein Lied komponieren könnte, das den meisten Menschen gefällt?
Wie könnte so ein Lied „aussehen": Wie lang könnte es sein?
Mit welchen Instrumenten sollte es gespielt werden?
Wie müsste der Komponist vorgehen, wenn er den Geschmack von ca. 80 % der Menschen treffen will? Welche Informationen könnte er gebrauchen? Wie könnte er an die Informationen kommen?

4.3

Lesen Sie den Text „Der perfekte Popsong", setzen Sie dabei zu den einzelnen Abschnitten die passende Überschrift ein – zwei Überschriften passen nicht zum Text ...

Musikinstrumente, die (fast) niemand hören möchte ◆
Ein internationales Trio ◆ **Das Ergebnis** ◆ **Eine Menge Fragen** ◆
Was Amerikaner gern in ihren Wohnzimmern sehen möchten ◆
Die armen Zuhörer ... ◆ **Der Alkohol war daran schuld**

Der perfekte Popsong

I

Wir haben es immer schon gewusst: Hip-Hop, Techno, Drum&Bass[7] – alles dummes Zeug. Das will keiner hören. Beweisen allerdings konnte diese These bisher niemand. Zumindest nicht mit Zahlen. Im Frühjahr
5 1997 aber taten sich zwei Russen und ein Amerikaner zusammen. Sie wollten per Internet-Umfrage herausfinden, wie ein Popsong komponiert sein muss, um möglichst viele Menschen zu erfreuen. Und nun liegt das Ergebnis vor, als CD mit vielen Gastmusikern in New York eingespielt – *The Most Wanted Song*[8]. Die Künstler präsentierten gleich
10 auch das Gegenteil, *The Most Unwanted Song*, ein Lied, das mit größter statistischer Sicherheit nur etwa zweihundert Amerikaner hören möchten. Urheber dieses ungewöhnlichen Lauschangriffs[9] sind die beiden Maler Alexander Melamid, 52, und Vitaly Komat, 53, sowie der Neurologe und Musiker Dr. Dave Soldier, 40. Ihre Fragen stellten sie auf
15 mehreren Homepages im Internet. Dank intensiver Rechnerei können sie ihr Ergebnis – zwei Songs, die „72 plus / minus zwölf Prozent" der Amerikaner glücklich (oder eben fürchterlich unglücklich) machen würden – als repräsentativ bezeichnen. Vorausgesetzt, die Antworten waren nicht gelogen.

7 *Hip-Hop, Techno, Drum&Bass:*
Stilrichtungen in der Popmusik der
80er / 90er Jahre

8 *the most wanted song (engl.):*
das beliebteste Lied

9 *„-r Lauschangriff" (lauschen: heimlich*
zuhören) ist hier symbolisch gemeint:
Verstanden wird darunter z. B. das Abhören
eines Telefons durch die Polizei; gemeint
ist die Umfrageaktion der drei genannten
Männer

II

Es wurde nicht nur danach gefragt, wie lang ein Lied sein muss, damit   20
es gefällt, sondern auch nach der optimalen Kombination von Instrumenten, nach Textinhalt, Lautstärke, Tempo – Hunderte von Fragen,
Hunderttausende von Antworten: Bei den Instrumenten liegt die gute
alte Gitarre (23 Prozent) an der Spitze. Der beliebteste Musikstil ist
Rock 'n' Roll (23 Prozent), je tiefer die Stimme klingt, desto besser, und   25
das ideale Lied – meinten sechzig Prozent – sollte zwischen drei und
zehn Minuten dauern.

III

Dudelsäcke hingegen machen schlechte Laune, ebenso wie Banjos
und Harfen. Sie kamen in der demoskopischen Hitliste am schlechtesten
weg. Musik im Fahrstuhl oder im Supermarkt finden 86 Prozent der   30
Befragten unerträglich. Und bitte keine Lieder mit Cowboys, Politikern
oder etwa Texte über Ferien! Als besonders schlimm wird es empfunden,
wenn die Komposition von Kindern (45 Prozent) vorgetragen wird.

IV

Das Ergebnis ist in der Tat hitverdächtig: ein schmalziges Liebeslied[10]
im mittleren Tempo, exakt fünf Minuten lang, also gerade noch radio-   35
formatgerecht. Über einem Klangteppich aus Gitarren, Celli, Klavier
und Bass duettieren eine Frauenstimme voller Soul und ein rauher Bariton, Marke[11] Becks-Werbung, kurz: ein „All-American Classic". Vielleicht klingt *The Most Wanted Song* deshalb wie ein Werbelied? „Das
ist es doch, was alle wollen", sagt Soldier. „Jingles[12]. Das große Lalala."   40

V

Unlängst wurde in der New Yorker Knitting Factory *The Most Unwanted
Song* live uraufgeführt: 21 Minuten und 59 Sekunden lang, große
Schwankungen bei Lautstärke und Tempo, ein quäkender Kinderchor,
viele Banjos, Dudelsäcke und abrupte Stilbrüche. Soldier: „Keiner ist
gegangen. Das hat mich überrascht. Die guckten nur die ganze Zeit, als   45
würden sie einem Verkehrsunfall beiwohnen."

4.4

In welchen Abschnitten finden Sie eine Antwort auf die Frage,

a. *was* die drei Männer getan haben, um herauszufinden, wie der
    Musikgeschmack der Amerikaner aussieht. (Schreiben Sie an den
    Textrand neben die in Frage kommenden Abschnitte ein „A".)

b. wie das *Ergebnis* dieser Arbeit aussieht. (Schreiben Sie an den
    Textrand neben die in Frage kommenden Abschnitte ein „B".)

10 ein schmalziges Liebeslied (ugs.):
    ein kitschiges Liebeslied
11 Marke, hier:
    vom Typ / so wie ...; ein rauher Bariton
    Marke Becks-Werbung: eine rauhe
    Baritonstimme, wie sie der Sänger im
    Werbespot der Firma Becks-Bier hat
12 Jingles (engl.): -s Geklingel, Klimpern

Beantworten Sie anschließend die folgenden Fragen zu „A" und „B".
1. Welche Rolle spielte bei der Aktion das INTERNET?
2. Kann man die Befragung als repräsentativ bezeichnen?
3. Nennen Sie drei Ergebnisse, die die Befragung gebracht hat.
4. Gefällt Soldier der „Most Wanted Song"? Gibt es eine Textstelle, die darüber Auskunft gibt?

4.5

Erklären Sie, was mit folgenden Textstellen gemeint sein könnte:

a. Zeile(n) ___29___ : die demoskopische Hitliste
b. Zeile(n) ___34___ : das Ergebnis ist hitverdächtig
c. Zeile(n) ___44___ : abrupte Stilbrüche

4.6

Denken Sie an Ihr Gespräch vor dem Lesen (Aufgabe **4.1**) – überrascht Sie das Resultat der drei Musiker?
Könnten Sie sich vorstellen, dass das Ergebnis einer solchen Umfrage in Ihrer Heimat anders aussehen könnte?

5 Mit Wörtern arbeiten

5.1

Schreiben Sie mit den Wörtern einer dieser vier Wörterreihen eine Geschichte.
Vergleichen Sie anschließend Ihre Texte mit den Texten Ihrer Mitschüler, die dieselbe Wörterreihe verwendet haben.

a. -r Musikprofessor ◆ -r Techno ◆ -e Überraschung ◆ -s Cello
b. -r Dirigent ◆ krank ◆ -r Musiklehrer ◆ -s Auto
c. -e Premiere ◆ -e Chorleiterin ◆ -s Abendessen ◆ -s Klavier
d. -s Open-Air-Konzert ◆ -r Walkman ◆ -r Regen ◆ -s Radio

5.2

Formen Sie die Sätze mit „lassen" so um, dass das Wort „lassen" ersetzt und der Sinn des Satzes erhalten bleibt.

Beispiel:

Lassen Sie sich von Ihrem Tischnachbarn die unbekannten Wörter erklären.

Bitten Sie Ihren Tischnachbarn(,) Ihnen die unbekannten Wörter zu erklären.

a. Lassen Sie sich dieses Stück noch ein paar Mal von Ihrem Gitarrenlehrer vorspielen.

_____

b. Lassen Sie jemanden kommen, der das Klavier stimmt.

_____

c. Lassen Sie Herrn Gerhardt für morgen Abend Karten für das Musical besorgen.

_____

d. Sie hätten sich von der Dame an der Kasse das Programmheft geben lassen sollen.

_____

5.3

a. Ein Wort passt nicht in die Reihe …

    a. dirigieren ◆ musizieren ◆ komponieren
    b. vortragen ◆ darbieten ◆ applaudieren ◆ präsentieren
    c. -s Cello ◆ -r Bass ◆ -s Klavier ◆ -e Violine

b. Schreiben Sie eine weitere Wörterreihe mit den Begriffen zum Theme „Musik". Finden Ihre Mitschüler das falsche Wort?

5.4

Welche der Umschreibungen kann das unterstrichene Wort _nicht_ sinngemäß ersetzen?
(Von den jeweils drei Möglichkeiten passt eine nicht.)

a. Zwei Amerikaner und ein Russe taten sich zusammen.
bildeten ein Arbeitsteam ◆ feierten zusammen ◆ arbeiteten zusammen

b. Sie wollten per Internet-Umfrage ein Ergebnis finden.
wegen ◆ mit Hilfe einer ◆ mittels einer

c. Dank intensiver Rechnerei konnten sie bald ihr Ergebnis in Form einer CD präsentieren.
Als Folge ◆ Infolge ◆ Laut

d. Sie stellten fest: Die gute alte Gitarre liegt an der Spitze der beliebtesten Instrumente.
ist sehr beliebt ◆ ist das beliebteste Musikinstrument ◆ findet den größten Gefallen

e. Dudelsäcke hingegen sollen schlechte Laune machen.
viel mehr ◆ dagegen ◆ demgegenüber

f. Unlängst wurde in New York „The most unwanted Song" uraufgeführt.
Vor langer Zeit ◆ Vor kurzem ◆ Vor nicht allzu langer Zeit

5.5

Welche Kombinationen passen nicht?

Musik   -stil ◆ -gruppe ◆ -theater ◆ -laune ◆ -melodie ◆
-kritiker ◆ -chor ◆ -geschichte ◆ -instrument

5.6

Ergänzen Sie die Sätze so, dass der Sinn des ersten Satzes nicht verändert wird:

a. *Sie wollten herausfinden, wie ein Popsong komponiert sein muss, um möglichst viele Menschen zu erfreuen.*
Sie wollten herausfinden, wie man _____, um möglichst viele Menschen zu erfreuen.

b. *Als besonders schlimm wird es empfunden, wenn die Komposition von Kindern vorgetragen wird.*
Als besonders schlimm wird es empfunden, wenn Kinder

_____ .

c. *Unlängst fand in New York die Uraufführung vom „The Most Unwanted Song" statt.*
Unlängst wurde _____ .

Tipp: Möchten Sie das Passiv noch einmal intensiv üben? – Dann schauen Sie nach in *Zwischen den Pausen*, Bd. 1, S. 187–208.

6 Lesen und diskutieren

6.1

Im folgenden Text, einem Zeitungsartikel, kommen diese Begriffe vor:

Teeniebands ◆ die „netten Jungs von nebenan" ◆ eiskalte Geschäftemacher ◆ Mädchenfänger

Zwei positive und zwei negative Begriffe – was könnten sie miteinander zu tun haben?
Mit welcher Thematik könnte sich der Text beschäftigen?

Sprechen Sie mit Ihrem Tischnachbarn über diese Fragen; notieren Sie sich einige Begriffe, die möglicherweise ebenfalls in diesem Text vorkommen könnten.

Lesen Sie den Text „Die Mädchenfänger" – treffen Ihre Vermutungen
(6.1) zu?

Die Mädchenfänger

(…) Das verlogene Geschäft mit den Teeniebands. Genau wie Konstruk-
teure neue Autos am Reißbrett kreieren, entwerfen raffinierte Mädchenfänger pflegeleichte Retortenbands. (…)

Die Gruppen werden vor allem nach der Optik zusammengestellt.
Manager vermarkten ihre Schützlinge als „nette Jungs von nebenan",   5
locken so ihre weibliche Zielgruppe (12 bis 17 Jahre) mit einer Mischung
aus seichten Schmusemelodien, Saubermann-Image und heile Welt.
Doch in Wirklichkeit jonglieren die Mädchenfänger mit den Gefühlen
und Sehnsüchten der Fans, sind eiskalte Geschäftemacher, die mit ihren
glatten Kunstprodukten Millionen scheffeln. (…)   10

„Uns wurde genau eingeimpft, welche Rolle jeder Einzelne zu spielen hatte. Ich war der Spaßvogel, durfte nur ein paar witzige Kommen-
tare abgeben, mein Kollege Jason war für ernste Themen wie Umwelt
zuständig und Gary musste über Musik sprechen." (Robbie Williams,
Sänger bei der Musikband „Take That")   15

Wie ein Diktator hatte Matin Nigel (Manager bei „Take That") seine
Pop-Marionetten unter Kontrolle: Er bestimmte die Kleiderordnung,
die Frisur, den Tagesablauf, entwarf die Rollen der einzelnen „Take
That"-Mitglieder: der Schüchterne, der Sensible, der Lustige – für jeden
Fan sollte etwas dabei sein.   20

Robbie: „Es war wie im Gefängnis. Wir wurden ständig überwacht."
Nach außen galt ein strenger Kodex eiserner Regeln: keine Freundinnen,
keine Diskos, kein Alkohol, keine Drogen. Wer das Saubermann-Image
gefährdete, wurde mit gnadenlosem Psychodruck bestraft: Wie in einer
Sekte musste Robbie regelmäßig zu so genannten „Disziplinbesprechun-   25
gen" antreten: „Das Management und die Band saßen da, hielten mir
meine Vergehen vor. Danach musste ich mich bei allen entschuldigen."
(…)

Auszug aus einem Artikel in der BILD am SONNTAG

Was könnte mit den folgenden Begriffen gemeint sein?
Achtung: Nicht bei allen Begriffen hilft das Nachschlagen in einem
Wörterbuch, da der Schreiber hier einige Wörter selber „kreiert" hat.
Diese Wörter versteht man nur aus dem Textzusammenhang.

pflegeleichte Retortenbands ◆ *seichte Schmusemelodien* ◆
Saubermann-Image ◆ *mit den Gefühlen und Sehnsüchten der Fans*
jonglieren ◆ *Pop-Marionetten*

„Das harte Geschäft mit den Teeniebands: Wer ist mehr zu bedauern – die Fans, mit deren Gefühlen und Sehnsüchten gespielt wird, oder die Mitglieder der Bands, die von ihren Managern unter Druck gesetzt werden?"

Diskutieren Sie diese Frage und verwenden Sie – falls Ihre Diskussion emotional geführt werden sollte – eventuell einige der folgenden „emotionsgeladenen" Wendungen:

Das stimmt doch überhaupt nicht. ◆ *Was du da sagst, das klingt doch sehr naiv.* ◆ *In diesem Text wird endlich einmal die Wahrheit gesagt.* ◆ *Ich kann mir nicht vorstellen, dass der Autor hier bei der Wahrheit bleibt.* ◆ *Hauptsache ist doch, dass (einem die Musik gefällt.)* ◆ *Das ist eine ganz schlimme Sache.* ◆ *In diesem Text wird vieles verallgemeinert.*

7 Ein Quiz

Von welchen weltberühmten Personen ist in den Texten A und B die Rede? Aus welcher Oper stammt Librettoauszug C?

A

Textauszug: **Felix Huch: XX**

Als XX eines Morgens erwachte, vernahm er ein leises dumpfes Brausen. Es klang wie strömender Regen, doch der Himmel war rein und blau. Brannte es gar in der Nachbarschaft? Er sprang aus dem Bett und trat ans Fenster; aber nirgends war Rauch zu sehen, und die Straße bot den gewohnten friedlichen Anblick. Er rief den Diener herbei; der horchte eine Weile und erklärte dann, er wisse nicht, was der Herr meine, er höre nichts. Merkwürdig! Dann konnte das Geräusch also nicht von außen kommen. Richtig! Im linken Ohr saß es; schloß er dieses mit dem Finger, so nahm das Brausen sogar noch zu. Nun, es würden wohl die Nerven sein, (…), Überarbeitung vielleicht. Also heute mal nichts getan, spazierengegangen, früh ins Bett! Am anderen Morgen noch dasselbe dumpfe Brausen. Ach was! Es wird schon vorübergehen. Heute wird gearbeitet.

Ein Streichtrio ward[13] es diesmal. Ein zweites folgte, ein drittes. XX war zufrieden. Welches das beste sei, wußte er selber nicht. Sie wirkten schon auf dem Klavier ganz ausgezeichnet, obwohl mit dem seit ein paar Tagen etwas nicht in Ordnung war (…). Er wollte einmal seinen Freund Streicher, den Klavierbauer, kommen lassen. (…)

Die Hausmusiker des Fürsten[14] waren von den neuen Werken entzückt und übten mit Begeisterung.

Der Tag der Aufführung war gekommen. XX war seines Erfolges sicher. Und obgleich es in seinem Ohr immer weiterbrauste, war er in der heitersten Stimmung, als er in Lichnowskys Musiksaal eintrat. Aber was war denn heute mit Schuppanzighs Geige? Die tiefen Lagen

13 ward („altes" Deutsch): wurde
14 Der Fürst Lichnowsky unterstützte XX; mit Lichnowsky unternahm XX seine erste Konzertreise. XX widmete Lichnowsky eine Klaviersonate

klangen gut, die hohen matt; rasche Läufe im Diskant[15] wurden von Bratsche und Cello beinah zugedeckt.

„Was fehlt denn heute seiner Geige?" sagte XX zu dem dicken Primgeiger; „die hat wohl Schnupfen?"

Schuppanzigh sah ihn erstaunt an: „Ich weiß nicht, was Er will."[16] „Sein Trommelfell ist so dick wie Er selber! Die Höhe klingt doch gar nicht!"

Mylord Falstaff war etwas gekränkt. „Ich frage die Anwesenden: Klingt die Höhe wirklich nicht?"

Ihm sei nichts aufgefallen, meinte der Fürst. Auch Bratsche und Cello nahmen für die Geige Partei.

„Also weiter! Ihr habt alle kein Gehör!"

Der zweite Satz begann. Aber schon nach den ersten Tönen sprang XX auf. „Merkt ihr denn wirklich nichts?" Die Musiker sahen sich etwas verwundert an und schwiegen. „Ich frage jetzt auf Ehre und Gewissen: klingt die Geige nicht, oder höre ich schlecht?" (…)

Eine fürchterliche Angst trieb XX um, ließ ihn nicht mehr richtig zur Ruhe, zum Schlaf, zur Arbeit kommen. Er mied die Menschen, niemand sollte wissen, wie es um ihn stand. (…) Hätte er eine Frau zur Seite gehabt, die ganz sein war, der er alles vertrauen konnte, die ihn an ihr Herz nahm und ihn tröstete, ihm sagte, dass alles wieder gut werde! (…) Aber er hatte keine Frau; keine von denen, die seinen Weg gekreuzt, war ihm nah genug gekommen, daß er gewünscht hätte, sie möchte ihm nie wieder entgleiten.

So saß er oft, in düsteres Brüten versunken, zu Hause, horchte in sich hinein, lauschte den Geräuschen, die in seinen Ohren ein wahres Höllenkonzert aufführten. (…)

Nicht mehr schaffen können? Dann nicht mehr leben! Dann war es besser, aus der Welt zu gehen auf der Höhe des Ruhmes. (…)

Wie seltsam die Notenköpfe auf dem Papier ihn anblicken! Und jetzt beginnen sie zu sprechen, nein, zu singen. (…) Nun ist es still. XX greift nach Papier und Bleistift. Er schreibt und schreibt, stundenlang, ohne abzusetzen. Jetzt ist er zu Ende. Nun überliest er das Ganze. Tief beglückt legt er die Blätter aus der Hand. Das ist der Anfangssatz einer Symphonie!

Was liegt da auf dem Tisch? Seine Pistole? Wie? Er wollte – ? Unsinn! Irrsinn! Er, der gesegnet ist wie kein anderer, er hat aus dem Leben gehen wollen? (…) Ist sein Genie nicht ein Geschenk Gottes an die ganze Menschheit? (…)

B

– YY ist das Wunderkind par excellence.

– Anfang Juni 1763 trifft Leopold *(YYs Vater)* aufs Neue umfangreiche Reisevorbereitungen. Wieder, wie schon anderthalb Jahre zuvor, ist München das erste Ziel. Diesmal jedoch ist die Mutter von Anfang an dabei, und die Familie fährt „noblement" im eigenen Reisewagen. Ein Radbruch allerdings zwingt sie schon am ersten Reisetag zu einer Unterbrechung in Wasserburg, wo der inzwischen sieben Jahre alte YY gleich für Furore sorgt: Er spielt die Orgel – aber nicht bloß *manualiter*, sondern zur allseitigen Verblüffung auch auf dem Pedal, das er, weil die Beine viel zu kurz sind, im Stehen bedient. (S. 27)

– Mit einem neu erworbenen Reiseklavier (…) macht sich die Familie (…) auf den Weg nach Frankfurt am Main. Die Vorstellung, die sie

15 -r Diskant:
hohe (gewöhnlich Knaben-) Stimme

16 „was Er will":
alte Anrede für die zweite Person: „was Sie wollen"

dort geben, muss der großen Nachfrage wegen bis Ende August noch dreimal wiederholt werden. Einmal sitzt unter den Zuhörern auch der kaum 14 Jahre alte Johann Wolfgang von Goethe, der sich noch 1830 deutlich des siebenjährigen YYs als eines „kleinen Mannes in seiner Frisur und Degen" erinnert.

– Korrespondentenbericht in der SALZBURGER Zeitung:
„Vorgestern Morgens ist der Hochfürstliche Salzburgische Vice-Capell-meister, Herr Leopold Y., mit seinen zwey bewundernswerthen Kindern von hier nach Stuttgard abgereist, um seine Reise über die grösten Höfe Deutschlands nach Frankreich und Engeland fortzusetzen. Er hat den Inwohnern seiner Vatterstadt das Vergnügen gemacht, die Würkung der ganz außerordentlichen Gaben mit anzuhören, die der Große Gott diesen zwey lieben Kleinen in so grosser Masse mitgetheilet, und deren der Herr Capellmeister sich mit so unermüdetem Fleiße als wahrer Vatter bedienet hat, um ein Mägdlein von 11 und, was unglaublich ist, ein Knabe von 7 Jahren als ein Wunder unserer und voriger Zeiten auf de Clavessin der musikalischen Welt darzustellen." (s. 30)

C
1. Aufzug, 2. Auftritt
Papageno kommt den Fußsteig herunter, hat auf dem Rücken eine große Vogelsteige, die hoch über den Kopf geht, worin verschiedene Vögel sind; auch hält er mit beiden Händen ein Faunenflötchen; pfeift und singt.

Arie
Papageno:
Der Vogelfänger bin ich ja,
Stets lustig, heisa, hopsassa!
Ich Vogelfänger bin bekannt
Bei Alt und Jung im ganzen Land.
Weiß mit dem Locken umzugehn
Und mich aufs Pfeifen zu verstehn.
Drum kann ich froh und lustig sein,
Denn alle Vögel sind ja mein.
(Pfeift)
Der Vogelfänger bin ich ja,
Stets lustig, heisa, hoppsassa!
Ich Vogelfänger bin bekannt
Bei Alt und Jung im ganzen Land.
Ein Netz für Mädchen möchte ich,
Dann sperrte ich sie bei mir ein,
Und alle Mädchen wären mein.
(Pfeift)
Wenn alle Mädchen wären mein,
So tauschte ich brav Zucker ein,
Die, welche mir am liebsten wär'
Der gäb ich gleich den Zucker her.
Und küsste sie mich zärtlich dann,
Wär' sie mein Weib und ich ihr Mann.
Sie schlief' an meiner Seite ein,
Ich wiegte wie ein Kind sie ein.

Mit Wörtern arbeiten

8.1

Der Korrespondentenbericht der Salzburger Zeitung wurde Mitte des 18. Jahrhunderts geschrieben.
Wie würde dieser Text heute – orthographisch und grammatisch korrigiert – aussehen? – Übertragen Sie den Text in zeitgemäßes Deutsch.

8.2

Ordnen Sie die folgenden Wörter aus Text **A** den Oberbegriffen *Enthusiasmus*, *Ruhe*, *Unruhe* und *Verzweiflung* zu.

Enthusiasmus	Ruhe	Unruhe	Verzweiflung
– ein Geschenk an die ganze Menschheit	– zufrieden sein	– merkwürdig	– fürchterliche Angst
–	–	–	–
–	–		
–			

8.3

Bringen Sie diese Wörter in eine zeitliche Reihenfolge:

☐ abreisen ☐ sich auf den Weg machen ☐ eintreffen
☐ Reisevorbereitungen treffen ☐ eine Reise fortsetzen

8.4

Schreiben Sie einen Kurztext zum Thema „Eine Reise".
Gebrauchen Sie dabei folgende Wörter:

allerdings ◆ *nicht bloß ..., sondern auch ...* ◆ *von Anfang an* ◆
-e Unterbrechung ◆ *-s Vergnügen* ◆ *weder ... noch* ◆
sowohl ... als auch

a. Geben Sie dem Bild eine Themenüberschrift:
    Beschreiben Sie die Figuren: ihr Alter, ihren Gesichtsausdruck
    (Achten Sie auf ihre Augen!), ihre Körperhaltung.

b. Beschreiben Sie die Situation:
    Was machen die jungen Leute?
    Welche Bedeutung haben die Zäune in dieser Karikatur?
    Was möchte der Karikaturist „überspitzt" („übertrieben")
    darstellen?

c. Ihre Bewertung des Bildes:
    Finden Sie das Dargestellte eher komisch oder ernst?
    Ist es eher übertrieben oder der Realität entsprechend?

d. Ihre Meinung:
    Erkennen Sie sich selbst oder eine andere Person
    in diesem Bild wieder?

10 Der Arbeitstipp: Eine Wortschatzsammlung anlegen

10.1

Die Vorbereitung

- Besorgen Sie sich Karteikarten DIN A 6 oder schneiden Sie Wort-
  kärtchen zurecht – Größe: ca. 15 x 11 cm
- Sie benötigen zwei Schachteln / Kartons / Dosen:
  In die eine können Sie aktuelle Kärtchen ablegen mit Wörtern,
  die Sie gerade lernen / gelernt haben, in die andere Schachtel
  können Sie Kärtchen mit Wörtern ablegen, die Ihnen beim Lernen
  Schwierigkeiten bereiten / bereitet haben.

10.2

Die Beschriftung der Kärtchen

A Die Vorderseite

Notieren Sie zu dem Wort grammatische Informationen:
z. B. bei Substantiven die Pluralform, den Artikel; bei Verben die
Vergangenheitsformen, die Rektion. (Folgt dem Verb ein *Dativ-,
Genitiv-* oder *Akkusativobjekt?*) Schreiben Sie einen oder mehrere
Beispielsätze dazu.

B Die Rückseite

Es gibt viele Möglichkeiten, die Rückseite zu gestalten:

- Notieren Sie eine Erklärung / Definition des zu lernenden Wortes.
- Zeichnen Sie den Begriff. / Kleben Sie ein Bild auf.
- Nennen Sie ein oder mehrere Synonyme (Wörter mit ähnlicher
  Bedeutung) oder Antonyme (Wörter mit gegensätzlicher Be-
  deutung).
- Schreiben Sie einen Beispielsatz, in dem das zu lernende Wort fehlt
  (Lückensatz).
- Schreiben Sie die Bedeutung des Wortes in Ihrer Muttersprache.

Beispiele für Kärtchen:

Vorderseite

Rückseite

-r Applaus *Genitiv:* -s (Wegen des starken Applauses gaben die Musiker noch vier Zugaben.)	Darüber freuen sich alle Künstler – z. B. am Ende eines Konzerts. *Verb:* jemandem applaudieren *Synonym:* -r Beifall, Beifall klatschen

Vorderseite	Rückseite
-e Dirigentin, -r Dirigent *Plural:* -e Dirigenten / Dirigentinnen *Genitiv:* der Taktstock des Dirigenten	Bild (Foto, Zeichnung) *Verb:* ein Orchester dirigieren *Synonym:* ein Orchester führen / leiten
-r Tenor *Plural:* -e Tenöre *Genitiv:* -s	a. hohe männliche Gesangstimme b. Sänger mit dieser Stimme *Beispiele:* Pavarotti, Carreras
an der Spitze liegen Bei einer Umfrage nach dem beliebtesten Musikinstrument lag die Gitarre an der Spitze.	vorn sein / Erster sein / (z. B.) eine Hitliste anführen
repräsentativ	So bezeichnet man eine Umfrage, an der sich sehr viele Menschen beteiligt haben.
etwas empfinden als	Die meisten Amerikaner _____ es als besonders schlimm, wenn Kinder ein Lied vor- tragen.

10.3

Beschriften Sie Kärtchen zu diesen Wörtern:

-r Neurologe ◆ *ideal* ◆ *-e Uraufführung* ◆ *schlechte Laune* ◆
-e Violine ◆ *-r Vorhang* ◆ *-r Beifall* ◆ *sich verneigen* ◆ *-e Musiknote*

10.4

Wörter lernen mit den Kärtchen

— Fertigen Sie jedesmal, wenn Sie eine Lektion beendet haben,
Wortschatzkärtchen an.

— Lernen Sie mit diesen Kärtchen regelmäßig – zum Beispiel in jeder
Unterrichtsstunde – 5 bis 10 Minuten, vielleicht auch in jeder dritten
Unterrichtsstunde 20 Minuten. Verwenden Sie auch Kärtchen mit
Wörtern aus „alten" Lektionen. Vergessen Sie nicht die Wörter aus
dem 2. Kasten.

- *Wenn Sie allein arbeiten:*
  Ziehen Sie eine Karte aus dem Karton.
    - Sehen Sie sich die Vorderseite an – kennen Sie das gesuchte Wort? Schauen Sie auf die Rückseite und vergewissern Sie sich, ob Sie Recht hatten.

- *Wenn Sie mit anderen (einem Lernpartner oder in einer kleinen Gruppe) zusammen lernen:*
  Ziehen Sie eine Karte. Sehen Sie auf die Vorderseite.
    - Definieren Sie den Begriff – Ihre Mitschüler sollen den Begriff „erraten".
    - Fertigen Sie für Ihre Mitschüler mit dem Wort ein Rätsel an – z. B.: Silben oder Buchstaben vertauschen: *nist-kom-po*
    - Stellen Sie Ihren Mitschülern das Wort „schauspielerisch" (ohne Worte) dar.

- *Eine weitere Möglichkeit des gemeinsamen Lernens:*
  Jeder der Mitschüler Ihrer Gruppe zieht eine Karte – alle zusammen schreiben einen Text, in dem diese Wörter vorkommen.

Weiterlesen

Ratschläge für einen schlechten Redner *(Kurt Tucholsky)*

Sprich nicht frei – das macht einen so unruhigen Eindruck.

Am besten ist: du liest deine Rede ab. Das ist sicher, zuverlässig, auch freut es jedermann, wenn der lesende Redner nach jedem vierten Satz mißtrauisch hochblickt, ob auch noch alle da sind.

Sprich mit langen, langen Sätzen – solchen, bei denen du, der du dich zu Hause, wo ja die Ruhe, deren du so sehr benötigst, deiner Kinder ungeachtet, hast, vorbereitest, genau weißt, wie das Ende ist, die Nebensätze schön ineinandergeschachtelt, so daß der Hörer, ungeduldig auf seinem Platz hin und her träumend, sich in einem Kolleg wähnend, in dem er früher so gern geschlummert hat, auf das Ende solcher Periode wartet ... nun, ich habe dir eben ein Beispiel gegeben. So mußt du sprechen.

Du mußt alles in die Nebensätze legen. Sag nie: „Die Steuern sind zu hoch." Das ist zu einfach. Sag: „Ich möchte zu dem, was ich soeben gesagt habe, noch kurz bemerken, daß mir die Steuern bei weitem ... ." So heißt das.

Kündige den Schluß deiner Rede lange vorher an, damit die Hörer vor Freude nicht einen Schlaganfall bekommen. (Paul Lindau hat einmal einen dieser gefürchteten Hochzeitstoasts so angefangen: „Ich komme zum Schluß.") Kündige den Schluß deiner Rede lange vorher an, und dann beginne deine Rede von vorn und rede noch eine halbe Stunde. Dies kann man mehrere Male wiederholen.

Sprich nie unter anderthalb Stunden, sonst lohnt es sich gar nicht erst anzufangen. Wenn einer spricht, müssen die andern zuhören – das ist deine Gelegenheit! Mißbrauche sie.

Vielleicht finden Sie in diesem Textauszug noch ein paar „gute Ratschläge" zum Thema „Vortrag" ...

Schütteltanz und flackernde Kerzen

1 Ein Thema vorbesprechen

1.1

*im Kreis sitzen ◆ Kerzenflackern ◆ Geheimnisse ◆ heilen ◆ Freitag,
der 13. ◆ Symbole ◆ der Kreativbereich ◆ den Kopf frei bekommen ◆
der Segensspruch ◆ entschweben in die Welt der Fantasie*

Welcher Oberbegriff könnte hier passen? Was könnte das Thema der
Lektion sein?

1.2

a. Haben Sie Gegenstände zu Hause, die Sie nur zu bestimmten
Anlässen benutzen – wie zum Beispiel Räucherstäbchen oder Duft-
kerzen? Wann benutzen Sie sie?

b. Haben Sie einmal eine der folgenden rituellen Handlungen
beobachtet? Können Sie sie schildern?

- Fußballfans bereiten sich auf den Besuch eines
Fußballspiels vor
- ein älterer Herr bereitet sich auf den Besuch eines
Kaffeehauses vor
- Rituale in einer Unterhaltungsshow im Fernsehen
- der sonntägliche Besuch bei den Großeltern

c. Wie finden Sie Menschen, die sich an solchen Handlungen
beteiligen?
romantisch ◆ weltfremd ◆ interessant ◆ fantasievoll ◆ merkwürdig
◆ …

2 Mit Texten arbeiten – Texte zusammenfassen

2.1

(Textanfang eines Aufsatzes von Daan van Kampenhout)

I

Stell dir einmal vor, du kommst nach einem total anstrengenden Tag nach Hause. Du steckst den Schlüssel ins Schlüsselloch, machst die Tür auf und gehst hinein. Dann schaust du in den Briefkasten und findest einen Brief von einer guten Freundin. Was für eine angenehme Überraschung! Anstatt den Brief gleich aufzumachen, …

Kennen Sie die Situation, dass Sie – oder eine Person aus Ihrem Bekanntenkreis – sich zunächst „innerlich" auf das Öffnen eines Briefes vorbereiten? Welche Rituale könnten sich dabei abspielen?

2.2

Lesen die Fortsetzung des Textes. Setzen Sie beim Lesen die angegebenen temporalen Angaben ein – einige der Angaben passen an mehreren Stellen.

II

jetzt

einen Moment lang

bevor

dann

die ganze Zeit

erst einmal

… beschließt du, ihn später in aller Ruhe zu lesen. (1) _____ gehst du unter die Dusche, um die ganze Last des Tages von dir wegzuspülen. (2) _____ ziehst du dir deine bequemsten Kleider an und machst dir (3) _____ eine schöne Tasse Kaffee oder Tee. Weil du absolut keine Lust hast von der Außenwelt gestört zu werden, schaltest du das Telefon herunter. (4) _____ freust du dich schon auf den Brief, der im anderen Zimmer auf dich wartet. (5) _____ machst du Licht oder zündest eine Kerze und vielleicht ein paar Räucherstäbchen an. (6) _____ du es dir auf dem Sofa gemütlich machst, gehst du zu deiner Stereoanlage und legst noch irgendeine entspannende Musik auf. Mit dem dampfenden Kaffee und vielleicht etwas zum Knabbern in Reichweite ist (7) _____ alles genau so, wie du es haben willst. Du lässt dich zufrieden auf das Sofa fallen und lässt (8) _____ alles auf dich einwirken. (9) _____ kommt der Brief dran, du machst ihn auf und fängst an zu lesen.

2.3

a. Fassen Sie den Textteil II zusammen, indem Sie in Stichwörtern die einzelnen Stationen bis zum Öffnen des Briefes wiedergeben. Gebrauchen Sie dabei die Infinitivform:

Vor dem Öffnen des Briefes:
1. duschen
2. die bequemste Kleidung anziehen
3. _____
4. _____

2.4

Fassen Sie den Textteil III zusammen, indem Sie die wichtigsten Informationen stichwortartig in die „Text(land)karte" Mindmap (hinter dem Text) eintragen.

In der Mitte dieser Textkarte finden Sie den zentralen Begriff – das Thema dieses Aufsatzes: **Rituale.** Ausgehend von diesem zentralen Begriff finden Sie „Äste", die die Hauptinformationen „tragen".
Diese Äste wiederum tragen „Zweige" mit weiteren Informationen („Nebeninformationen", Beispiele u. ä.)
Dieses Verfahren, das hilft, sich einen Überblick über den Inhalt eines Textes zu verschaffen, ist eine Möglichkeit des *Mindmappings* (Beispiele zum Mindmapping finden Sie in *Zwischen den Pausen,* Bd.1, Lektionen 1 und 4).

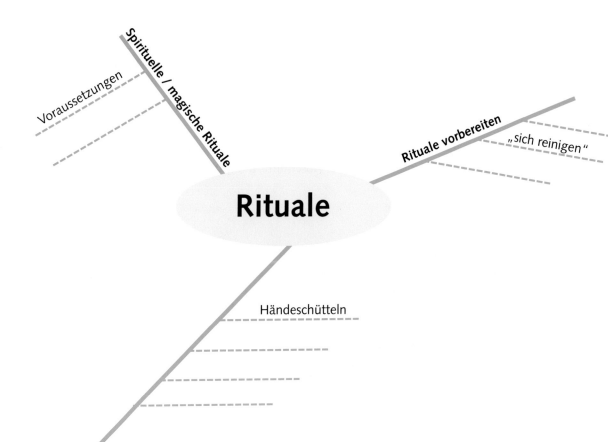

III

Da die eben geschilderte Situation alle wesentlichen Bestandteile enthält, die auch ein Ritual ausmachen, könnte man sie als solches bezeichnen. Wie bei einem Ritual beginnst auch du nicht mit dem Höhepunkt, in deinem Fall dem Brief, sondern bereitest dich langsam auf ihn vor, indem du die richtige Atmosphäre schaffst und ein bestimmtes Gefühl erzeugst. Bevor du überhaupt anfängst, „reinigst" du dich, um dich für das bereitzumachen, was du dir vorgenommen hast. Außerdem sorgst du dafür, dass du nicht gestört wirst, um dich voll und ganz auf die bevorstehende Aufgabe konzentrieren zu können. Alles um dich herum ist so arrangiert, dass du dich vollkommen dazu in der Lage fühlst, dich ganz auf das einzulassen, was du tust. All das sind typische Aspekte eines Rituals.

   Rituale müssen nicht unbedingt schwierig und geheimnisvoll sein. Auch das Händeschütteln ist eine Form von Ritual. Oder das Verzieren einer Geburtstagstorte, das Tragen von schwarzer Kleidung zum Zeichen der Trauer bei Totenwachen oder Beerdigungen oder das Reiswerfen bei Hochzeiten. Diese Art von gesellschaftlichen Ritualen machen das eine Extrem des Ritualspektrums aus, das andere bilden die spirituellen und magischen Rituale. Diese werden im Allgemeinen von Personen mit einer umfassenden Ausbildung vollzogen, die wochenlang fasten und enthaltsam leben können, um die messerscharfe Konzentration aufzubauen, die zur Ausführung einer einzigen Aufgabe nötig ist, mit der ganz bestimmte Ergebnisse erzielt werden sollen. Zwischen diesen beiden Extremen gibt es ein buntes Spektrum von tausend Möglichkeiten aller Art von Ritualen, von ganz einfachen bis äußerst komplexen, von öffentlichen bis geheimen.

2.5

a. Lesen Sie folgende weitere Beispiele für Rituale. Erfinden Sie eine Bezeichnung für die im folgenden Textteil beschriebenen Rituale und schreiben Sie diese Bezeichnung an den Textrand.

b. Ordnen Sie diese Rituale einem „Ast" in Ihrer Mindmap zu. Richten Sie für die Abschnitte **B** und **C** neue Äste ein.

IV

A

das Ritual des Sonne-Begrüßens

Eine steirische Bäuerin geht jeden Morgen ins Freie, begrüßt die Sonne, auch wenn sie nicht scheint, und schickt den Menschen, die ihr etwas bedeuten, gute Wünsche. Nur ein paar Minuten dauert dieses leise, geheime Ritual, aber der alten Frau gibt es seit vielen Jahren Kraft. Sie fühlt sich stark, wenn sie anderen Glück zusprechen kann, und beginnt den Tag positiv.

B

1 *ihre Körper schnellen auf und ab:*
  ihre Körper springen wie Federn auf und ab

Von Trommeln getrieben bewegen sie sich im Kreis. Auf und ab schnellen ihre Körper[1], hin und her schleudern sie Arme und Beine. Immer wilder zucken ihre Glieder, immer schneller. Nach einer halben Stunde stehen die Tanzenden still.

Der so genannte Schütteltanz hilft depressiven Menschen, ihre Traurigkeit abzuschütteln. Die trüben Gedanken fallen ab, der seelische Schmerz lässt nach – schon nach kurzer Zeit. Geschmeidiger werden die Bewegungen der Kranken, die verkrampften Züge lockern sich.

Der Schütteltanz ist ein Heilritual. Marieluise Rob, Tiroler Psychiaterin und Psychotherapeutin, ist immer wieder verblüfft, wie schnell damit Energieblockaden im Körper aufgelöst werden können: „Manchen Patienten geht es sofort besser, bei vielen zeigen sich zumindest Ansätze der Besserung."

C

Ergriffen von feierlichen Worten lassen sich Menschen aufhetzen gegen andere. Mit Marschmusik schultern sie ihre Gewehre. Bei Freibier und Schunkelstimmung folgen sie ewiggestriger Propaganda. Wie die Nazis vor 50 Jahren wissen rechtsextreme Führer heute: Rituale sprechen die dumpfsten Triebe[2] im Menschen an.

D

Auch Sekten und selbst ernannte Heiler schüren auf diese Weise Emotionen. Und sie haben Erfolg damit, weil gerade ihre Anhänger – leidende, ängstliche und orientierungslose Menschen – Halt suchen durch Regeln und Riten.

2.6

Finden Sie zu jedem Abschnitt des Textteils V 1–2 Schlüsselbegriffe, schreiben Sie diese an den Textrand und unterstreichen Sie im Text Informationen und Beispiele, die sich auf diesen Schlüsselbegriff beziehen.

V

A

Wir sind dabei mit jeder Faser des Körpers, jedem Nerv, unserem ganzen Herzen, wenn eine Zeremonie uns berührt. Sie weckt und schärft unsere Sinne – mit Utensilien, die die Atmosphäre feierlich machen. Ein paar Takte nur von einer Musik und wir bekommen eine Gänsehaut; ein Bild und wir erzittern; ein Duft und wir entschweben in die Welt der Fantasie.

Weihrauch, Blumen und festliche Gewänder rufen ebenso Stimmungen in uns wach, wie bestimmte Gegenstände, Symbole oder Elemente. Flackernde Kerzen zum Beispiel ziehen uns so in den Bann, weil das Feuer so viel Widersprüchliches verkörpert: Licht, Leben, Liebe, Leidenschaft.

B

Spektakulär muss ein Ritual nicht sein, damit wir unsere innersten Empfindungen ausdrücken können. „Es kommt nicht so sehr darauf an, ob man auf dem Kopf steht, den Atem anhält oder Kartoffeln schält", schreibt der esoterische Psychologe Thorwald Dethlefs, „der Grad der Bewusstheit ist entscheidend." (...) Jede Handlung – mag sie auch noch so banal sein – können wir zum Ritual erheben, wenn wir sie bewusst tun und ihr auf diese Weise Sinn verleihen.

2 *dumpfe Triebe:*
im Menschen „verborgene" / „versteckte" Eigenschaften, die an seine Vorstufen in der Entwicklung erinnern (z. B. schlimme Aggressivität)

Utensilien eines Rituals

C

Doch die Essenz eines Rituals liegt nicht bei diesen Äußerlichkeiten. Die Essenz ist das Erlernen des Rituals an sich. Ein Ritual ist ein Punkt, an dem die Zeit stillsteht, an dem du deine Konzentration darauf verwendest, etwas zu verwirklichen oder es intensiv zu erleben. Ein Ritual versetzt dich vorübergehend aus deinem irdischen Dasein in einen „heiligen" Raum. Und um in diesen Raum zu gelangen, musst du dich über die Erfahrung deines Alltagslebens erheben.

D

Reinigungs- und Heilungskulte werden mittlerweile von ganzheitlichen Medizinern angewendet – mit Erfolg, bestätigt Fachärztin Rob. Depressionen, Angst und psychosomatische Krankheiten lassen sich mit rituellem Tanz und Singen gut behandeln. Auch die Psychotherapeuten arbeiten mit Ritualen. Denn diese begleiten den Menschen aus seinem Gespaltensein, aus seiner Verzweiflung hinaus in den Prozess des Ganzwerdens hinein.

   Aussöhnen können Menschen sich mittels feierlicher Zeremonien auch mit ihrer Trauer; gleich, ob es um Tod oder um Trennung geht, Einsamkeit, Angst und Wut – all diese Gefühle müssen zugelassen werden, um wirklich Abschied zu nehmen und frei zu werden für einen anderen Partner.

2.7

Bauen Sie die wichtigsten Informationen des Textteils V in Ihre Mindmap ein; bilden Sie, wenn nötig, neue „Äste" und „Zweige". Fassen Sie dann mündlich Textteil V zusammen, verwenden Sie dabei die Schlüsselbegriffe.

2.8

Was ist ein Ritual?
Schreiben Sie mit Hilfe der gelesenen Textteile eine Definition.

Gehen Sie dabei auf folgende Fragen ein:
–   Wie sieht im Allgemeinen der Ablauf eines Rituals aus (Vorbereitung, Beginn, …)?
–   Welchen Bereichen können Rituale zugeordnet werden?
–   Was ist das wesentliche Element („die Essenz") eines Rituals?

Verwenden Sie einige der folgenden Strukturen:
–   Unter einem Ritual verstehe ich / versteht man, dass … / wenn …
–   Unter einem Ritual verstehe ich Folgendes: …
–   Man unterscheidet folgende Arten von Ritualen: …
–   Sprechen wir von einem Ritual, müssen folgende Kriterien zutreffen: …
–   Eine rituelle Handlung unterscheidet sich von anderen Handlungen dadurch, dass …
–   Typische Utensilien / Hilfsmittel bei rituellen Handlungen sind …
–   Bei einem Ritual kommt es darauf an, dass …

– Ein (typisches) Beispiel für ein Ritual: …
– Ziel eines Rituals ist es, …

2.9

Rituelle Handlungen (z. B. der Schütteltanz) werden häufig von „Alternativmedizinern" angewendet. Kennen Sie ähnliche Beispiele? Hat jemand in Ihrem Bekanntenkreis Erfahrungen mit Heilfasten, Kuren mit Kräutertees, Schmerzbekämpfung durch Akupunktur oder Akupressur oder Ähnlichem gemacht? Haben Sie im Fernsehen Berichte über Wunderheiler verfolgen können?

3 Erfahrungsaustausch: Lernrituale

3.1

Kennen Sie rituelle Handlungen, die das Lernen erleichtern können? *Zum Beispiel:* meditative Musik beim Vokabellernen, ein Lehrbuch unters Kopfkissen legen, um sich damit auf eine Prüfung vorzubereiten? Können Sie weitere Beispiele nennen?

3.2

Was halten Sie von Walt Disneys *Drei-Räume-Arbeitsritual?*
Lesen Sie den Text und kreuzen Sie Ihre Meinung in der Übersicht an:

Diese Methode …	✓
a. … erklärt den großen Erfolg Walt Disneys.	
b. … zeigt, dass Kreativität systematisches Arbeiten zur Voraussetzung hat.	
c. … hilft mir nicht weiter.	
d. … wende ich bereits an.	
e. … werde ich mal ausprobieren.	
f. … klingt doch etwas unglaubwürdig. Ich glaube nicht, dass er tatsächlich so gearbeitet hat.	

Walt Disney ist durch seine Arbeit mindestens so reich geworden wie sein Dagobert Duck. Fragt man ihn nach seinem Erfolgsrezept, so führt er einen Großteil seines Erfolgs auf seine besondere Arbeitsplatzstrategie zurück:

Walt Disney hat je nach Arbeitsprozess seine Arbeit in drei unterschiedlichen Räumen erledigt.

1. Der Raum des Träumers

Hier hat er ausschließlich neue Ideen und Ziele entworfen. Ob die Ideen und Ziele durchführbar oder umsetzbar waren, spielte in diesem Raum keine Rolle. Alles wurde erst einmal festgehalten und notiert.

2. Der Raum des Machers

In diesem Raum hat sich Walt Disney mit seinen Ideen und Zielen begeben. Dort entwickelte er Strategien zu deren Umsetzung. Daraus entstanden Pläne mit Zeitvorstellungen und Arbeitsanweisungen.

3. Der Raum des Kritikers

Nun ist er mit seinen Strategien und Plänen in den „Raum des Kritikers" gegangen, um zu hinterfragen, ob sie eigentlich einen Sinn machen, ob sie zu verwirklichen sind und ob er sie überhaupt verwirklichen möchte.

Er ist anschließend vielleicht wieder in den „Raum des Träumers" gegangen, um seine Idee noch einmal zu überdenken, oder in den „Raum des Machers", um seine Pläne weiter auszufeilen. Er ist also ständig von einem in den anderen Raum gewechselt, ohne dabei eine bestimmte Reihenfolge einzuhalten.

Die Räume hat er entsprechend eingerichtet. Die Raumgestaltung, das Mobiliar und verschiedene Materialien entsprachen dem Aufgabenbereich des Raumes.

Eine konsequente Trennung von Aufgabenbereichen kann sehr sinnvoll sein. Viele Unternehmen arbeiten erfolgreich nach diesem Konzept. Sie haben ein „Kreativbüro" zur Entwicklung neuer Ideen, die ihre Vorschläge an eine Planungsabteilung weitergeben. Die Pläne werden dann abschließend von einer Prüfinstanz auf ihre Durchführbarkeit und Erfolgschancen hin kontrolliert. Walt Disney hingegen war Kreativbüro, Planungsabteilung und Prüfinstanz in einer Person. Er hat eine klare Abgrenzung durch unterschiedliche Räume geschaffen. In einem Raum war er Träumer, in dem anderen Macher und im letzten war er Kritiker.

Die erfolgreiche Strategie Walt Disneys kannst du auf die Gestaltung deines Arbeitsplatzes übertragen.

Es wird für dich zwar kaum möglich sein, deinen Arbeitsplatz auf drei unterschiedliche Räume zu verteilen, was auch nicht unbedingt erforderlich ist. Du kannst genauso gut die unterschiedlichen Arbeitsbereiche in einem Raum verteilen. Wir schlagen dazu vor, folgende drei Arbeitsbereiche in einem Zimmer einzurichten:

1. Kreativbereich

Richte dir eine gemütliche Ecke ein. Sie könnte z. B. aus einem bequemen Sessel, umringt von Pflanzen, neben einem kleinen Tisch bestehen. Von dort aus solltest du in der Lage sein, deine Musikanlage zu bedienen. Eine Obstschale und etwas zu trinken könnten in greifbarer Nähe sein. Auf gar keinen Fall dürfen in dieser Ecke Notizunterlagen fehlen.

Hier liest du Bücher und andere Materialien, entwickelst Ideen und Konzepte, gliederst deine Texte, schreibst wichtige Stichwörter auf und lehnst dich zurück, wenn du über eine Sache nachdenken möchtest.

2. Umsetzungsbereich

Hier setzt du die im Kreativbereich entwickelten Ideen und Konzepte um. Der Ort wird in der Regel ein Schreibtisch sein. Führe hier ausschließlich schreibende Tätigkeiten aus, es sei denn, du musst kurz etwas nachlesen oder den Taschenrechner bedienen. Reichen die Ideen nicht aus, kannst du dich wieder in deinen Kreativbereich begeben.

3. Kontrollbereich

Das Ergebnis aus dem Umsetzungsbereich liest du hier noch einmal in aller Ruhe durch und entscheidest dann, ob du mit der Umsetzung zufrieden bist. Ist dies der Fall, belohne dich mit irgendetwas, was dir Freude bereitet. Wie der Kontrollbereich aussieht, ist dir frei überlassen.

aus: „Lernhilfe für die Klassen 10–13. Die erfolgreichen Arbeitstechniken fürs Abitur".

4 Mit Wörtern arbeiten

4.1

Bringen Sie die Verben in die richtige Reihenfolge.
(Einige Verben sind bedeutungsgleich.)

umsetzen ◆ überprüfen ◆ überdenken ◆ entwerfen ◆ hinterfragen ◆ entwickeln ◆ durchführen

Ideen / Strategien / Konzepte …

1. _____

2. _____

3. _____

4.2

Setzen Sie die folgenden Fügungen zusammen.
Achtung: Mehrfachkombinationen sind möglich.

Konzepte	erledigen
Arbeit	einhalten
eine Reihenfolge	bedienen
einen Arbeitsplatz	einrichten
Strategien	entwickeln
eine Tätigkeit	gestalten
einen Raum	ausführen
einen Taschenrechner	

↓ **4.3**

Setzen Sie die fehlenden Präpositionen ein.

I

Eine Präposition passt nicht hierher.

nach ◆ nach ◆ von ◆ mit ◆ auf ◆ über

a. Ein Großteil seines Erfolges lässt sich _____ eine besondere Strategie zurückführen.
b. _____ dieser Strategie hat er sein Leben lang gearbeitet.
c. Immer, wenn man ihn _____ dieser Strategie fragt, berichtet er _____ die Drei-Räume-Strategie.
d. Wenn man seine Arbeit erledigt hat, sollte man sich _____ einer Kleinigkeit, vielleicht einer Tafel Schokolade, belohnen.

II

Zwei Präpositionen passen nicht hierher.

durch ◆ auf ◆ im ◆ in ◆ unter ◆ ins ◆ auf ◆ über

e. _____ Freie gehen
f. _____ die Dusche gehen
g. es sich _____ dem Sofa bequem machen
h. sich _____ ein Sofa fallen lassen
i. etwas ist / steht / liegt _____ Reichweite
j. sich _____ Kreis bewegen

III

Setzen Sie die fehlenden Präpositionen ein.

k. Musik _____ sich einwirken lassen
l. sich voll und ganz _____ eine Aufgabe konzentrieren
m. Dies ist eine ungewöhnliche Art _____ Ritual
n. Wir haben es hier _____ einem ganz breiten Spektrum _____ Möglichkeiten zu tun – _____ ganz einfachen _____ äußerst komplexen
o. sich (nicht) _____ der Lage fühlen, etwas zu tun
p. sich _____ etwas vorbereiten
q. sich _____ etwas bereitmachen

↓ **4.4**

Ergänzen Sie die Reihen mit 1–2 Begriffen, die thematisch passen.

a. Kerzen – Räucherstäbchen – _____
b. zufrieden sein – es sich gemütlich machen – _____
c. Händeschütteln – Tragen schwarzer Kleidung – _____
d. Trauer – Tränen – _____
e. Licht – Leben – _____
f. Anfang – Höhepunkt – _____

4.5

Finden Sie eine gegenteilige Entsprechung.

a.   komplex – _____

b.   typisch – _____

c.   öffentlich – _____

d.   in greifbarer Nähe sein – _____

e.   den Kopf frei haben – _____

f.   bei der Arbeit eine Reihenfolge einhalten – _____

g.   leidende, ängstliche und orientierungslose Menschen – _____

h.   Empfindungen unterdrücken – _____

4.6

Führen Sie den Satz zu Ende. Die Bedeutung des vorgegebenen Satzes darf sich nicht verändern.

a.   *Er führt einen Großteil seines Erfolges auf eine besondere Arbeitsplatzstrategie zurück.*
Er sieht den Grund seines Erfolges _____
_____

b.   *Fragt man ihn nach seinem Erfolgskonzept, berichtet er über seine Arbeitsplatzstrategie.*
Wenn _____ ,
berichtet er über seine Arbeitsplatzstrategie.

c.   *Du musst dafür sorgen, dass du nicht gestört wirst, um dich voll und ganz auf deine Aufgabe konzentrieren zu können.*
Du musst dafür sorgen, dass du nicht gestört wirst, damit
_____ kannst.

d.   *Hast du die Aufgabe gelöst, belohne dich mit einer Kleinigkeit.*
Wenn _____ ,
belohne dich mit einer Kleinigkeit.

e.   *Richte dir eine gemütliche Ecke ein, umringt von Pflanzen.*
Richte dir eine gemütliche Ecke ein, die _____
_____ ist.

4.7

Schreiben Sie einen kurzen Text von 180 – 250 Wörtern, in dem drei der folgenden Dativ-Konstruktionen vorkommen.

ein Mensch, der einem etwas bedeutet ◆ *etwas gibt / verleiht einem Kraft* ◆ *sich eine Tasse Kaffee machen* ◆ *sich etwas vornehmen* ◆ *es sich gemütlich machen*

5 Ein Lernspiel-Ritual

Ihre Aufgabe:

a. Bilden Sie Gruppen von 4 Personen; achten Sie darauf, dass jeder der Vier unter demselben Sternzeichen bzw. Feuerzeichen (*Feuer:* Widder, Löwe; *Wasser:* Krebs, Fische, Skorpion, Schütze; *Erde:* Stier, Jungfrau, Steinbock; *Luft:* Zwillinge, Wassermann, Waage) geboren ist; wenn diese Zuteilung nicht möglich ist, gilt: jeder der vier Gruppenmitglieder muss dieselbe Lieblingsfarbe haben. (Achten Sie bitte darauf, dass sich auf keinen Fall in Ihrer Gruppe eine Person befindet, die Schwarz als ihre Lieblingsfarbe bezeichnet, wenn sich gleichzeitig jemand mit der Lieblingsfarbe Rot in der Gruppe befindet).

b. Ihnen stehen 13 Minuten zur Verfügung; in dieser Zeit beschreiben alle Gruppenmitglieder Rituale. Der Protokollant der Gruppe macht sich zu jedem Ritual stichwortartige Notizen.
   Finden Sie für jedes Ritual eine Bezeichnung, z. B.
   das „Ruf-ich-an-oder-ruf-ich-nicht-an?-Ritual",
   das „Badewannen-Ritual" oder
   das „Jetzt-bin-ich-endlich-allein-Ritual".

Die Auswertung:
Wie viele Rituale haben Sie gefunden?
Nach 13 Minuten stellt der Protokollant mit Hilfe seiner Notizen die einzelnen Rituale vor.

Es gilt dieses Bewertungsschema:
— Ein Alltagsritual oder Gesellschaftsritual: 2 Punkte
— Ein Heilritual: 7 Punkte
— Ein rituelles oder magisches Ritual: 8 Punkte

Welche Gruppe hat die meisten Punkte?
Ist es die Gruppe, in der die meisten Teilnehmer unter dem Sternzeichen Fisch geboren wurden?

Bevor Sie beginnen:
Fühlen Sie sich locker und entspannt? Wenn nicht: Nehmen Sie sich 3–4 Minuten Zeit und machen Sie von unseren Vorschlägen Gebrauch:
— Öffnen Sie zunächst alle Fenster, um frische Luft hereinzulassen.
— *Energiegähnen:* Gähnen Sie leidenschaftlich und intensiv eine Minute lang; unterstützen Sie das Gähnen mit einem ebenso intensiven Recken und Strecken.
— *Sauerstoff tanken:* Atmen Sie durch die Nase langsam und tief ein, halten Sie die Luft 2–3 Sekunden an, atmen Sie langsam durch den Mund aus (Wiederholen Sie das 19-mal).
   (Unangenehme Nebenwirkungen könnten eintreten, wenn Sie empfindlich auf den Geruch von Fisch, Zwiebeln, Knoblauch o. a. reagieren und eine der im Unterrichtsraum befindlichen Personen

zuvor dieses zu sich genommen hat – in diesem Fall sollten Sie
sich in der unmittelbaren Nähe des Fensters aufhalten.

- *Gehirn-Weck-Übung:* Aktivieren Sie Ihr Gehirn, indem Sie die linke
und die rechte Gehirnhälfte beanspruchen; führen Sie zur gleichen
Zeit unterschiedliche Bewegungen mit den Händen durch (kreisen-
de, schnappende, schlagende Bewegungen); nehmen Sie vorher Ihre
Brille ab, ein untrainierter Mitschüler könnte diese gefährden.
- *Falls Bedarf besteht:* Muss einem Ihrer Mitstreiter mit ein paar
Griffen eine Verspannung im Nackenbereich gelöst werden?
- *Für nach dieser Lektion Ritualsorte:* Alle Teilnehmer der Gruppe
begeben sich zu ihren Plätzen, legen ihre rechte Hand auf die linke
Schulter der Person, die rechts neben ihnen steht, und sprechen
Sie diesen Satz aus: „Auf geht's. An die Arbeit!" Die Antwort Ihres
Lernpartners lautet: „Ich mache mit."

6 Mit Texten arbeiten

6.1

a. Setzen Sie sich zu dritt zusammen, legen Sie sich ein großes Blatt
Papier zurecht und führen Sie ein Brainstorming durch: Notieren Sie
alles, was Ihnen zu der Farbe „Schwarz" einfällt – Symbole, Redewendungen, Gefühle …

b. Nehmen Sie sich 3 – 4 Minuten Zeit, notieren Sie alle schwarzen
Gegenstände, die sich in Ihrer Wohnung befinden. Wie viele
kommen dabei zusammen?
Vergleichen Sie die Zahl der Gegenstände mit der Ihrer Mitschüler.
Gibt es ausgesprochene „Schwarz-Liebhaber" in Ihrer Klasse?

6.2

a. Ordnen Sie den einzelnen Teilen des folgenden Textes eine
Überschrift zu, eine Überschrift passt nicht hierher:

Symbole: Schwarz und andere Farben ◆ *Farbe der Geistlichkeit* ◆
Schwarz: Mode der Weltmächte ◆ *Schwarz im afrikanischen
Wappen* ◆ *Das Ende, der Tod* ◆ *Die Farbe des Unglücks* ◆
Schwarz: ein Symbol für Umweltzerstörung und Weltuntergang ◆
Das subjektive Farbempfinden ◆ *Das Verschwinden der Farbe* ◆
Farbe der Individualität ◆ *Landsknechte und anständige Bürger*

b. Tragen Sie in die Lücken ein:

„schwarzer Tag" ◆ *„schwarz ärgert"* ◆ *„schwarz wählt"* ◆
„Warte, bis du schwarz wirst" ◆ Schwarz-Weiss ◆
„Schwarz in Schwarz malt" ◆ *„Da steht es Schwarz auf Weiß"* ◆
„schwarz sieht" ◆ *„Schwarz auf Weiss"* ◆ *„Der schwarze Tod"* ◆
„schwarzen Humor"

Schwarz – Farbe der Individualität

I

Alles endet in Schwarz – verfaultes Fleisch wird schwarz, vermoderte
Pflanzen, tote Zähne werden schwarz. Wer sich (1) _____, ärgert sich zu Tode. Darauf bezieht sich die Redensart (2) _____.
Auch wer den Tod bringt, trägt Schwarz: der Sensenmann und der
5 Henker. Fast überall gilt Schwarz als Zeichen der Trauer. Das bedeutet
den Verzicht auf farbenfrohe Kleidung, auf dekorativen Schmuck; früher
war es in manchen Kulturen Brauch, sich Haare und Bart im Trauerfall
abzuschneiden, in anderen Kulturen galt es als Ausdruck der Trauer,
wenn man Haare und Fingernägel wachsen ließ. In der christlichen Farb-
10 symbolik wandelt sich die Farbe des Todes: Schwarz ist die Trauer um
den irdischen Tod, Grau symbolisiert das Jüngste Gericht, Weiß ist
die Farbe der Auferstehung. Deshalb ist die Kleidung der Trauernden
schwarz, die der Toten jedoch weiß, denn sie sollen auferstehen.
Für Menschen mit so genannter weißer Hautfarbe ist Weiß die ideale
15 Farbe, die Freudenfarbe. Für Menschen mit anderer Hautfarbe ist Weiß
nicht der Inbegriff der Vollkommenheit, für sie ist Weiß auch Trauerfar-
be. Dabei ist das Weiß nicht als Farbe gemeint, sondern als Mangel aller
Farben.

II

Rot ist die Liebe, Rot und Schwarz zusammen sind der Hass. Orangegelb
ist der Farbklang der Geselligkeit, Gelb mit Schwarz ist der Egoismus,
die Lüge. Blau neben Rosa und Weiß ist der Farbklang der Harmonie.
Blau neben Schwarz ist der Farbklang der Härte. Aus dem aromatischen
5 Braun wird durch die Kombination mit Schwarz das verdorbene Braun.
Mit Schwarz verkehrt sich die Symbolik jeder bunten Farbe ins Gegenteil. Melancholiker hätten schwarzes Blut, hieß es früher. Noch heute
werden alle negativen Gefühle mit Schwarz assoziiert. Wer alles
(3) _____, wer nur (4) _____, ist ein Pessimist. (…)
10 Wer lacht, wenn es anderen graust[3], wer Verbrechen, Krankheit, Tod
amüsant findet, hat einen (5) _____. (…)
Symbol geheimer Ablehnung ist in England eine schwarze Kugel, ein
„black ball"[4]. Wer Mitglied eines Clubs werden möchte, ohne von den
Mitgliedern darum gebeten worden zu sein, muss einen Antrag stellen,
15 über den geheim abgestimmt wird. Jedes Clubmitglied wirft eine weiße
oder eine schwarze Kugel in eine Wahlurne: die weiße, wenn man für
den Aufnahmeantrag stimmt, die schwarze, wenn man den Antragsteller
nicht im Club haben will. Eine einzige schwarze Kugel genügt um den
Antrag abzulehnen.

3 *es graust anderen:*
   andere fürchten sich, sind entsetzt

4 *black ball (engl.): schwarzer Ball, Kugel*

III

Ein (6) _____ ist vorzugsweise der Freitag. Am Schwarzen
Freitag, dem 24. September 1869, brach der amerikanische Goldmarkt
zusammen. Am Schwarzen Freitag, dem 25. Oktober 1929, fielen
alle Aktien ins Bodenlose; wer Aktien auf Kredit gekauft hatte – und
fast jeder hatte das getan –, blieb mit lebenslänglichen Schulden zurück. 5

Schwarze Tiere sind Unglücksbringer. Abergläubische fürchten
schwarze Katzen, die von links über den Weg laufen. Als Zeichen
kommenden Unheils galten früher auch schwarze Kühe – und Frauen,
denn alte Frauen waren immer schwarz gekleidet. (…)

Die einzige schwarze Gestalt, die Abergläubischen Glück bringt, ist 10
der Kaminkehrer. Der Glaube wurde Ende des 19. Jahrhunderts von
den Kaminfegern selbst eingeführt. Mit ihrer Abrechnung am Jahres-
ende verschenkten sie einen Kalender. Neben den alten Glückssym-
bolen – einem Kleeblatt, einem Hufeisen, einem Glücksschwein – war
auf diesen Kalendern immer ein Kaminfeger zu sehen. So wurde 15
der schwarze Mann, der Kinderschreck, zum Neujahrs-Glücksbringer.
Schließlich wurde er allgemein zum Symbol eines guten Anfangs.

IV

Als die ersten christlichen Orden gegründet wurden, waren die Kutten
der Mönche noch grau-braun-beige gesprenkelt[5], aus ungefärbter
Wolle. Erst um das Jahr 1000 wurden die Ordensfarben festgelegt. 20
Grau, Braun, Schwarz, die einfachen, armen Farben, sind der christlichen Demut angemessen. Den Mönchen scheint es bei der Festlegung
der Ordensfarben aber nicht nur darum gegangen zu sein, ihre Ordens-
zugehörigkeit sichtbar zu machen, die Kutten sollten auch schöner
werden. Über die Eitelkeit schimpfte bereits der Erzbischof von Mainz 25
im Jahre 972. Trotz der demonstrativen Unauffälligkeit der Farben
stachen die einheitlich gefärbten Mönchskutten deutlich ab von der
ungefärbten, scheckigen Kleidung der armen Leute. Schwarz wurde so
zur beliebtesten Farbe der Mönchsorden. Schwarz wurde auch zur
Grundfarbe der Kleidung aller Geistlichen. Auf die Kirche bezogen ist 30
„ein Schwarzer" ein Geistlicher. Die Kirche ist eine konservative Kraft.
Die Farbe der Geistlichkeit wurde zur Farbe des politischen Konservatis-
mus. Wer (7) _____, wählt konservativ.

5 die Kutten der Mönche waren grau-braun-
beige gesprenkelt:
die Kleidung war mit Flecken, Streifen
oder Punkten mit grauer, brauner und beige-
farbener Farbe gemustert

V

Innerhalb weniger Jahre, in der Mitte des 15. Jahrhunderts, brach die
Farbigkeit des Mittelalters zusammen. Die Welt verdunkelte sich. In den
Kleiderordnungen des frühen Mittelalters reservierte sich der Adel die
leuchtenden Farben, die unteren Stände[6] mussten die dunklen, die un-
reinen Farben tragen. Farbe bedeutete Macht.

Aber die Gesellschaft veränderte sich: Der Adel verarmte, das Bürger-
tum stieg auf. Die durch Handel reich gewordenen Bürger ließen sich
von ihren adligen Gläubigern die Kleidung nicht mehr vorschreiben. Die
Farben des Adels wurden standesgemäß für die Patrizier. Farbe bedeutete nun Reichtum. Selbst in der Malerei verlor die Farbsymbolik ihre ge- 10
setzesgleiche Verbindlichkeit. Die Symbolfarben wurden durch Realitäts-
farben ersetzt. Und die Realität sah düster aus.

Das Ende des Mittelalters ist bestimmt von einer neuen Sicht der Welt,
die die Moral verändert. Die frühen Christen hofften auf ein paradiesi-

6 die unteren Stände:
5 die unteren gesellschaftlichen Schichten

15 sches Zeitalter in naher Zukunft. Immer wieder wurde der exakte Termin
für Christi Wiederkehr berechnet. Mit jeder Enttäuschung wuchs die
Angst. Im späten Mittelalter erschien die Welt nicht mehr durch Christus
erlöst, sie erschien von Gott verdammt. Der (8) _____, so
wurde die Pest genannt, galt als Strafgericht Gottes.

20   Es ist das Zeitalter der Entdeckungen – die Welt wird größer und
größer werden ihre Schrecken. Nun wurde immer wieder das Datum des
Weltuntergangs berechnet, nun wurde der Antichrist, der Teufel, erwartet. Da war es ratsam, Buße zu tun, sich schnell von den Verlockungen
der Welt abzuwenden. Die Eitelkeit war das Hauptthema der Predigten.

25 Nirgends zeigt sich die Eitelkeit so deutlich wie in der Kleidung – keiner
wollte seine Todsünde zur Schau stellen. Man trug Schwarz. Die mittel-
alterliche Farbigkeit verschwand für alle Zeit. (…)

VI

1453 eroberten die Türken Konstantinopel, das Zentrum der antiken
Färberkunst. Einigen Handwerkern gelang es zu fliehen, und so wurden
ihre Geheimrezepte in anderen Ländern bekannt. Bald konnte überall
das begehrte „Türkischrot" gefärbt werden. Die Färberei entwickelte

5 sich von einer Geheimwissenschaft zum Handwerk, die Methoden
wurden einfacher, der Preisunterschied zwischen leuchtenden und dunklen Farben begann zu schwinden. Trotzdem wurde die bürgerliche
Mode schwarz und das lag auch an schlechten Modevorbildern – den
umherziehenden Landsknechten[7], die sich jeden bunten Fetzen, den

10 sie erbeuteten, an die Kleidung nähten. Sie kreierten[8] die „zerhauene
Tracht[9]": jeder Ärmel, jedes Hosenbein und jeder Strumpf, jeder Schuh
war andersfarbig, alles war mit möglichst vielen Schlitzen versehen.
Anständige Bürger wetterten gegen[10] die bunte Kostümierung. Die
Landsknechte trieben es aber immer noch bunter – den Bürgern blieb

15 nur der Trost, diese bunte Kleidung als sittenlos zu verdammen und
ihre teuren Stoffe schwarz zu färben, denn das waren die einzigen
Stoffe, die die Landsknechte nicht wollten.

VII

Die Farben verschwanden endgültig, als Spanien Weltmacht wurde.
Denn jede Weltmacht macht Weltmode und am spanischen Hof
herrschte ein Jahrhundert lang eine Farbe: Schwarz.
   Um 1480 wurde in Spanien die Inquisition[11] etabliert. Es begann ein

5 Jahrhundert düsterer Frömmigkeit. Da war Schwarz die passende Farbe.
Die schwarze Mode des spanischen Weltreichs war eine Mode – züchtig
wie keine zuvor, keine später. Die Kleider reichen bis zu den Ohren,
das typische Requisit ist die Halskrause, genannt „Kröse". (…) Um
1540 kamen die Krösen in Mode. Die Männer mussten sich der Kröse

10 wegen vom langen Bart trennen, Schnurrbärte und kurze Spitzbärte
wurden Mode. Die Kröse passt zur intriganten Atmosphäre der Inquisition: Dieser Kragen zwingt dazu, seinem Gegenüber ins Gesicht zu
sehen, jede unangemessene Regung ist kontrollierbar. (…) Zum Essen
waren Löffel und Gabeln mit extra langen Stielen erforderlich. Die

15 spanische Mode ging unter mit der spanischen Weltherrschaft.
   Die unterdrückten Niederlande wurden Weltmacht und bestimmten
nun die Mode. Die Kleidung lockerte sich, aber die Farbe kehrte nur
sehr allmählich zurück, denn in den Niederlanden hatte die Reformation

7 -r Landsknecht:
  Bezeichnung aus dem 15./16. Jahrhundert
  für „Berufssoldaten" (Fußtruppen)
8 kreieren (Lautschrift!!!):
  erschaffen, erfinden
9 etwas zerhauen (ugs.):
  etwas zerschlagen -e Tracht: -e Kleidung
10 wettern gegen etwas:
  auf etwas schimpfen, meckern

11 -e Inquisition:
  Gerichte der katholischen Kirche
  (12.–18. Jhdt.), die gegen Glaubens-
  abtrünnige (Menschen, die sich
  von der katholischen Lehre entfernten)
  Prozesse führten; insbesondere so
  genannte Hexen wurden anschließend
  getötet.

gesiegt. Schwarz war auch die Farbe der Protestanten. Die einheitliche
schwarze Kleidung wurde auch zum Symbol einer Kirche, in der das   20
Schicksal nicht mehr bestimmt ist durch den Stand der Geburt und der
Platz im Jenseits nicht mehr vom standesgemäßen Einkommen abhängt.
Vor Gott sind alle gleich – auch gleich gekleidet.

VIII

Wer seine Individualität darstellen will, der trägt Schwarz. Ein schwarzes
Kleid oder ein schwarzer Anzug wirken abgrenzend. Schwarz verleiht
Würde, zumindest Unnahbarkeit. Der größte psychologische Gegensatz
zur schwarzen Kleidung ist Kleidung in Rosa. Die hautähnliche Farbe
lässt den Eindruck von Nacktheit und Hilflosigkeit entstehen. Als Farbe   5
der Abgrenzung ist schwarze Kleidung bei allen Gruppen populär, die
sich abseits der Masse, jenseits der Werte der Anpassung sehen wollen.
Halbstarke[12], Rocker, Punker – die Namen wechseln, die Lieblingsfarbe
aber bleibt Schwarz.

12 *Halbstarke (ugs.):*
So bezeichnen Erwachsene Jugendliche,
die mit ihrer Kleidung oder ihrem Verhalten
provozierend wirken.

IX

(...) Bei Objekten des Luxus lässt der Verzicht auf Farbe den Luxus
selbstverständlich wirken. Eine schwarze Luxuslimousine wirkt vorneh-
mer als eine rote. So ist Schwarz auch Farbe des Teuren. In Afrika hat
Schwarz natürlich eine andere Bedeutung – hier ist Schwarz die schönste
Farbe. In den Flaggen und Wappen afrikanischer Staaten ist Schwarz   5
die Farbe des Volkes.

Schwarz symbolisiert das neue Selbstbewusstsein der unabhängig
gewordenen Staaten. In Afrika kennt man den Unterschied zwischen
fruchtbarem und unfruchtbarem Boden genau. Schwarz ist die Farbe
der fruchtbaren Erde. Das Wappen von Nigeria zeigt zwei silberne   10
Wellenlinien auf schwarzem Grund.

X

Farben beeinflussen die Wirkung von Größe, Gewicht und Material.
Wieweit kann man mit Farben manipulieren? Ein Beispiel geistert durch
die Literatur[13]: Ein amerikanischer Unternehmer ließ vorher dunkle Kisten
weiß streichen. Resultat: Die Arbeiter empfanden die weiß gestrichenen
Kisten als viel leichter.   5

Was man (9) _____ besitzt, erscheint verbindlicher und
bedeutender als nur einfach Dahingesagtes. (10) _____ ist
ein häufig gebrauchtes Argument. Und weil es keine Steigerung der
Wahrheit gibt, wirken farbig gedruckte Texte auf viele Leser unseriös.

Eine Fotografie in (11) _____ scheint für viele Menschen   10
einen höheren dokumentarischen Wert zu besitzen und wichtiger zu
sein als ein buntes Foto, denn Schwarz und Weiß gelten als die Farben
objektiver Tatsachen.

13 *ein Beispiel geistert durch die*
(Fach)Literatur (ugs.):
Ein Beispiel taucht in der Fachliteratur zum
Thema Farben immer wieder auf.

6.3

Welcher Textteil / Welche Textteile (I–X) könnten Leser interessieren,

a. die sich für Geschichte interessieren

b. die ihre Sprachkenntnisse erweitern möchten und sich insbesondere für Redewendungen mit „Schwarz" interessieren,

c. die sich für psychologische Aspekte der Farbe Schwarz interessieren?

6.4

Vergleichen Sie die Ergebnisses Ihres Brainstormings (**6.1 a** und **b**) mit dem Text – welche Aspekte berücksichtigt der Text nicht?

Fassen Sie in Stichworten die Informationen zur Geschichte der Farbe Schwarz zusammen und tragen Sie diese Stichworte in die Übersicht ein:

972 n. Chr.	
um 1000 n. Chr.	
Mitte des 15. Jhs	
Ende des Mittelalters	
1453	
1480	
1540	
24. 9. 1869	
25. 10. 1929	
Gegenwart	

6.5

Diskussionsaufgaben

a. Sehen Sie auch die Farbe Schwarz als Mittel, sich von anderen abzugrenzen?

b. Gibt es Behauptungen im Text, die Sie mit Beispielen bestätigen können?

c. Gilt in Ihrer Heimat die Farbe Schwarz ebenfalls als Markenzeichen für Luxus?

d. Im Text wird die Farbe Schwarz in erster Linie in negativen Zusammenhängen genannt. Sehen Sie Schwarz auch so schwarz?

e. Gibt es Behauptungen im Text, mit denen Sie nicht einverstanden sind?

f. Sind Sie der Meinung, dass man von der Lieblingsfarbe eines Menschen auf Charakterzüge schließen kann?

7 Mit Wörtern arbeiten

7.1

a. Notieren Sie sich – eventuell auf Ihre Vokabelkärtchen – Redewendungen mit „s(S)chwarz" aus dem Text, die Sie lernen möchten.

b. Klären Sie – ggf. mit Hilfe eines Wörterbuches – die Bedeutungen folgender „Mitglieder der Wortfamilie Schwarz":
   – schwarzarbeiten
   – schwarzfahren
   – „Mir wird schwarz vor den Augen."
   – -s Schwarzbrot
   – jemanden anschwärzen
   – „Der Platz war schwarz von Menschen."
   – -r Schwarzseher

7.2

Drücken Sie diese Sätze mit anderen Worten aus:

a. (III, Zeile: ___3___) Am 25. Oktober 1929 fielen alle Aktien ins Bodenlose.
b. (III, Zeile: ___2___) Ein Unglück zieht das andere auf sich.
c. (V, Zeile: ___2___) Die Welt verdunkelte sich.
d. (V, Zeile: ___18 f.___) Die Pest galt als Strafgericht Gottes.
e. (VI, Zeile: ___13 f.___) Die Landsknechte trieben es aber immer noch bunter.

7.3

Setzen Sie die fehlenden Präpositionen ein:

innerhalb ◆ *mit* ◆ *bei* ◆ *bei* ◆ *zu* ◆ *auf* ◆ *mittels* ◆ *in* ◆ *in* ◆ *über* ◆
durch ◆ *zur* ◆ *bis zum*

Zwei Präpositionen passen nicht.

a. Er ärgerte sich _____ Tode.
b. Als Zeichen der Trauer verzichten viele _____ farbenfrohe Kleidung.
c. _____ der Farbe Schwarz wird fast nur Negatives assoziiert.
d. Der Erzbischof schimpfte _____ die Eitelkeit der Mönche.
e. _____ weniger Jahre änderte sich die Mode: man trug nun dunkle Kleidung.
f. Die Bürger waren in erster Linie _____ Handel reich geworden.
g. Immer wieder einmal kommt die Farbe Schwarz _____ Mode.
h. Der größte psychologische Gegensatz _____ schwarzen Kleidung ist Kleidung _____ Rosa.
i. Die Farbe Schwarz ist insbesondere _____ gesellschaftlichen Gruppen populär, die sich abgrenzen wollen – z. B. _____ Rockern.

7.4

Nennen Sie das Gegenteil:

a. einen Antrag befürworten   – _____
b. für einen Aufnahmeantrag stimmen   – _____
c. geheim abstimmen   – _____
d. der Adel verarmte   – _____

7.5

Welcher Begriff in der Reihe passt nicht?

a. Würde ◆ Unnahbarkeit ◆ Glücksbringer ◆ Abgrenzung
b. Selbstbewusstsein ◆ Unabhängigkeit ◆ Fruchtbarkeit ◆ Eitelkeit
c. Härte ◆ Verbrechen ◆ Krankheit ◆ Tod

8 Vorschlag für ein Projekt

Sammeln Sie Informationen über Ihre Lieblingsfarbe. Schlagen Sie in
Lexika und Fachbüchern nach. Wenn Ihnen nur Nachschlagewerke
in Ihrer Muttersprache zur Verfügung stehen, fassen Sie die wichtigsten
Informationen in deutscher Sprache zusammen. Benutzen Sie auch
ein deutsches Wörterbuch, um Redewendungen u. ä. herauszusuchen,
in denen diese Farbe genannt wird.

Verwenden Sie dabei folgende Begriffe:

gilt als ◆ *ist ein Ausdruck von* ◆ *ist ein Symbol für* ◆ *bedeutet*

Tauschen Sie Ihre Ergebnisse im Internet oder über E-Mail mit anderen
Lernergruppen zum Beispiel am Goethe-Institut aus.

9 Schreiben

Beschreiben Sie ein Ritual – z. B. aus folgenden Bereichen:

Schule / Ausbildungsplatz / Universität / Beruf ◆ ein Familienfest ◆
ein Heilritual ◆ Bräuche / Feste in Ihrer Heimat oder Bräuche / Feste,
die Sie in einem anderen Land kennen gelernt haben ◆ ein spirituelles
Treffen ◆ ein Treffen mit einem Wunderheiler ◆ …

Beschreiben Sie den Ablauf und die Folgen / Auswirkungen dieses
Rituals unter Verwendung einiger der folgenden temporalen Angaben
und der Ursache-Folge-Angaben:

Zeit	Ursache – Folge
zu Beginn, anfangs, zuerst, etwas beginnt damit, dass … etwas nimmt seinen Anfang damit, dass …	etwas hat zur Folge, dass die Folge ist, dass … mit dem Ergebnis, dass …
dann, später, hinterher, anschließend, danach, schließlich, nach (dem Essen)	mit dem Erfolg, dass … Anschließend kann man beobachten, dass …
etwas endet damit, dass … am Ende…, zu guter Letzt …,	etwas führt dazu, dass … etwas mit der Absicht tun, dass …
nachdem, bevor, sobald, während	etwas bewirkt, dass … daher, deswegen, deshalb

A

aus: **Edgar Hilsenrath:**

Jossel Wassermanns Heimkehr

Edgar Hilsenrath: geboren 1926 in Leipzig; wuchs in einer jüdischen Kaufmannsfamilie in Leipzig und Halle auf; flüchtete in der Hitlerdiktatur nach Rumänien, wurde von dort ins jüdische Ghetto der ukrainischen Stadt Moghilev-Podelsk deportiert, das von der russischen Armee befreit wurde; er flüchtete zunächst nach Palästina, wanderte 1951 in die USA aus, wo er als deutschschreibender Autor die amerikanische Staatsangehörigkeit annahm. Seit 1975 lebt Hilsenrath in Berlin. Seine Romane „Das Märchen vom letzten Gedanken" (über den Völkermord an den Armeniern), „Der Nazi und der Friseur" und „Bronskys Geständnis" wurden zu internationalen Erfolgen.

Text auf dem Buchdeckel: In seinem neuen Roman lässt Edgar Hilsenrath die einzigartige Welt der osteuropäischen Juden noch einmal auferstehen. Voll sprühendem Witz und leiser Trauer erzählt er von einem kleinen Schtetl[14] am östlichsten Rand der Donaumonarchie, von seinen Menschen und ihren Geschichten, die kraftvoll und ergreifend klingen. Wirklichkeit oder Märchen? Eine blühende Kultur, längst in Rauch aufgegangen, wird wieder lebendig, in jenen farbigen, ausdrucksstarken und bewegenden Bildern, die schon an seinem Roman ‚Das Märchen vom letzten Gedanken' gerühmt wurden.

14 *Schtetl (jiddisch): die (kleine) Stadt*

15 *-r Sabbat:*
jüdischer Ruhe- und Feiertag zur Erinnerung an das Ruhen Gottes am 7. Tag der Schöpfungswoche

‚Frauen und Juden fürchten das Feuer', sagte Onkel Jossel, und trotzdem zündet die jüdische Hausfrau am heiligsten aller Tage die Sabbatkerzen[15] an und freut sich an den Flammen, und sie wird sie nicht auslöschen, auch nachts nicht, wenn sie zu Bett geht, weil sie dem lieben Gott vertraut, der die Flammen der Kerzen irgendwann in der Nacht fürsorglich auslöscht. ‚Der Sabbat ist die Krönung der Woche', pflegte mein Großvater zu sagen, ‚und er kommt zu den Juden wie eine königliche Braut aus dem Reich des Friedens.'

Als meine älteren Brüder und Schwestern noch zu Hause waren, wurde oben in der guten Stube der lange Tisch ausgezogen, damit die ganze Familie Platz hatte. Meine Großmutter band sich ihr bestes Kopftuch um, zündete bei Einbruch der Dunkelheit die Sabbatkerzen an und sprach den Segensspruch mit geschlossenen Augen: ‚Gesegnet seiest Du, o Herr, unser Gott, König des Universums, der Du uns geweiht hast mit Deinen Geboten und uns befahlst, das Sabbatlicht zu entzünden.' Beim Segensspruch hielt Großmutter die Hände vor die Augen, aber so, daß die Handflächen dem brennenden Kerzenlicht zugewandt waren. Großmutter hatte flinke, aber etwas zu kurz geratene Arme, die der liebe Gott, dessen Gründe unergründlich sind, aus eben diesem unergründlichen, aber sicherlich wichtigen Grund vergessen hatte, in die menschenübliche Länge zu ziehen, wie zum Beispiel bei meiner Mutter oder meinen älteren Schwestern, die ja auch jüdische Frauen waren, und so sah es ein bisschen komisch aus, wenn Großmutter die kurzen Arme in die Höhe hob, um die kleinen, rauen Hände beschwörend über den Flammen der Kerzen kreisen zu lassen. Großmutter betete auf hebräisch, einer Sprache, die sie ebenso wenig verstand wie mein Großvater. Deshalb murmelte sie nach dem Segensspruch immer noch etwas auf jiddisch, ganz leise, damit es nur der liebe Gott hören konnte. Ich habe nie gewußt, was sie dem lieben Gott anvertraute, aber ich nehme an, daß es um die Gesundheit ging und die Parnusse[16] und um das Wohlergehen der ganzen Familie. Großmutter weinte dann und wischte sich die Augen mit dem Zipfel des sabbatlichen Kopftuches.

Beim Essen saß mein Großvater am Ende des Tisches, ein Patriarch, der die königliche Sabbatbraut mit einem Glas Wein begrüßte und einem Segensspruch und der zuallererst das Brot anschnitt – eines der beiden Weißbrote, die wir Challe nannten und die Mutter zu zwei Brotzöpfen geflochten hatte – doppelte waren es, weil der liebe Gott doch damals in der Wüste Sinai am Ende des sechsten Tages doppelt Manna regnen ließ –, so war es, also: Er schnitt eines der beiden weißen Brote an, sprach den Segensspruch, vergaß nicht das Salz, das er aufs Brot streute, gab uns zu kosten vom Wein und vom Brot und vom Salz. (...)

Mein Freund Mottel stimmte zwar mit meinem Großvater überein, nämlich, daß der Sabbat die Königin aller Tage war, obwohl er, wie jeder Tag, mit der Nacht anfing, wenn die Sonne unterging und der erste Stern am Himmel stand, und er war auch ebenso wie mein Großvater überzeugt, daß der folgende Tag, also der Sabbattag, zum Ausruhen bestimmt war und zur inneren Einkehr, der Tag, an dem jeder Jude weder an seine Geschäfte denken noch an Haß, Groll oder Unmut im Herzen oder Geld in der Tasche tragen durfte. Mottel sagte aber: ‚Der Sabbat ist zwar der heilige Tag der Juden, aber auch der langweiligste Tag.' Denn am Sabbat durften wir Bogdan nicht aus dem Stall holen, weil auch das Tier ruhen mußte wie der Mensch – ‚na ja', sagte Mottel, ‚Bogdan ist auch nur ein Lebewesen' – , und wir durften am Sabbat nicht im Pruth schwimmen oder ein Lagerfeuer anfachen, um Maiskolben zu braten, auch nicht Ball spielen oder Steinschlacht mit den Chederjungen[17] neben der Brücke, dort, wo mal ein Steinbruch gewesen war. Mottel, der von dem jüdischen Fiddler[18] Rieven Federmann ab und zu Geigenunterricht erhielt, durfte am Sabbat keine Geige spielen, und vor allem: Wir durften kein Maiskraut rauchen, nicht mal verstohlen[19] unten an der Brücke oder oben auf dem Hügel neben dem Christus und der schwarzen Vogelscheuche ... nicht mal dort auf einsamen Wegen oder im Maisfeld, weil der liebe Gott alles sah und man vor ihm nichts verbergen konnte.

Still war es im Schtetl am Sabbat, und der Markt lag so verlassen da, als wären die Juden nicht mehr am Handel interessiert oder an dem Gefeilsche[20] und den Streitereien mit den Bauern oder dem Ärger mit den Behörden und ihren Vertretern, vor allem dem zuständigen Polizisten am Marktplatz, dem Ruthenen Nicolai Fransziuk, dem Sohn des früheren Polizisten Gregory Fransziuk. Und der war immer anwesend, nicht nur am Tag des Wochenmarktes, sondern auch an gewöhnlichen Tagen, weil ja immer irgendetwas auf dem Markt los war und eine Menge Leute herumstanden, so oder so. Am Sabbat aber war nicht mal er da, eben der Ruthene Nicolai Fransziuk, Sohn des Gregory Fransziuk.

16 *Parnusse:*
-e Einnahmen, -r Lebensunterhalt

17 *-e Cheder:*
traditionelle Grundschule im europäischen Judentum
18 *r Fiddler: von „fiedeln": Geige spielen*

19 *verstohlen: heimlich*

20 *feilschen: handeln, einen Preis aushandeln*

Das Glasperlenspiel

Im Herbst 1995 erschien der Roman „Merlyns Vermächtnis". Es ist die Geschichte des späteren Priester-Königs Arthur, der von Merlyn, dem großen Druiden[21], in das geheime Wissen der Kelten[22] eingeweiht wird. Das Buch basiert anders als ein Großteil der Arthur-Literatur auf historischen Überlieferungen. Über Jahre hinweg erforschte der Autor Douglas Monroe vor Ort auf den britischen Inseln die Quellen: keltisches Volksgut, Sagenfragmente und alte Schriften. Heraus kam ein Bestseller, der packende Erzählkunst mit fundiertem Wissen verbindet. Für alle, die wie einst der junge Arthur in die Geheimnisse der keltischen Naturmagie eingeweiht werden wollen, ist jetzt mit „Merlyns Lehren" ein kompletter Kurs in Druidenmagie erschienen. In 21 Lektionen werden Sie mit Hilfe dieses Buches zum Experten keltischen Brauchtums und Wissens. Hier ein Auszug:

Die Druiden gründeten ihr Lehrsystem auf einen abstrakten Begriff, den sie Autorität nannten. Damit war nicht Autorität über andere Menschen oder in weltlichen Angelegenheiten gemeint, sondern über das Ich und damit über die Welt. Autorität wurde auf genau dieselbe Art und Weise erworben, wie „Erfahrung" und „Weisheit": langsam und allmählich im Laufe der Zeit, durch große Hingabe. Die Grundvoraussetzung dafür war: Je mehr spirituelle Arbeit in einem der vier Elementarreiche von Erde, Wasser, Luft und Feuer geleistet wurde, desto mehr Achtung wurde dem angehenden Druiden von dem entsprechenden Reich entgegengebracht. Jedes Mal, wenn eine Lektion auf der Stufenleiter erfolgreich abgeschlossen war, wurde dem Lehrling eine der Gleinina Droedh zuerkannt. Dies waren Glasperlen, von denen der Schüler für jede Lektion eine erhielt, auf ein Lederband aufzog und insgeheim als Symbol für seine wachsende Vervollkommnung trug. Solche Perlen wurden auch Naddred oder „Nattern / Schlangen-Perlen / Eier" genannt, da ein „wissender Mann", der in den Geheimlehren bewandert war[23], als „Schlange" oder „Natter" bezeichnet wurde. Einen vergleichbaren Brauch gab es bei den Indianern, die auf ähnliche Weise erworbene Federn als Kopfschmuck trugen und offen zeigten. Die Auszeichnung hervorragender Schüler mit goldenen oder silbernen Sternen ist eines der vielen noch erhaltenen Überbleibsel der keltischen Erziehung in unserer Zeit. Die Priester trugen Sterne auf den Fußsohlen, den so genannten Druidenfuß, „um überall, wo sie gingen, eine Fährte des Segens zu hinterlassen" – und sie verliehen Sterne an „Sternenschüler" als Zeichen für vorzügliche Leistungen.

Zu ähnlichen druidischen Bräuchen, die überlebt haben, gehören: das Küssen unter einem Mistelzweig zu Weihnachten, das aus dem älteren Julfest, der nordischen Wintersonnwendfeier, entstanden ist; der Osterhase und das Färben von Eiern (Ostern ist das alte gälische[24] Fest der Götter Ishtar oder Ostara, deren Totem-Symbol für die Fruchtbarkeit des Frühlings der Hase und die Eier waren, die sinnbildlich für neues Leben standen); das Aushöhlen von Kürbissen an Halloween, dem Abend vor Allerheiligen (in Deutschland hat sich dieser Brauch am St.-Martins-Tag erhalten). Ursprünglich wurden Futterrüben oder Kürbisse ausgehöhlt, und zum Schutz des Hauses wurde eine brennende Kerze hineingestellt – ein „Kopf" als Schutz für jedes Kind im Haushalt. Der Kopf stand auch symbolisch für den „Edlen Kopf" von Bran, dem Gesegneten, eines Gottes, dessen Kopf im Weißen Hügel (White Hill) und später unter

21 -r Druide:
keltischer Priester (Weitere Erklärungen finden Sie am Ende des Textes.)

22 Das indogermanische Volk der Kelten bewohnte in seiner Blütezeit, im 4. / 3. Jahrhundert v. Chr., große Gebiete in Teilen Europas und Zentralanatoliens. Keltisch sprechende Volksgruppen leben heute in Irland, Schottland, Wales und der Bretagne.

23 bewandert sein:
sich gut auskennen, über ein Fachgebiet sehr viel wissen

24 gälisch / -r Gäle:
keltischer Einwohner Schottlands

dem Tower in London begraben lag, um das Land vor feindlichen Überfällen zu schützen. Halloween oder Samhain, das alte Totenfest, war der bedeutendste druidische Festtag des Jahres. Der damit verbundene Brauch, sich in leuchtendbunte Gewänder zu kleiden, wurde einst von der ländlichen Bevölkerung ausgeübt, um die Geister abzuschrecken, die in jener Nacht über die Erde streifen konnten. Auch der Brauch, sich am Valentinstag Herzen zu schenken (an diesem Tag entfernten die Druiden das Herz eines weißen Bullen, um es nach einem Omen[25] für den kommenden Sommer zu überprüfen); das Fällen und Schmücken des Weihnachtsbaumes, der sich aus dem druidischen Julscheit ableitet; das Errichten eines Maibaumes am 1. Mai (das alte keltische Beltane-Fest, an dem der erste Tag des Sommers / der lichten Jahreshälfte, personifiziert durch Belenos, den alten Feuergott des Lichtes, gefeiert wurde); das dreistämmige Friedenssymbol der 60er-Jahre, das den Drei Strahlen von Awen der Druiden direkt nachgebildet ist – dies sind nur einige der zahlreichen keltischen Bräuche. Nur noch wenige Menschen wissen heute, wie viele von ihnen auf heidnischer Überlieferung beruhen … und dass ihre Entstehung fest in den Händen der Druiden lag.

Druide / Derwyddon – sie trugen weiße Gewänder (Weiß als die Farbe für Reinheit, Wissen und spirituelle Vereinigung). Sie waren die Seher, Priester und Richter / Rechtsbeistände und hatten die höchste Stellung innerhalb der drei Ränge. Sie richteten das Wort nur alle sieben Tage einmal an das Volk, am „Tag der Sonne" (dies ist der Ursprung für unseren Sonntag), und standen dabei der Sonne zugewandt, „im Angesicht Gottes … dem Auge der Wahrheit". Viermal jährlich kamen sie öffentlich zusammen, um Streitigkeiten zwischen Stämmen oder einzelnen Personen beizulegen. Ursprünglich hatten die Druiden das strenge Gelübde abgelegt, nicht zu heiraten – eine Tradition, die sich unverändert bis zur Vorherrschaft des Christentums fortsetzte.

25. -s Omen:
   gutes oder schlechtes (Vor)Zeichen

Egos

1 Ein Thema vorbesprechen

A

Vorweihnachtszeit. Der letzte Samstag vor Heiligabend, die letzte
Möglichkeit für Manfred J., seiner Frau ein Geschenk zu kaufen.
In einer Stunde schließen die Geschäfte; die Stadt ist überfüllt, es
gibt kaum noch Parkplätze. Da wird im Parkhaus ein Frauenparkplatz frei[1]. Herr J. parkt dort seinen Wagen.

1 -r Frauenparkplatz / Parkplatz für Frauen:
*In vielen Parkhäusern in Deutschland
gibt es Parkmöglichkeiten direkt in der Nähe
der Einfahrt (wo es noch hell ist) bzw.
Parkplätze, die sich in der Nähe einer Auf-
sichtsperson befinden; so sollen Frauen
vor Überfällen und Belästigungen geschützt
werden.*

B

Ein Fußballverein bestreitet das letzte und wichtigste Spiel des Jahres.
Der Verein muss dieses Spiel gewinnen, um nicht abzusteigen. 10 Minuten vor Schluss ist noch kein Tor gefallen. Da stürzt ein Spieler des Clubs
theatralisch im Strafraum zu Boden, ohne dass ihn jemand berührt hätte.
Der Schiedsrichter lässt sich täuschen und pfeift einen Elfmeter.

C

Frau K. begeht zum wiederholten Male – unabsichtlich und im Glauben
richtig zu handeln – bei ihrer Arbeit bei einer Werbeagentur Fehler.
Ihre Kollegin Rita L. bemerkt dies, weist ihre Kollegin aber nicht auf die
Fehler hin. Sie weiß, dass bald eine Stelle in dieser Firma neu besetzt
werden muss, und nur sie und Frau K. kommen für diese wesentlich
besser bezahlte Stelle in Frage; es ist ihr daher nur recht, wenn Frau K.
negativ auffallen wird.

D

Werbespot für einen „Kinderquark"
Siebenjähriger zu seiner Mutter: „Kann ich einen Fruchtzwerg haben?"
Mutter: „Jetzt noch vor dem Essen? Gut. Nimm dir einen. Und gib
deinen Geschwistern auch einen."
(Sie gibt ihm eine Dreierpackung.)
Der Junge geht an den Zimmern seiner beiden Geschwister vorbei *(laut):*
„Hat jemand Appetit auf Vitamine, Eiweiß und viel Kalzium?" Die
beiden Geschwister vermuten, ihr Bruder möchte ihnen „irgendetwas
Gesundes" anbieten, ahnen aber nicht, dass es sich um die leckeren
Fruchtzwerge handelt – und schließen die Türen ihrer Zimmer. Der
Siebenjährige darauf *(sehr leise):* „Möchte jemand Fruchtzwerge?"

*(Dieser Werbespot existiert in ähnlicher Form,
die Dialoge wurden geändert)*

Da seine Geschwister dies, nachdem sie ihre Türen geschlossen haben, nun nicht mehr mitbekommen, kann er die drei Becher Quarkspeise allein essen, ohne gegen den Wunsch seiner Mutter verstoßen zu haben.

E

aus Paul Watzlawik: Anleitung zum Unglücklichsein

Ein Mann will ein Bild aufhängen. Den Nagel hat er, nicht aber den Hammer. Der Nachbar hat einen. Also beschließt unser Mann hinüberzugehen und ihn auszuborgen. Doch da kommt ihm ein Zweifel: Was, wenn der Nachbar mir den Hammer nicht leihen will? Gestern schon grüßte er mich nur so flüchtig. Vielleicht war er in Eile. Aber vielleicht war die Eile nur vorgeschützt und er hat was gegen mich. Und was? Ich habe ihm nichts angetan; der bildet sich da etwas ein. Wenn jemand von mir ein Werkzeug borgen wollte, ich gäbe es ihm sofort. Und warum er nicht? Wie kann man einem Mitmenschen einen so einfachen Gefallen abschlagen? Leute wie dieser Kerl vergiften einem das Leben. Und dann bildet er sich noch ein, ich sei auf ihn angewiesen. Bloß weil er einen Hammer hat. Jetzt reicht's mir wirklich. – Und so stürmt er hinüber, läutet, der Nachbar öffnet, doch bevor er „Guten Tag" sagen kann, schreit ihn unser Mann an: „Behalten Sie Ihren Hammer, Sie Rüpel!"

a. Mit welchen Gefühlen haben Sie die Texte gelesen? Ist in Ihnen Ärger aufgekommen, weil Sie Ähnliches erlebt haben? Finden Sie die Situationen so alltäglich, dass Sie nichts Besonderes an Ihnen finden können?

b. Für welche Personen in diesen Situationen empfinden Sie Verständnis – für welche überhaupt nicht?

c. Haben die Situationen A–D und der Textauszug E etwas miteinander zu tun? Mit welchem Thema befassen sich diese Texte?

d. Als was würden Sie die Situationen A–D bezeichnen – als …

- gelungene Beispiele, wie man sich selbstbewusst einen Wunsch erfüllen kann
- Dickköpfigkeit
- mangelnde Rücksichtnahme
- typisch für den „Zeitgeist" („Ellenbogengesellschaft")
- Beispiele dafür, wie man sich heutzutage durchsetzen muss, ob man das nun will oder nicht
- Egoismus
- gesundes Selbstvertrauen
- Cleverness

2 Mit Texten arbeiten. Ein Thesenpapier schreiben

2.1

Wählen Sie eine der Wörtergruppen A – C und schreiben Sie unter Verwendung Ihrer Wörter eine kurze Geschichte – eine Situation, wie sie im Alltag häufig vorkommen kann. Geben Sie Ihrem Text einen Titel.

A

auf dem Weg zur Arbeit ◆ *„knackevoll"[2]* ◆ *einen Sitzplatz ergattern[3]* ◆ *schier unmöglich[4]* ◆ *drei Plätze beanspruchen* ◆ *gelangweilter Blick* ◆ *Tante* ◆ *Stress*

B

sich auf der Überholspur befinden ◆ *doppelte Geschwindigkeit* ◆ *energisch* ◆ *wilde Geste* ◆ *die Piste räumen* ◆ *von hinten naht* ◆ *Feind*

C

endlich schaffen ◆ *brechend voll[5]* ◆ *Parklücke* ◆ *beherrscht* ◆ *mühsam* ◆ *jmdn. angiften[6]*

2 knackevoll (ugs. / Jugendsprache):
   sehr voll (z. B. ein Fahrstuhl)
3 einen Sitzplatz ergattern (ugs.):
   einen Sitzplatz finden
4 schier unmöglich: fast / nahezu unmöglich

5 brechend voll (ugs. / Jugendsprache):
   sehr voll, überfüllt
6 jmdn. angiften (ugs.):
   jmdn. lautstark beschimpfen / zurechtweisen

2.2

Die Wörter (A – C) finden Sie auch im folgenden Text – wovon könnte der Text handeln? Wer könnte den Text warum geschrieben haben?

2.3

a. Setzen Sie beim Lesen in die leeren Felder folgende Sätze sinnvoll ein:

   ◆ *Besteht also gar keine Hoffnung mehr auf ein rücksichtsvolles Miteinander?*
   ◆ *Aber bis alle so weit sind, hilft nur eines: entfliehen.*
   ◆ *Szenen wie diese lassen vermuten, dass es mit der Rücksichtnahme in unserer Gesellschaft nicht zum Besten steht.*
   ◆ *Verhaltensforscher dagegen sehen im rabiaten Umgang miteinander, wo jeder nur seine Vorteile sucht, keinen Trend.*

b. Streichen Sie beim Lesen am Textrand mit zwei verschiedenfarbigen Stiften an:
   – Beispiele menschlichen Fehlverhaltens („Praxis", Erfahrungen)
   – Erklärungen, Thesen („Theorie") zu den genannten Beispielen

Die folgenden 4 Sätze gehören also sinnvoll in den Text

◆ *Besteht also gar keine Hoffnung mehr auf ein rücksichtsvolles Miteinander?*

◆ *Aber bis alle so weit sind, hilft nur eines: entfliehen.*

◆ *Szenen wie diese lassen vermuten, dass es mit der Rücksichtnahme in unserer Gesellschaft nicht zum Besten steht.*

◆ *Verhaltensforscher dagegen sehen im rabiaten Umgang miteinander, wo jeder nur seine Vorteile sucht, keinen Trend.*

Hilfe, die Egos kommen

Bloß nicht zu nett sein, bloß keinem helfen. Geschweige denn Rücksicht nehmen. Jeder ist auf seinen Vorteil bedacht, damit er ja nicht zu kurz kommt. Sind wir eigentlich noch zu retten?

Sind Sie auch immer wieder genervt⁸ von diesen Zeitgenossen, die sich
5 überall vordrängeln, alles wegraffen⁹ und nur ihr eigenes Wohlergehen im Sinn haben? Diesen Egoisten, mit denen man sich notgedrungen¹⁰ messen muss, um im Alltag nicht unterzugehen?

Schon morgens, auf dem Weg zur Arbeit, fängt der Stress an. Wie immer ist die U-Bahn um diese Zeit knackevoll und alle haben nur eines
10 im Sinn: einen Sitzplatz zu ergattern. Doch das scheint schier unmöglich, weil einige Leute gleich drei Plätze für sich beanspruchen: einen für die große Tasche, einen als Fußstütze und einen zum Sitzen. Auf die Frage „Ist da noch was frei?" erntet man im besten Fall einen gelangweilten Blick, der zu sagen scheint: „Was bist du denn für eine Tante?"

15 Wer sich die U-Bahn nicht antun will, der nimmt das Auto. Doch auf der Autobahn kommt es dann richtig dicke. Sie befinden sich gerade auf der Überholspur, da naht von hinten der Feind mit doppelter Geschwindigkeit: Mit energischen und wilden Gesten werden Sie aufgefordert, möglichst schnell die Piste zu räumen.

20 Und dann haben sie es endlich geschafft, kreisen suchend um einen brechend vollen Parkplatz. Glück gehabt, einer ist noch frei. Ja, und genau in dieser Sekunde schießt ein Auto an Ihnen vorbei. Wohin? Direkt in „Ihre" Parklücke. „Haben Sie den Platz etwa gepachtet?"¹¹ werden Sie angegiftet, wenn Sie, mühsam beherrscht, diskutieren wollen.

25

Und das Schlimmste daran: Es scheint, als ob die Zahl der Ich-Besessenen täglich größer würde. Die eigene Freiheit geht der heutigen Ego-Generation über alles. Galt das Wort „Egoist" in grauer Vorzeit noch als Schimpfwort, ist die Durchsetzung des eigenen Willens heute in¹².

30 Die „Ego-Typen" können stolz sein auf ihre ausgeprägten Ellenbogen, denn die sind ein Zeichen der Gewinner. Auch die Werbung hat den Trend aufgespürt: Männer können sich vom Duft des Herrenparfüms „Egoiste" umwehen lassen, das französische Lifestyle-Magazin „Egoiste" ist zum Sammlerobjekt aufgestiegen und Ratgeber wie das
35 Buch „Wie werde ich ein Egoist?" finden reißenden Absatz.

Egoismus sei so alt wie die Menschheit und befähige den Menschen, im täglichen Überlebenskampf zu bestehen. Darum werde jede Handlung unbewusst nach dem Motto: „Was bringt mir das?" ausgerichtet.
40 Hamstern im Supermarkt¹³, pöbeln im Restaurant und mobben¹⁴ im Job – ein natürlicher Instinkt? Sollte der Erfolg des Buches „Tausend legale Steuertricks" etwa Ausdruck unseres puren Überlebenstriebes sein? Und was ist eigentlich mit diesen preisbewussten Kunden im Supermarkt, die auf ihre abgewogene Schale Erdbeeren noch die schönsten
45 Exemplare aus anderen Schalen draufhäufen? Oder den Beutel Äpfel beim Abwiegen auf der Waage unauffällig anheben? Oder diejenigen, die die Wartezeit beim Arzt produktiv nutzen, indem sie interessante

---

7 *pöbeln / jmdn. anpöbeln (ugs.):*
jmdn. wüst beschimpfen

8 *genervt sein von jmdn. (ugs. / Jugendsprache):*
sich über jmdn. geärgert haben

9 *etwas wegraffen (ugs.): etwas wegnehmen*

10 *notgedrungen: notwendigerweise*

11 *„Haben Sie den Platz (die Parklücke) etwa gepachtet?", hier:*
Gehört der Platz vielleicht Ihnen?

12 *etwas ist in (früher Jugendsprache, jetzt ugs.):*
etwas ist modern, aktuell

13 *etwas im Supermarkt hamstern (ugs.), hier:*
ein sehr günstiges Sonderangebot aufkaufen, so dass die anderen Kunden nicht die Möglichkeit haben, ebenfalls diesen preisgünstigen Artikel zu kaufen.

14 *mobben (ugs., aus dem Englischen):*
einem Arbeitskollegen das Leben schwer machen; gegen ihn arbeiten

Artikel aus den ausliegenden Zeitungen rausreißen – schließlich braucht
ja nicht jeder das teure Magazin zu kaufen, oder? Sind das nun Schurken, liebevolle Schummler[15] oder schlichtweg Egoisten, die die Tradition
der Neandertaler fortsetzen?

Bei uns geht es schon lange nicht mehr um das Allernötigste, meint
der amerikanische Psychologe Philipp Cushmann. Genau das Gegenteil
sei der Fall. Wir werden von zu viel Wohlstand geplagt. In einer Gesellschaft, die den Konsum zum Goldenen Kalb erhoben habe, würden
die Menschen nach dem Prinzip handeln: „Ich will alles – und das sofort." Unser Leben sei zum Warenhaus geworden, aus dem sich jeder
nur das Beste aussuchen möchte, meint Cushmann. Doch der Konsum-
rausch führt zur Selbstentfremdung. Und dadurch entstehe ein chroni-
scher, emotionaler Hunger, der nur durch sofortige Bedürfnisbefriedi-
gung gestillt werden könne. Begriffe wie Frustrationstoleranz, Verzicht
und Solidarität seien für die moderne Ego-Gesellschaft längst schon
Fremdwörter. (…)

Warum sollten unsere Zeitgenossen auch Rücksicht nehmen, wo
Durchsetzungsfähigkeit und Selbstverwirklichung auf der Werteskala
unserer Gesellschaft ganz oben stehen? „Es ist gerade dieser zur
Selbstsucht pervertierte Individualismus, an dem unsere Gesellschaft
heute krankt", schreibt die Diplompsychologin Ursula Nuber in ihrem
Buch „Die Egoismus-Falle."

„Das Ziel, aus einer selbstsüchtigen eine selbstlose Gesellschaft zu
machen, ist utopisch", erklärt sie. Denn nicht die Selbstaufgabe sei
die Alternative zum Egoismus, sondern eine gelungene Entwicklung der
Persönlichkeit. Menschen also, die der Gemeinschaft nützen wollen,
ohne nur an ihre Selbstverwirklichung zu denken.

Am besten auf eine einsame Insel mit türkisblauem Wasser, samt-
weichem Strand und einer himmlischen Ruhe. Aber nur unter einer Be-
dingung: dass man dieses Fleckchen Erde für sich allein hat. Und wenn
da jemand kommt, der einem dies Paradies auf Erden streitig machen
will, werden wir es verteidigen – mit Zähnen und Klauen. Da sind wir
ganz Ego.

YOYO, 20/96

50

55

60

65

70

75

80

15 schummeln (ugs.):
kleinere „Betrügereien" begehen; auch:
in der Schule bei einer Klassenarbeit
„unerlaubte Hilfsmittel" benutzen

2.4

Erklären Sie die folgenden Wörter und geben Sie alternative
Entsprechungen an.

Zeile(n) ___3___ : zu kurz kommen
Zeile(n) ___5f.___ : nur das eigene Wohlergehen im Sinn haben
Zeile(n) ___7___ : im Alltag nicht untergehen
Zeile(n) ___◆___ : Es steht mit der Rücksichtnahme nicht zum Besten.
Zeile(n) ___27f.___ : Die Freiheit geht dieser Generation über alles.

Zeile(n) ___52___ : Bei uns geht es schon lange nicht mehr um das
Allernötigste
Zeile(n) ___54 f.___ : eine Gesellschaft, die den Konsum zum Goldenen
Kalb erhoben hat
Zeile(n) ___62 f.___ : Solidarität ist in dieser Gesellschaft ein Fremdwort.
Zeile(n) ___71___ : eine selbstsüchtige Gesellschaft

2.5

Lesen Sie noch einmal die Stellen, die Sie am Rande als „theoretische"
Aussagen angestrichen haben.

a. Erstellen Sie ein „Thesenpapier" zu diesem Text:
Bilden Sie unter Berücksichtigung der angegebenen Stichwörter
kurze, einfache Sätze. Geben Sie an, von wem diese Behauptungen
aufgestellt werden – von der Autorin oder einer anderen Person:

Zeile(n)	Stichwörter	Thesen / Behauptungen	These wurde aufgestellt von …
	Rücksichtnahme, die eigene Freiheit	◆ Die Rücksichtnahme in den westlichen Gesellschaften sinkt. ◆ Die eigene Freiheit gilt als wichtigster Wert.	
	kein Trend, Überlebenskampf	◆ Aber:	
	zu viel Wohlstand, Selbstentfremdung, Bedürfnisbefriedigung	◆ Ursache für Egoismus: …	
	Werteskala unserer Gesellschaft, pervertierter Individualismus Alternative zum Egoismus	◆	

b. Verbinden Sie die Thesen mit Hilfe der angegebenen Strukturen
(A–D, Seite 63) zu einem „flüssigen" Text.
Achtung: Geben Sie die Thesen in indirekter Rede wieder.
Gebrauchen Sie dabei den Konjunktiv I (Er behauptet, Konsum
sei in dieser Gesellschaft der wichtigste Wert.) nur dann, wenn Sie
sich hier sicher fühlen – haben Sie Schwierigkeiten dabei, verwenden Sie „dass-Sätze" mit dem Indikativ (Er behauptet, dass Konsum
der wichtigste Wert in dieser Gesellschaft ist.) oder Indikativ-Sätze
ohne ‚dass' (Seiner Meinung nach ist Konsum in dieser Gesellschaft
der wichtigste Wert.).

Wenn Sie den Konjunktiv I in der indirekten Rede üben möchten:
Schauen Sie sich die Lektion *Der Meteorit sei gar keiner gewesen*
an.

A

- *Zu Beginn stellt* die Autorin *die Behauptung auf,* …
- Die Autorin *geht zunächst davon aus, dass* …
- *Anfangs* meint die Autorin, …

B

- *Dann / Anschließend zitiert sie* Verhaltensforscher, die behaupten,
  …
- *Daran anschließend stellt sie ihre erste Behauptung in Frage.*
  Sie zitiert …,
  indem sie sich auf Verhaltensforscher beruft, die behaupten, …

C

- *Als Nächstes* zitiert die Autorin einen amerikanischen Psychologen.
  Dieser erklärt die Gründe für den Egoismus: …
- Im nächsten *Abschnitt geht* die Autorin auf die Ursache der Ego-
  Gesellschaft *ein.* Sie beruft sich auf einen amerikanischen Psycholo-
  gen, Philipp Cushman, der behauptet, …

D

- *Eine weitere Ursache sieht die Autorin* in einem „zur Selbstsucht
  pervertierten Individualismus". *Diese Erklärung entnimmt sie* dem
  Buch „…" von … .

2.6

Diskutieren Sie folgende Fragen in kleinen Gruppen und notieren
Sie zu den Fragen einige Stichwörter, mit deren Hilfe Sie später den
anderen Mitschülern die Antworten Ihrer Gruppe mitteilen.

a. Gibt es bei den theoretischen Ausführungen und Erklärungen im
    Text Aussagen, bei denen Sie anderer Meinung sind?

b. Welches der genannten Beispiele für egoistisches Verhalten können
    Sie sich in Ihrer Heimat kaum vorstellen?

c. Wie groß ist die Ähnlichkeit des Egoismus in Ihrer Gesellschaft und
    dem Egoismus, so wie er in diesem Text dargestellt wird?

3
Mit Wörtern arbeiten

3.1

Welche Ausdrücke finden Sie im Text zum Begriff „Ego …"?

ego (lat.): ich

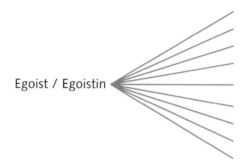

Egoist / Egoistin

3.2

Geben Sie die umgangssprachlichen Redewendungen und Ausdrücke
mit einem stilistisch „besseren" Deutsch wieder.

Zeile(n) ___14___ : „Was bist du denn für eine Tante?"
Zeile(n) ___15___ : Wer sich die U-Bahn nicht antun will, …
Zeile(n) ___16___ : Auf der Autobahn kommt es dann richtig dicke.
Zeile(n) ___18 f.___ : Sie werden aufgefordert, die Piste zu räumen.
Zeile(n) ___23___ : „Haben Sie den Platz etwa gepachtet?"
Zeile(n) ___24___ : jmdn. angiften

3.3

Verwandeln Sie diese Ausdrücke und Wendungen ins Gegenteil:

a. auf seinen Vorteil bedacht sein
b. Sind wir noch zu retten?
c. Rücksicht nehmen
d. in grauer Vorzeit
e. ein Buch findet reißenden Absatz
f. der preisbewusste Kunde
g. ein rücksichtsvolles Miteinander
h. -e Gemeinschaft
i. etwas ganz für sich allein haben
j. -s Paradies auf Erden

Kennen Sie weitere Fügungen zu dem angegebenen Grundwort?

Beispiel: zu Boden stürzen ◆ auf dem Boden liegen / sitzen ◆
den Boden unter den Füßen verlieren

a. einen Fehler begehen / machen ◆ einen Fehler korrigieren ◆ ...
b. eine Stelle besetzen ◆ die Stelle verlieren ◆ ...
c. einen Wunsch haben ◆ ...

↓ **3.5**

Schreiben Sie die Sätze zu Ende:

a. Es ist mir nur recht, _____ .
b. Manchmal kommt mir ein Zweifel, ob _____ .
c. Auch mir ist es schon einmal passiert, dass ich mir etwas geliehen
    habe und _____ .
d. Hast du dir auch schon einmal eingebildet, dass _____ .
e. Mir ist es selten passiert, dass mir jemand einen Gefallen abge-
    schlagen hat; allerdings erinnere ich mich da an _____ .
f. Manchmal denke ich auch: „Jetzt reicht es mir! Ein Beispiel: _____ .

↓ **3.6**

Setzen Sie eine passende Präposition ein:

A
a. der letzte Samstag vor Heiligabend
b. zehn Minuten vor Ende des Spiels / des Films /
    der Unterrichtsstunde
c. auf dem Weg zur Arbeit
d. auf der Autobahn
e. Ich war beim Arzt.

B
f. Er findet zunächst keinen Parkplatz im Parkhaus, dann parkt er
    schließlich auf einem Frauenparkplatz.
g. Er stürzte zu Boden.
h. Er ging an den beiden Zimmern vorbei und ...

C
i. jemanden auf einen Fehler hinweisen
j. zum wiederholten Male zu spät kommen / einen Fehler begehen
k. in grosser Eile sein
l. gegen jemanden etwas haben
m. etwas (z. B. einen Platz) für sich beanspruchen
n. nach einem Prinzip / Motto handeln / leben

3.7

Formen Sie die Sätze so um, dass der Sinn des ersten Satzes erhalten bleibt.

a. *Der Verein muss dieses Spiel gewinnen, um nicht abzusteigen.*
    Der Verein muss dieses Spiel gewinnen, damit _____.

b. *Morgens ist es schier unmöglich, in der U-Bahn einen Sitzplatz zu bekommen, weil einige Leute gleich drei Plätze für sich beanspruchen.*
    –   Morgens ist es schier unmöglich, in der U-Bahn einen Sitzplatz zu bekommen, denn _____.
    –   Morgens ist es schier unmöglich, in der U-Bahn einen Sitzplatz zu bekommen, _____ nämlich _____.

c. *Mit energischen Gesten werden Sie aufgefordert, die Überholspur frei zu machen.*
    Man _____, die Überholspur frei zu machen.

3.8

An welcher Stelle – Anfang (A), Mittelteil (M) oder Ende (E) – einer Textwiedergabe können Sie folgende Strukturen verwenden?
Setzen Sie den entsprechenden Buchstaben in den Klammern ein.

der Autor schreibt als Nächstes über … (   ) ◆ anschließend (   ) ◆ im nächsten Abschnitt (   ) ◆ am Ende des Aufsatzes (   ) ◆ zu Beginn des Textes (   ) ◆ der Text endet (   ) … ◆ Mit einem weiteren Beispiel verdeutlicht der Autor (   ) ◆ es folgen mehrere weitere Beispiele: … (   )

4 Schauspielern

Spielen Sie folgende Situationen durch. Wehren Sie sich gegen „Egos". Verwenden Sie einige der angegebenen Strukturen.

A
Sie möchten sich im Theater auf Ihren Platz setzen; der ist aber schon besetzt, obwohl die Sitznummern auf den Eintrittskarten stehen.

B
In der Straßenbahn bieten Sie einer älteren Dame Ihren Sitzplatz an. Als Sie aufstehen, setzt sich plötzlich ein etwa 20jähriger Mann auf diesen Platz.

- „Ich glaube, es handelt sich hier um einen Irrtum."
- „Sie haben sich sicherlich vertan."
- „Sind Sie sicher, dass Sie auf dem richtigen Platz sitzen?"
- „Entschuldigen Sie, aber ich glaube, hier liegt wohl ein Missverständnis vor."

5 Prüfungen kennen lernen: Textarbeit

5.1

Ich hoffe, Sie waren zufrieden

Die Stimme auf dem Anrufbeantworter verhieß nichts Gutes.[17] „Guten Tag, Sie hatten Ihr Auto bei uns in der Werkstatt. Bitte rufen Sie uns zurück, sobald es Ihnen möglich ist."

Alarmstufe 1! – Warum legen die wohl diese Schmuseplatte auf, wenn nicht zur Seelenmassage in Vorbereitung einer grausamen Nachricht? Bremsen kaputt? Fahrzeug verschrotten?

Anruf beim Autohaus. „Vielen Dank für Ihren Rückruf. Mein Name ist Claudia Wagner. Ihr Wagen war bei uns im Kundendienst. Ich hoffe, Sie waren mit unserem Service zufrieden. Sollten Sie irgendeinen Grund zur Beanstandung haben, lassen Sie es mich bitte wissen." Lange Pause. „Und deshalb rufen Sie mich an und stehlen meine Zeit?" Beleidigtes Räuspern. „Unser Unternehmen hat eine Kunden-Offensive gestartet."

Offensiv höflich sein: eine ansteckende Krankheit, der in jüngster Zeit offenbar vor allem Dienstleistungsunternehmen erliegen. Je schlechter die Dienstleistungen, desto höflicher die Telefonistin. Rufen Sie mal bei der Telekom an. Zum Beispiel bei der kostenlosen 0130-Nummer, die auf jeder Telefonrechnung steht. „Guten Tag, hier ist die deutsche Telekom. Bitte haben Sie etwas Geduld." Dideldadeldum. „Vielen Dank für Ihr Verständnis." Dideldadeldum. Dabei haben Sie gar kein Verständnis. Schon gar nicht dafür, dass nach fünf Minuten plötzlich das Besetztzeichen kommt. Sie rufen wieder an. Dasselbe Spiel. Beim dritten Mal meldet sich irgendwann „Guten Tag. Mein Name ist Rente Weber". Das wollen Sie aber gar nicht mehr wissen. Die wollen Sie eigentlich nur noch umbringen.

(…)

„,Bonjour', meldet sich der Franzose, ,Pronto' der Italiener, ,Hello' die Amerikanerin, ,Digame!' brüllt der Spanier im Kommandoton durchs Telefon. Namentlich", sagt Telefontrainer Matthias Wilke aus Rösrath, „melden sich nur die Deutschen." Wilke findet das gut. „Da sitzt ein Mensch aus Fleisch und Blut und zu einem Menschen gehört ein Name." Also muss den Telefonistinnen beigebogen werden, sich – ganz privat – mit Vor- und Nachnamen zu melden.

16 verhieß nichts Gutes: bedeutete wahrscheinlich nichts Gutes

Ergänzen Sie im folgenden Text in der linken Spalte die fehlenden Wörter. Lesen Sie dazu den Text auf Seite 67.

(1) _____

(2) _____

(3) _____

(4) _____

(5) _____

(6) _____

(7) _____

(8) _____

(9) _____

(10) _____

(11) _____

(12) _____

Dieser Artikel berichtet von einer Aktion, die hauptsächlich von (1) _____ praktiziert wird. Die Autorin schildert zunächst ein Erlebnis, das sie mit (2) _____ hatte.

Nachdem sie ihren Wagen aus der Werkstatt abgeholt hat, meldet sich eine Angestellte dieser Werkstatt auf dem (3) _____. Diese Dame bittet darum, (4) _____. Die Autorin fürchtet bereits das Schlimmste und ist deshalb überrascht, als sich eine Dame nur danach erkundigt, ob es Grund (5) _____ geben würde. Als die Autorin verärgert reagiert, begründet die Angestellte diesen Anruf mit (6) _____.

In einem zweiten Beispiel geht es um einen Anruf bei (7) _____. Die Autorin berichtet, wie sie vergeblich eine kostenlose Nummer wählt und von einer Stimme immer wieder um (8) _____ gebeten wird. Nach fünf Minuten vergeblichen Telefonierens hört sie schließlich (9) _____. Dennoch wählt sie weiter diese Nummer, bis sich endlich eine Dame meldet. Aber auch die Tatsache, dass sich diese Dame mit ihrem Namen meldet, kann die Autorin nicht beruhigen – am liebsten würde sie die Dame (10) _____.

Aus diesen Beispielen zieht die Autorin den Schluss, dass Dienstleistungsunternehmen gerade dann besonders (11) _____ sind, wenn ihre (12) _____ schlecht sind.

5.2

Lesen Sie den Text und wählen Sie das Wort (A, B oder C), das in den Satz passt. Nur ein Wort passt jeweils.

Benehmt euch

Ich öffne ungebeten fremde Kühlschränke und esse sie leer, bevorzugt nach Ladenschluss. Und wenn mir (1) _____ gegenübersitzt, der etwas Leckeres auf dem Teller hat, greife ich zu, bevorzugt mit der Hand. Ich hinterlasse Müll in Autos, ich bin auch einmal im Schlafanzug in die Schule gegangen – es gibt kaum jemanden, der mehr von Manieren (2) _____ als ich. Denn ich (3) _____, worauf es ankommt: nicht auf eingeübte Manieren und auswendig gelernte Floskeln, (4) _____ auf eine Form von Anstand, die mit Sprachgefühl und Gutherzigkeit zusammenhängt. Diese Höflichkeit des Herzens ist (5) _____ fast so selten wie ein guter Sommer.

Menschen ohne Manieren (6) _____ einem überall. Zum Beispiel auf dem Münchner Viktualienmarkt: Da wollen sie einen frisch gepressten Saft bestellen, drängeln sich erst mal vor, dann fällt mit einem bellenden Laut ein Wortklumpen aus ihrem Mund. „Apfel-Karotte". Ich würde gern (7) _____: „Warum sprechen Sie nicht in ganzen Sätzen? Grüß Gott, ich hätte gerne einen Saft aus Apfel und Karotte, bitte. Vielen Dank. Auf Wiedersehen, es war sehr lecker." Aber ich sage nichts, denn es ist ein Zeichen von schlechten Manieren, (8) _____ auf seine schlechten Manieren anzusprechen. Ein Freund von mir erlebte in einem ähnlichen (9) _____ eine sehr feine Zurechtweisung. Er wollte ein Buch von Charles Bukowski kaufen. Ohne Gruss kam er in die

Bücherstube geschlendert und sagte: „Bukowski!" Der Buchhändler antwortete: „Angenehm." Womit er Anstand bewies, während ich schadenfroh lachte.

Es gibt Menschen, die einen nicht ernst nehmen, wenn man nett ist. Weil sie nicht daran (10) _____ , halten sie Freundlichkeit für ein Zeichen von Schwäche. Tut man aber streng und cool, werden sie plötzlich liebenswürdig.

Beim Ausgehen treffe ich manchmal Leute, die es nicht mal (11) _____ zu grüßen. Ich grüße immer als Erste, weil sie mir Leid tun. In ihrem Inneren (12) _____ seltsame Dinge vor sich gehen. Ein Freund von mir, der oft Partys gibt, hat sich auch mal beklagt, dass am nächsten Morgen keiner anruft und sich bedankt. Man sieht: Das Gegenteil von Höflichkeit ist nicht schlechtes Benehmen, sondern Gleichgültigkeit. Mit (13) _____ kann man zeigen, dass einem andere Leute nicht egal sind.

Eines Wintertags stieg ich aus der Trambahn und rutschte mit Schwung auf dem Eis aus. (14) _____ ich auf dem Rücken lag und die anderen Fahrgäste schweigend an mir vorbeigingen, dachte ich darüber nach, woran es liegen (15) _____ , dass mir niemand aufhilft. Ich nehme an, die Leute hatten es eilig und wollten nicht zu spät kommen, weil das unhöflich ist.

Michaela Simon (JETZT September '97)

(1):	A: niemand	B: jemand	C: jeder
(2):	A: denkt	B: fühlt	C: hält
(3):	A: kenne	B: weiß	C: glaube
(4):	A: aber	B: jedoch	C: sondern
(5):	A: leider	B: oft	C: zum Glück
(6):	A: sehen	B: treffen	C: begegnen
(7):	A: fragen	B: beraten	C: vorschlagen
(8):	A: jemand	B: jemanden	C: jemandem
(9):	A: Fall	B: Situation	C: Lage
(10):	A: gewöhnt haben	B: gewöhnt wurden	C: gewöhnt sind
(11):	A: gelingt	B: schaffen	C: versuchen
(12):	A: können	B: müssen	C: sollen
(13):	A: Gleichgültigkeit	B: Unfreundlichkeit	C: Höflichkeit
(14):	A: bevor	B: wenn	C: während
(15):	A: könnte	B: müsste	C: sollte

6 Schreiben

„Die Woche der Rücksichtslosigkeiten"

Führen Sie eine Woche lang Protokoll – beobachten Sie Ihre
Mitmenschen (und sich selber auch):
Notieren Sie alle Formen von Rücksichtslosigkeit – 24 Stunden täglich.
Vor dem Fernseher. In der U-Bahn. In der Bibliothek …
Vergleichen Sie nach einer Woche Ihre Aufzeichnungen mit denen Ihrer
Mitlerner: Wer hatte in der vergangenen Woche am meisten zu leiden?

7 Mit Bildern arbeiten

Sprechen Sie über
– die *Situation:* Was geschieht? Wo spielt die Szene?
– die beiden *Personen:* Alter, Aussehen, Gesichtsausdruck,
  Körperhaltung
– über die *Wirkung* des Bildes auf Sie: Sind Sie empört?
  Finden Sie die Situation peinlich, lustig …?

Berichten Sie über *Erfahrungen* in ähnlichen Situationen:
Waren Sie schon einmal „Opfer" in einer solchen Situation?
Vielleicht auch „Täter"?
Wie würden Sie in dieser Situation handeln? Was würden Sie sagen?

Entscheiden Sie, ob Sie einige der angegebenen Wörter benutzen
können:

a. Gesichtsausdruck:
    – verzerrt
    – freundlich
    – konzentriert
    – angestrengt
    – gleichgültig

b. Körperhaltung
    – jmdn. bedrängen
    – jmdn. beiseite schieben
    – sich neben jmdn. stellen
    – auf den Zehenspitzen stehen – den Ellenbogen einsetzen

Zukunft / Technik

1 Ein Thema vorbesprechen

a.
- Alle Krankheiten werden besiegt.
- Techniker entwickeln Motoren, die 0,000 000 001 Meter groß sind.
- Wolkenkratzer sind über 1.000 Meter hoch.
- Der Mensch ist in der Lage Planeten zu besuchen, die 300 Milliarden Kilometer entfernt sind.
- Lebewesen fremder Planeten leben bereits seit Jahrzehnten unerkannt auf der Erde.

Welche dieser Entwicklungen halten Sie für realistisch, welche für möglich, welche für Ideen aus einem Sciencefictionroman?

b. Lesen Sie Sciencefictionliteratur? Sehen Sie sich wissenschaftliche Magazine im Fernsehen an? Lesen Sie gern Zeitschriftenartikel, die sich mit der Zukunft unseres Planeten beschäftigen? – Berichten Sie, was Sie dabei über die Zukunft unseres Planeten erfahren haben.

Sammeln Sie dabei Begriffe, die mit der technischen Entwicklung zu tun haben, an der Tafel.

2 Mit Texten arbeiten: Den Textinhalt präsentieren

2.1

Die drei Texte **Blick in die Zukunft des Allerkleinsten** (Seite 75), **Der Delphi-Report: Zeugen der Zukunft** (Seite 79–81) und **Nun aber gleich los!** (Seite 81) beschäftigen sich mit einem Blick in die Zukunft der Menschheit – „überfliegen" Sie innerhalb von 5 Minuten diese drei Texte: Achten Sie beim Lesen nicht auf unbekannte Wörter, versuchen Sie lediglich zu verstehen, welcher Text welche Thematik behandelt; tragen Sie die folgenden Themen in die Tabelle (Seite 74) ein:

◆ Ein Blick in die Zukunft: Was Wissenschaftler für möglich halten
◆ Nanotechnologie und Mikrotechnologie verändern die Zukunft der
Menschheit ◆ Über die Möglichkeit mit Außerirdischen in Kontakt
zu treten

Text	Thema
„Blick in die Zukunft des Allerkleinsten"	
„Der Delphi-Report: Zeugen der Zukunft"	
„Nun aber gleich los!"	

2.2

Wählen Sie einen der drei Texte aus; suchen Sie Mitschüler, mit denen
Sie diesen Text zusammen in Gruppen (3–5 Teilnehmer) bearbeiten.

Das Ziel der Gruppenarbeit:
Stellen Sie im Anschluss an die Gruppenarbeit jeweils „Ihren" Text Ihren
Mitschülern vor.

Die Arbeitsweise:
a. Lesen Sie noch einmal gemeinsam mit Ihren Gruppenmitgliedern
    den Text und helfen Sie einander den Text zu verstehen – benutzen
    Sie Wörterbücher, Fremdwörterbücher, Lexika.

b. Bearbeiten Sie die Aufgaben nach dieser Aufgabenverteilung:

Gruppe(n) A   liest / lesen Text A (Seite 74 – Seite 79)
               und bearbeitet / bearbeiten Aufgaben – **2.3** (A). **2.4** (A). **2.5** (A)
Gruppe(n) B   liest / lesen Text B (Seite 79 – Seite 81)
               und bearbeitet / bearbeiten Aufgaben – **2.3** (B). **2.4** (B)
Gruppe(n) C   liest / lesen Text C (Seite 81 – Seite 84)
               und bearbeitet / bearbeiten Aufgaben – **2.3** (C). **2.4** (C)

Text und Aufgaben für Gruppe(n) A

2.3 (A)

a. Im Text „Blick in die Zukunft des Allerkleinsten" haben die Begriffe
    ‚Atom' und ‚Molekül' eine wichtige Bedeutung für das Verstehen
    des Textes. Falls Ihnen diese Begriffe nicht so vertraut sind, schauen
    Sie doch mal in einem (muttersprachlichen) Lexikon nach.

b. Der Text behandelt zwei Technologien der Zukunft: die Mikro-
    technologie und die Nanotechnologie. Lesen Sie den Text und un-
    terstreichen Sie mit einem *schwarzen Stift* Textstellen, die sich
    auf die Mikrotechnologie beziehen, und mit einem *andersfarbigen*
    Stift Textstellen, die sich auf die Nanotechnologie beziehen.

Vergleichen Sie Ihre Textmarkierungen mit denen Ihrer Gruppenmitglieder – gibt es Unterschiede? Wenden Sie sich an Ihren Lehrer,
wenn Sie sich nicht einigen können.

Text A für Gruppe(n) A

Mit Atomen bauen wie mit Legosteinen:
Blick in die Zukunft des Allerkleinsten

I

Arztbesuch im Jahr 2004: Aus einem Tropfen Blut analysiert der reis-
korngroße Biosensor alle relevanten Gesundheitswerte. Anschließend
rät der „elektronische Doktor", in eine Ader des Patienten eine
„Schleifmaschine" einzuführen. Diese mikroskopisch kleine Plaque-
Fräse schwimmt dann durch die Blutbahn. Angetrieben von einem
0,000 000 001 Meter kleinen Motor trägt der Winzling Kalkablagerungen (Plaques) innerhalb der Arterien ab. Der drohende Herzinfarkt
ist gebannt.

II

Autokauf im Jahr 2030: Der Showroom[1] ähnelt einer Gärtnerei. Statt
Hochglanz-Limousinen stehen Hunderte von Samentüten herum, fast
jede trägt ein anderes Firmenlogo. In den Tüten befindet sich „syste-
matische Technologiesaat". Diese High-Tech-Körner streut der Käufer in
seinem Garten aus – und schon wächst das Auto wie eine Pflanze aus
dem Boden. Der liefert das Baumaterial, von der Sonne kommt die nötige Energie. Entsprechend den Daten auf dem Saatpäckchen kann man
das Fahrzeug nach einiger Zeit abholen: mit aufgepumpten Reifen und
roten Ledersitzen.

1 -r Showroom (engl.); hier:
-r Vorführ- / Ausstellungsraum

III

Verrückte Wunsch- und Alpträume? Alles völlig undenkbar? „Für viele
Leute ist das pure Sciencefiction", räumt US-Forscher Eric Drexler
ein.[2] „Ich aber antworte ihnen: Mondraketen, Roboter und sprechende
Computer waren auch einmal Sciencefiction."

2 er räumt etwas ein; hier:
er gibt zu / er gesteht ein

Tatsächlich haben Wissenschaftler in Mainz bereits einen 9 Millimeter
kleinen Elektromotor gebaut, der mit 100.000 Umdrehungen pro
Minute rotiert. Und Forscher in Boulder (USA) erfanden einen Mole-
kül-Baukasten, mit dem sie dreidimensionale Strukturen „wachsen"
lassen können. Schon dreht sich ein mikroskopisch kleiner Windrotor
aus Kohlenwasserstoff um eine Achse aus einem Rhenium-Atom.

IV

Weltweit entwickelt sich keine Forschung so stürmisch wie die der
Mikro- und Nanotechnologie. Sie gilt als die Schlüsseltechnik des
21. Jahrhunderts. Beide Disziplinen zielen auf Verkleinerung. Die eine
im Mikrometer-Bereich (ein Mikrometer ist ein millionstel Meter);

bei der anderen steht die Vorsilbe Nano (griechisch = Zwerg) für die atomare Größenordnung des Unterfangens: Ein Nanometer ist ein milliardstel Meter. (…)

Solch ein Nanopartikelchen ist rund eine Million Mal so klein wie der Punkt am Ende dieses Satzes.

V

Krasser noch der Unterschied der Arbeitsmethoden in beiden Foschungsrichtungen: „Ein Mikrotech-Ingenieur mag fragen: Wie bekommt man so kleine Maschinen", erklärt Forscher Drexler. „Den Nanotech-Ingenieur aber interessiert: Wie bekommt man so große Moleküle?" In Mikro-Schmieden[3] wie in Mainz[4] werden Mini-Maschinchen auf herkömmliche Weise gefertigt, indem man winzige Einzelteile zusammenschraubt. In Nanotech-Labors hingegen wird eine ans fantastische grenzende „Hightech-Alchemie" betrieben. Nano-Forscher wollen ihre Konstruktionen von Grund auf neu schaffen: Molekül für Molekül, Atom für Atom.

Die Nanotechnologie plant Werkzeuge zu konstruieren, mit denen sich die Grundbausteine (Atome) der Natur nach Belieben verschieben lassen. Eines Tages werde der Mensch mit Atomen hantieren, als spiele er mit Legosteinen.

Diese Fähigkeit würde tatsächlich die Tür in eine bizarre Welt öffnen. Man könnte dann alles Erdenkliche erschaffen: (…) zum Beispiel futuristische „Fleischmaschinen". In ihnen befinden sich Gras, Wasser, Nährstoffe und Millionen molekülkleiner Monteure. Sie beginnen auf Knopfdruck zu werkeln[5] und wandeln die Rohstoffe in erstklassiges Rindfleisch um, ohne den Umweg über die Kuh. Selbst Krankheit und Tod wären im Nano-Zeitalter nicht mehr unausweichlich. Zellen ließen sich reparieren, sogar Ersatzorgane herstellen.

Diese „Nano-Genesis" ist möglich, weil der einzige Unterschied zwischen billiger Kohle und teuren Diamanten oder zwischen gesunder und kranker Zelle im Arrangement[6] der Atome besteht, je nachdem, wie sie zusammengesetzt sind, entsteht Kohle oder ein Diamant, bilden sie fade Erde, Luft und Wasser oder verursachen sie Krebs. Wenn wir also eine Möglichkeit fänden, die Atome in beliebigen Mustern und Strukturen anzuordnen, würde der Mensch Macht über die gesamte Materie erringen. (…) Für viele mag dies wie Gotteslästerung klingen. (…)

Alles, was man dazu braucht, sind (…) Nano-Assembler (Mini-Roboter), die ein einzelnes Atom greifen und an einem anderen Ort absetzen können. Diese Roboter wären nur wenige Atomlagen dick, etwa zehn milliardstel Meter lang und damit rund fünf Milliarden Mal so kurz wie ein herkömmlicher Roboterarm. (…)

„Die Frage, die wir heute stellen, ist nicht mehr, ob die Nanotechnologie funktionieren wird, sondern wann und wie", schreibt Eric Drexler in seinem Buch „The Engine of Creation" („Die Schöpfungsmaschine"). In dieser Bibel der Nanotechnologie prophezeit er, „dass wir zum Beginn des 21. Jahrhunderts eine Art von molekularer Produktion haben werden." (…)

(Beispiele für nanotechnologische Produkte heute:)

Auf breites Industrie-Interesse stößt auch ein Universal-Korrosionsschutz aus „Nanomeren" (Nanokörnern). Diese hauchdünne Beschichtung ist dermaßen kratzfest und Schmutz abweisend, dass ihr weder

3 -e Mikro-Schmiede, Schmiede; hier:
-e Fabrik (Fabrik für mikrotechnologische Geräte)
4 Mainz: Stadt im Bundesland Hessen

5 werkeln (ugs.): arbeiten

6 -s Arrangement; hier: -e Zusammenstellung

Messerklingen noch Graffitifarben etwas anhaben können. Mit diesem Anti-Schmierfink-Stoff hat die Deutsche Bahn AG jetzt den ersten Eisenbahnzug beschichtet. Kratzfest, dazu leicht und bruchsicher, sind auch die Brillen des bayerischen Optikunternehmens Rupp+Hurbach – dank einer Nanokorn-Beschichtung. Sie soll künftig auf Windschutzscheiben aufgetragen werden; Schmutz und Staub gleiten dermaßen gut ab, dass die Scheibe „ewig" klar bleibt.

Auch die Medizin schwärmt vom „immensen Fortschritt durch Nanopartikel". Der Biologe Andreas Jordan (Berliner Virchow-Klinik) schleust maßgeschneiderte Eisenoxid-Teilchen in Krebszellen ein – und tötet dann die Tumorzellen, indem er die Partikelchen mit einem Magnetwechselfeld erwärmt.

2.4 (A)
Bearbeiten Sie zusammen mit den Lernpartnern Ihrer Gruppe folgende Aufgaben.

Abschnitt I:
Formulieren Sie den Inhalt des ersten Abschnitts mit Ihren Worten – verwenden Sie dabei folgende Wörter:

Beispiel für Mikrotechnologie ◆ *Arztbesuch (2004)* ◆ *Patient* ◆ *Gefahr eines Herzinfarkts* ◆ *ärztliche Behandlung mit einer „Plaque-Fräse"* ◆ *Größe: 0,000 000 001 Meter* ◆ *Arterien* ◆ *abtragen / entfernen* ◆ *Kalkablagerungen*

Abschnitt II:
Formulieren Sie den Inhalt des zweiten Abschnitts mit Ihren Worten – verwenden Sie dabei folgende Wörter:

Beispiel für Nanotechnologie ◆ *2030* ◆ *Autokauf* ◆ *Samentüte* ◆ *„High-Tech-Körner"*

Abschnitt III
Wie weit sind Mikro- und Nanotechnologie heute fortgeschritten? Nennen Sie je ein Beispiel für beide Technologien.

Abschnitt IV
Ergänzen Sie:
1 Mikrometer = _____
1 Nanometer = _____

Abschnitt V
Was geschieht in Nanotech-Labors? Welche der folgenden Aussagen stimmen mit dem Textinhalt überein (sind richtig / falsch)?

a. Die Nanotechnologie unterscheidet sich grundlegend von anderen Technologien.   Richtig ▪
    Sie ist etwas völlig Neues.   Falsch ▪

b. Die Nanotechnologie will Instrumente schaffen, die Atome zusammensetzen.   Richtig ▪
    So könnten ganz neue Dinge erschaffen werden. Schon heute gibt es dank dieser   Falsch ▪
    Technologie Produkte wie z. B. absolut kratzfeste Beschichtungen.

c. Für die Fleischproduktion benötigt der Mensch dank der Nanotechnologie kein   Richtig ▪
    Vieh mehr; Miniroboter, so genannte Assembler, verwandeln Gras, Wasser und   Falsch ▪
    Nährstoffe zu Fleisch, indem sie die Atome dieser Dinge neu zusammensetzen.

d. Wenn es diesen Minirobotern gelingt, die Grundbausteine erkrankter Zellen   Richtig ▪
    (Tumorzellen) zu verändern, könnte auch Krebs geheilt werden.   Falsch ▪

e. Die Miniroboter müssen extrem klein sein, um ihre Aufgabe erfüllen zu können: Richtig ▪
    etwa 10 milliardstel Meter.   Falsch ▪

f. Es ist ziemlich unwahrscheinlich, dass sich die Nanotechnologie eines Tages   Richtig ▪
    durchsetzen wird; denn viele religiöse Menschen kritisieren diese Technologie –   Falsch ▪
    sie bezeichnen sie als „Gotteslästerung".

2.5 (A)

Bereiten Sie sich darauf vor, den Inhalt des Textes Ihren Mitschülern
vorzustellen:

Verteilen Sie in Ihrer Gruppe folgende Aufgaben:

a. Schüler A fasst in einigen wenigen Sätzen die Aussagen im Text
    zum Thema Mikrotechnologie zusammen. Diese Zusammenfassung
    sollte Folgendes enthalten:
    –   einen Anfang, der das Interesse der Zuhörer wecken könnte –
        wie z. B. ein einleitender Satz (Ich möchte von einer Technolo-
        gie berichten / Der Text handelt von einer Technologie, die für
        uns heute kaum vorstellbar ist …), oder man beginnt mit einem
        Beispiel dieser Technologie;
    –   Informationen zum Namen (Beispiele für die Größe / Maße,
        die hier eine Rolle spielen; Informationen zum jetzigen Entwick-
        lungsstand; Beispiele);
    –   ein Ende, das zum nächsten Teil der Textpräsentation überleitet
        – und ebenfalls Interesse wecken soll (z. B.: Noch revolutionärer
        ist eine andere Technologie, die X nun vorstellen möchte.).

    Anschließend fertigt Schüler A ein Stichwortblatt an, das Folgendes
    enthalten kann:
    –   Einleitender Satz
    –   Stichwörter zu den Textinformationen
    –   Überleitender Satz

b. Schüler B, C, D fassen die Aussagen im Text zum Thema Nanotechnologie zusammen. Diese Zusammenfassung sollte Folgendes
enthalten:
- einen Anfang, der das Interesse der Zuhörer wecken könnte –
  wie z. B. ein einleitender Satz (siehe **2.5 a**), oder man beginnt
  mit einem Beispiel dieser Technologie;
- Aussagen des Textes zur Nanotechnologie: Beispiele für gegen-
  wärtige und zukünftige Entwicklungen, Erklärung zur Funk-
  tionsweise (Stichwörter: Miniroboter / Assembler, Atome neu
  zusammensetzen), Problem „Gotteslästerung".

c. Beschriften Sie eine Folie (für den Tageslichtprojektor) mit
„Schlüsselbegriffen", die in der Textzusammenfassung vorkommen.
Falls dies technisch nicht möglich ist, können die Begriffe vor oder
während der Textpräsentation an die Tafel geschrieben werden.

d. Mögliche Diskussionsaufgaben zur Weiterarbeit.
Können wir all die neuen Probleme lösen, die auf uns zukommen
werden? Wie sieht z. B. die Zukunft Südafrikas aus, wenn jeder
Mensch Diamanten herstellen kann? Was geschieht mit den Volks-
wirtschaften dieser Welt, wenn in jeder Küche eine „Fleischma-
schine" steht? Was wird aus der Arbeit, dem Geld?

Text B (1) für Gruppe(n) B

Der Delphi-Report: Zeugen der Zukunft

*Tausend vage Schätzungen ergeben verlässliche Visionen. Ein Einzelner
kann sich leicht verschätzen, wenn er zukünftige Entwicklungen beurteilen soll – das Urteil von vielen ist verlässlicher. Darauf basiert eine
Methode zur Zukunftsplanung, die ihren Namen nach einem berühmten
griechischen Orakel hat: die Delphi-Studie.*

(…) In die Zukunft zu sehen ist, ähnlich wie die Welt zu erkennen
und zu verstehen, ein Urbedürfnis des Menschen, und so reichen die
Praktiken dazu bis in alte Zeiten zurück. Das Orakel von Delphi ist
die bekannteste Zukunftsschau des Altertums: Eine auserwählte Frau,
die Pythia, wurde im Heiligtum von Delphi durch betäubende Dämpfe
in Trance versetzt. Aus ihren lallenden Worten formten Priester mit
politischem Scharfsinn geheimnisvolle Sprüche, die als göttliche Zu-
kunftsvisionen galten.

Nach diesem berühmten Orakel ist auch die modernste Version
der Zukunftsschau benannt: die Delphi-Methode, die vor kurzem
vom Bundesministerium für Forschung und Technologie als Projekt
für Deutschland aufgegriffen und vom Fraunhofer-Institut für System-
technik und Innovationsforschung ISI in Karlsruhe realisiert wurde.

Delphi-Methode heißt: Es werden viele wissenschaftliche Experten
zu zukunftsgerichteten Themen aus Forschung und Technik befragt.
Alle Antworten gemeinsam bilden eine recht sichere Grundlage, um die
zukünftige Entwicklung vorauszusehen und – was noch wichtiger ist –
planen und aktiv eingreifen zu können.

Die Delphi-Idee ist nicht bei uns geboren, sie stammt aus den USA und kam über den Umweg Japan nach Deutschland. Dort wird die Methode seit 1971 praktiziert. Etwa alle fünf Jahre wird eine Umfrage unter einer großen Schar von Experten gestartet, um die Vorausschau stets aktuell zu halten. Etwa ein Drittel der 1971 bis heute prophezeiten Entwicklungen wurde in vollem Umfang realisiert, ein weiteres Drittel teilweise – eine wesentlich höhere Erfolgsquote als bei anderen Zukunftsprognosen.

2.3 (B)

Was überrascht Sie? Welche Entwicklungen halten Sie für ziemlich (un)wahrscheinlich?
Schreiben Sie: Ein Tag im Leben der Familie X.

Text B (2) für Gruppe(n) B

Delphi-Studien
Zeittafel

2001:   Zur Untersuchung des Verdauungskanals gibt es eine Tablette, die eine Minikamera enthält.

2002:   Bei kosmetischen Operationen wird künstliche Haut für ein absolut faltenfreies Gesicht übertragen.

2003:   Magnetschwebebahnen verkehren mit 500 km/h zwischen den Städten.
Touristenzentren entstehen unter Wasser.
Ersatzorgane, die von Tieren stammen, können problemlos in Menschen eingesetzt werden.

2004:   Das individuelle Krebsrisiko kann durch Genanalysen und zytologische Methoden bestimmt werden.
Über 1000 Meter hohe Wolkenkratzer sind im Bau.

2005:   Computer „verstehen" Sprache und übertragen sie in geschriebenen Text.
Künstliche Lungen sind in der klinischen Erprobung.
Seismologen können starke Erdbeben einige Tage im Voraus ankündigen.
Die gesamte menschliche Erbsubstanz (Genom) ist entschlüsselt.

2008:   Ein Super-Jumbo für mehr als 1000 Passagiere hat seinen Jungfernflug absolviert.

2009:   Durchtrennte Nerven des Zentralnervensystems können wieder verknüpft werden.

2010:   Ein winziges Diagnosegerät, das sich in den Blutgefäßen frei bewegen kann, wird klinisch erprobt.

2011:   Die durchschnittliche Lebenserwartung liegt bei 90 Jahren.

2012:   Krebszellen können in normale Zellen umdifferenziert werden.
Roboter erledigen alle anfallenden Hausarbeiten.
Auf dem Meer entstehen die ersten schwimmenden Städte.
Künstliche Augen und Ohren übertreffen die natürlichen Sinnesorgane des Menschen.

2013:	Durch spezielle Kosmetika bleibt die Haut bis ans Lebensende faltenfrei und jugendlich.
2014:	Wasserstoffautos sind weit verbreitet.
2016:	Die Alzheimer-Krankheit kann geheilt werden.
	Zerstörte tropische Regenwälder können aufgeforstet und als intakte Ökosysteme wiederhergestellt werden.
2017:	Organe werden durch Vermehrung eigener Körperzellen gezüchtet und anschließend transplantiert.
2019:	Im Weltraum wird ein Solarkraftwerk in Betrieb genommen.
2020:	Mit Hilfe der Kernfusion wird in großem Maße Energie gewonnen.
	In einer künstlichen Plazenta entwickeln sich Kinder außerhalb des menschlichen Körpers normal.

2.4 (B)

a. Fertigen Sie eine stichwortartige Zusammenfassung des ersten Textteils an; berücksichtigen Sie dabei folgende Aspekte:
   – Herkunft des Namens „Delphi-Studie"
   – Initiatoren dieser Studie
   – Vorgehensweise bei der Studie

b. Ordnen Sie die zeitlich aufgelisteten Beispiele der Studie (Text 2) nach Bereichen wie Medizin, Verkehr usw.
   Streichen Sie Informationen, die Sie für nicht so wichtig halten.

c. Bereiten Sie sich darauf vor, die beiden Texte Ihren Mitschülern vorzustellen:
   – Einigen Sie sich in Ihrer Gruppe auf einen Interesse weckenden Anfang; *Beispiel:* Nennen Sie einige besonders krasse Beispiele der Studie, gehen Sie erst danach auf den ersten Text ein.
   – Übertragen Sie Ihre Übersicht (2.3 b) auf ein Plakat / eine Folie; falls dies technisch nicht möglich ist, schreiben Sie diese Informationen an die Tafel, bevor Sie Ihren Text vorstellen. Klappen Sie die Tafel aber erst auf, wenn Sie während Ihrer Textvorstellung auf die entsprechenden Fakten zu sprechen kommen.

Text C für Gruppe(n) C

Nun aber gleich los!

Es gibt also Leben auf fremden Planeten. Nichts wie hin! Die Frage ist nur: Wie lange dauert die Reise? Ein paar Milliarden Jahre – sagt der Raketenexperte Jean-Francois Lieberherr.

Auf der Jahrestagung der amerikanischen Astronomischen Gesellschaft präsentierten die beiden Astrophysiker Geoffrey Marcy und Paul Butler kürzlich eine Sensation. Sie behaupteten, im Sternbild Jungfrau und im Großen Bären gebe es zwei Planeten, „auf denen möglicherweise Leben existiert". Kritiker halten dies für Spekulation. Angenommen, Marcy und Butler haben Recht und die Menschheit entschließt sich mit ihren neuen Nachbarn Kontakt aufzunehmen – wie könnte das aussehen? Auf Fragen dazu antwortet Jean-Francois Lieberherr von der European Space Agency, Leiter des Technologybüros im Direktorat für Trägersysteme, sprich: zuständig für Raketen.

Wie kommuniziert man mit fremden Wesen, die so weit entfernt leben?

Sie brauchen dazu ein sehr gutes Gedächtnis. Die beiden Planeten sind ja ungefähr dreißig Lichtjahre entfernt; eine Frage an die Fremden ist also dreißig Jahre unterwegs. Auf die Antwort warten Sie nochmals dreißig Jahre. Dazu kommt noch ein halbes Jahr – so lange braucht die Bürokratie, bis sie eine Antwort formuliert hat.

Wenn wir beide eine Frage stellen, erleben wir die Antwort nicht mehr.

Richtig.

Eine Generation stellt also die Fragen, die nächste bekommt die Antworten: Was ist nun, wenn unsere Nachkommen Antworten auf Fragen bekommen, die sie überhaupt nicht interessieren?

Das wird sicher so sein, denn die Wissenschaft macht in sechzig Jahren so große Fortschritte, dass unsere Fragen keinen Sinn mehr haben werden.

Welcher Sprache würden Sie sich denn bedienen, um mit Außerir-dischen Kontakt aufzunehmen? Englisch? Französisch? Oder irgendwas Binäres?

Das kann ich nicht sagen. Wir versuchen ja, mit Tieren zu kommuni-zieren, Delphinen etwa. Und bis heute haben wir keine gemeinsame Sprache gefunden, obwohl wir aus derselben Familie stammen, also den Delphinen ungleich näher sind als den fremden Leuten.

Aber für den Fall, dass? Wie würden wir versuchen Kontakt aufzu-nehmen?

Wahrscheinlich mit etwas ganz Einfachem, rhythmischen Lauten etwa. Genauso wie ein Gefangener im Gefängnis auf ein Rohr klopft, um sich mit anderen Gefangenen zu verständigen. Wir sind ja auch Gefangene auf unserer Erde.

Ist das Ihr Bild der Menschheit? Sie sitzt im Gefängnis und morst ins Weltall?

Ja. Das sagt auch die Relativitätstheorie: Wir sitzen in einem Gravita-tionsloch, das von der Masse der Erde bestimmt ist. Und wir müssen versuchen da hinauszufliegen.

Mal angenommen, wir hätten mit den Fremden sprechen können und vereinbart: „Wir kommen." Wie lange würde unsere Reise dauern?

Die beiden Planeten sind dreißig Lichtjahre, also ungefähr 285 Billio-nen Kilometer entfernt. Heute erreichen wir eine Höchstgeschwindigkeit von zehn Kilometern pro Sekunde. Nehmen wir also an, wir könnten eine Rakete bauen, die hundertmal schneller fliegt, braucht sie immer noch 9.037 Jahre um anzukommen.

Um Gottes willen. Und wenn uns die Nachricht erreicht: „Wir treffen uns auf halbem Weg", was dann?

Dann ist das auch egal. (…) Bei diesen Größenordnungen kann man nicht viel machen. Wir können nichts bauen. Nur berechnen können wir, wie groß die Rakete sein müsste, mit der wir losfliegen könnten.

Wie groß müsste die denn sein?

Ungefähr so groß wie der Mond.

Warum das denn?

Weil wir so große Treibstofftanks brauchen. Es gibt noch eine andere Möglichkeit – in ganz, ganz ferner Zukunft freilich. Wir könnten einen Asteoriden[7] nehmen und als Raumschiff benutzen. Auf dem könnten sich die Menschen eingraben, um gegen Meteoriten geschützt zu sein, und für Generationen leben.

Wo nimmt man einen solchen Asteoriden her?

Die sind überall im Weltall. Da müsste man nur einen einfangen. Oder vielleicht könnte man den Mond als Raumschiff benutzen.

Gibt es da keine Probleme?

Gewisse Leute würden damit wahrscheinlich unzufrieden sein, das ja.

Wie würde man diesen Mond denn beschleunigen können?

Mit atomaren Antriebssystemen.

Rechnen Sie beim Bau der Rakete mit Eifersüchteleien und dergleichen zwischen den USA und Europa?

Nein. Ein solches Projekt würde die gesamten physischen Ressourcen der Erde benötigen. So etwas kann nur die Menschheit gemeinsam durchführen. (…)

Das ist alles nicht sehr ermutigend. Wir müssen also darauf warten, dass die fremden Leute zu uns kommen?

Nein. Die haben wahrscheinlich dasselbe Problem wie wir. Aber vielleicht sind die viel weiter entwickelt als wir und können durch schwarze Löcher fliegen und so fort. Aber von alledem verstehen wir heute weniger als die Römer von der heutigen Raumfahrt verstehen würden. Ich kann da auf diesem Gebiet nur Dummheiten sagen. Jeder kann da nur Dummheiten sagen. (…)

Wie würde es sich auf die Menschheit auswirken, wenn sich eine außerirdische Intelligenz auf der Erde meldete?

(…) Ich glaube kaum, dass man voraussagen kann, wie sich die Menschen in so einem Fall verhalten würden. Ich glaube, sie werden wie Ameisen herumrennen. Und die verschiedenen Sekten würden noch mehr Zulauf bekommen.

Aber wenn es keine Frage des Glaubens mehr wäre, sondern jeder wissen würde: Da sind andere.

Es gibt mit großer Wahrscheinlichkeit irgendwo im Weltall Leben und Intelligenz. Es gibt keinen Grund anzunehmen, wir seien die Einzigen unter Milliarden und Milliarden und Milliarden von Sternen, auf denen sich Leben entwickelt hat.

Sie glauben nicht, dass das Auftauchen von fremden Intelligenzen eine läuternde Wirkung auf die Menschen hätte? Und dass alle auf der Erde sagen: „Um Gottes willen, wir sind ja nur ein versprengter Haufen und wir müssen nett zueinander sein."?

Es kann auch das Gegenteil eintreten: Dass die Menschen erst recht zu streiten anfangen. Wir können die Menschen jetzt nur ein bisschen aufklären, warum es wahrscheinlich ist, dass wir nicht die einzigen intelligenten Wesen sind im Weltall.

(…)

Wie weit müssten wir in die Menschheitsgeschichte zurückgehen, um jenen Zeitpunkt zu erwischen, an dem wir eine Rakete hätten losschicken müssen, die nächste Woche auf dem jetzt entdeckten Planeten ankommt?

(Sehr lange Pause)

7   -r Asteroid: kleiner Planet

Rechnen Sie jetzt?

(Unverständliches Zahlengemurmel) Also wenn ein steinzeitlicher Ingenieur das Countdown gegeben hätte – so vor ca. 903.729 Jahren – dann käme sie in der nächsten Woche an …

(Die Fragen stellte Christian Ankowitsch)

2.3 (C)

Geben Sie die Antworten des interviewten Jean-Francois Lieberherr mit Ihren eigenen Worten wieder:

a.   Worin liegt das Problem für den Menschen, mit Lebewesen im Sternbild Jungfrau und im Großen Bären zu kommunizieren?

b.   Welche Sprache sollte man verwenden, um mit Außerirdischen kommunizieren zu können?

c.   Wie lange würde eine Reise zu einem Planeten im Sternbild Jungfrau dauern, wenn man ein Raumschiff auf dem heutigen technischen Stand benutzen würde?

d.   Gibt es Möglichkeiten, diese Reisezeit zu verkürzen?

e.   Wie würden die Menschen möglicherweise auf einen Besuch Außerirdischer auf unserem Planeten reagieren?

2.4 (C)

Bereiten Sie sich darauf vor, dieses Interview Ihren Mitschülern vorzustellen:

a.   Notieren Sie sich Stichwörter zu den Antworten unter 2.3.

b.   *„Proben" Sie das Interview:* Einer der Mitschüler Ihrer Gruppe übernimmt die Rolle des Journalisten und stellt die Fragen, die Sie unter 2.3 beantwortet haben. Ein anderer Schüler übernimmt die Rolle des Interviewten und antwortet mit Hilfe seiner Stichwörter. Ergänzen Sie gegebenenfalls während des Probens Ihren Stichwortzettel.

3 Die einzelnen Gruppen stellen die von ihnen bearbeiteten Texte vor

3.1

Zuerst wird der Text „Blick in die Zukunft des Allerkleinsten" vorgestellt.

- Nachdem Ihre Mitschüler den Text vorgestellt haben, gibt es die Möglichkeit, Fragen zum Verständnis und zum Inhalt zu stellen.
- Dabei kann es natürlich passieren, dass Fragen nicht beantwortet werden können, da sie über den Textinhalt hinausreichen; in diesem Fall könnte man mit folgenden Redemitteln reagieren:
  - *Auf diese Frage gibt unser Text leider auch keine Antwort.*
  - *Da sind wir überfragt; im Text gibt es keinen Hinweis auf dieses Problem.*
  - *Diese Frage können wir leider auch nicht beantworten. Wir geben sie gern an euch weiter. Vielleicht kann sie jemand von euch beantworten.*

- Diskutieren Sie nach der Textpräsentation diese Fragen:
  - *Können Sie sich weitere Veränderungen im Alltagsleben als Folge der Mikro- und Nanotechnologie vorstellen?*
  - *Welche Folgen haben diese Technologien auf die gegenwärtigen Arbeitsplätze?*
  - *Haben auch Sie ethische oder religiöse Bedenken?*

3.2

Nun wird die Delphi-Studie vorgestellt. Diskutieren Sie anschließend: Welche Voraussagen überraschen Sie? Welche sind bereits eingetreten? Auf welche würden Sie sich besonders freuen, sollten Sie sie noch erleben?
Welche dieser Entwicklungen ist auf die Mikro- oder Nanotechnologie zurückzuführen?

3.3

Diskutieren Sie nach der Präsentation des Interviews:
Welche Fragen hätten Sie dem Wissenschaftler gern zusätzlich gestellt?
Halten Sie es für möglich, dass bereits UFOs unseren Planeten besucht haben oder aus der Ferne beobachten?
Stellen Sie sich vor: Lebewesen eines fremden Planeten nehmen Kontakt zur Erde auf. Wissenschaftlern gelingt es, die Botschaft dieser Lebewesen zu entschlüsseln: In ungefähr 5–30 Jahren könnten sie die Erde besuchen.
Wie könnte sich Ihrer Meinung nach das Leben auf der Erde nach dieser Meldung verändern?

4 Mit Wörtern arbeiten

4.1

a. Welche der folgenden Wörter haben etwas mit „Zukunft" zu tun?

*-e Genanalyse ◆ -e Rakete ◆ -e Innovation ◆ -e Astrophysik ◆
-s Raumschiff ◆ -r Meteorit ◆ zukünftige Entwicklungen*

b. Welche der folgenden Wörter beinhalten Ihrer Meinung nach eine
Bedrohung?

*Ressourcen der Erde ◆ -s Weltall ◆ -r fremde Planet ◆ -s Labor ◆
-r Roboter ◆ Zukunftstechnologien ◆ -s Solarkraftwerk ◆ in die
Zukunft sehen ◆ -r Fortschritt ◆ -e entschlüsselte Erbsubstanz*

4.2

Ergänzen Sie – eventuell mit Hilfe eines Wörterbuchs – weitere
Substantive, Adjektive, Verben der entsprechenden Wortfamilie:

-r Forscher	-e Forschung			
-e Medizin				
- e Technik				
-r Fortschritt				
	spekulieren			

4.3

In den Texten gibt es für Lebewesen, die auf anderen Planeten leben
könnten, insgesamt 5 Bezeichnungen – welche?

4.4

Folgende Wörter drücken Unsicherheit aus; bilden Sie mit diesen
Wörtern Beispielsätze, die zukünftige Entwicklungen zum Inhalt haben:

*möglicherweise ◆ Spekulation ◆ etwas annehmen ◆ vielleicht ◆ vage ◆
etwas kaum voraussagen können ◆ Es gibt keinen Grund anzunehmen,
dass … ◆ ungefähr ◆ etwas nicht genau sagen können*

4.5

Welche der zwei angegebenen Alternativen passt sinngemäß?

a. Der Biosensor analysiert das Blut. Anschließend erteilt der „elektronische Doktor" einen Ratschlag.

danach / schließlich

b. Nanotechnologie ist für viele Menschen pure Sciencefiction.

natürliche / reine

c. In Mikro-Werkstätten werden Minimaschinen auf herkömmliche Weise angefertigt. In Nanotech-Labors hingegen geschieht etwas völlig Neues.

dagegen / sondern

d. Diese neu entwickelte Beschichtung ist dermaßen kratzfest, dass sie nicht einmal mit einem Messer beschädigt werden kann.

derart / übermäßig

e. Die Brillen eines bayerischen Optikunternehmens sind kratzfest, dazu leicht und bruchsicher.

zudem / außerdem

4.6

Vervollständigen Sie sinngemäß die folgenden Sätze:

a. *Angetrieben von einem 0,000 000 001 Meter kleinen Motor „reinigt" diese Minischleifmaschine die Arterien.*
Eine „Mini-Schleifmaschine", die _____ wird, „reinigt" _____

b. *Tatsächlich haben Wissenschaftler bereits einen 9 Millimeter kleinen Elektromotor gebaut, der mit 100.000 Umdrehungen pro Minute rotiert.*
Tatsächlich haben Wissenschaftler bereits einen mit 100.000 _____ 9 Millimeter kleinen Elektromotor gebaut.

c. *Der Biologe Andreas Jordan tötet Tumorzellen, indem er Eisenoxid-Partikel in die kranken Zellen transportiert.*
Der Biologe Andreas Jordan tötet Tumorzellen durch _____ von Eisenoxid-Partikeln in die kranken Zellen.

d. *Nach dem berühmten Orakel von Delphi wurde auch eine Forschungsmethode benannt, die vom Bundesministerium für Forschung unterstützt wird.*
Nach dem berühmten Orakel von Delphi wurde auch eine vom _____ benannt.

e. *Etwa alle fünf Jahre wird eine Umfrage unter einer großen Schar von Experten gestartet, um die Vorausschau stets aktuell zu halten.*
Etwa alle fünf Jahre wird eine Umfrage unter einer großen Schar von Experten gestartet, damit _____

5 Schreiben

5.1

Es ist der 3. September 2044. Stellen Sie eine Nachrichtensendung zusammen. Was ist an diesem Tag geschehen?

„Schon mal ehrlich gewesen?"

1 Ein Thema vorbesprechen

1.1

a. Setzen Sie die folgenden Sprichwörter und Redewendungen zusammen:

a.	Der Ehrliche ist immer	am weitesten.
b.	Ein ehrliches Gesicht	als falsches Lob.
c.	Lügen haben	der Dumme.
d.	Mit Ehrlichkeit kommt man	ist besser als zwei falsche Ja.
e.	Eine ehrliche Ohrfeige	ist der beste Reisepass.
f.	Ehrliche Schelte ist besser	kurze Beine.
g.	Ein ehrliches Nein	währt am längsten.
h.	Ehrlich	ist besser als ein falscher Kuss.

b. Welche dieser Sätze haben eine ähnliche Bedeutung?

1.2

Gibt es in Ihrer Muttersprache ähnliche Sprichwörter?

1.3

Wer hat diese Sätze gesagt: Arthur Schopenhauer (deutscher Philosoph, 1788–1860) ◆ Michael Stich (1993, deutscher Tennisspieler) ◆ Hanna Suchocka (1992, ehemalige polnische Premierministerin) ◆ William Shakespeare (1564–1616)?

a. „Keine Zeit ist so schlimm, dass man nicht ehrlich sein könnte."

b. „Ganz ehrlich meint ein jeder es am Ende doch nur mit sich selbst und höchstens noch mit seinem Kinde."

c. „Es gibt zu wenig Ehrlichkeit. Speziell in meinem Metier. Es ist ganz selten, dass man mit jemandem ein Geschäft auf Handschlagbasis machen und davon ausgehen kann, das Geschäft geht klar. Heute geht es viel zu häufig nur um Macht und Geld. Das finde ich enttäuschend, denn für mich gilt immer noch: ein Mann ein Wort."

d. „Die Regierung muss mit dem Volk ehrlich reden, auch wenn uns die Erfahrung lehrt, dass bislang alle ehrlichen Politiker bei den Wahlen verloren haben."

2 Mit Wörtern arbeiten

2.1

Was könnten folgende Sätze bedeuten?

a. „Meinst du, er hat ehrliche Absichten mit ihr?"
b. „Sie ist eine absolut ehrliche Haut." (ugs.)
c. „Das war doch keine Lüge, das war eine Notlüge!"
d. Politiker lügen nie. Sie sagen nur manchmal nicht exakt die Wahrheit.

2.2

Ordnen Sie zu …

zuverlässig sein ◆ *-r Betrüger* ◆ *die Wahrheit sagen* ◆ *lügen* ◆
-e Falschmeldung ◆ *jmdn. betrügen* ◆ *anständig sein* ◆ *nicht ganz
die Wahrheit sagen* ◆ *ein verlogener Mensch* ◆ *ein aufrichtiger
Mensch* ◆ *Mut haben / mutig sein* ◆ *naiv sein* ◆ *stark sein* ◆
schwach sein ◆ *-e Ausrede* ◆ *schwindeln (ugs.)*

… und tragen Sie weitere Begriffe in die Tabelle ein:

ehrlich	unehrlich

2.3

„*ehrlich*", „*wirklich*" werden manchmal gebraucht, wenn man –
relativ höflich – schimpfen / seinen Unmut äußern möchte:

– „Jetzt bin ich sauer, ehrlich!"
– „Jetzt bin ich aber ehrlich / wirklich sauer!"
– „Also ehrlich / wirklich , das ist doch wohl die Höhe!"
– „Ich muss ehrlich / wirklich sagen, so kann das nicht weitergehen!"

Bauen Sie „ehrlich" ein:
– „Du bist widerlich!"
– „Ich habe die Nase voll von dir!"
– „Also, das hättest du auch anders sagen können!"

2.4

Welcher Vorwurf ist Ihrer Meinung nach der schwerste?
Welcher der harmloseste?
Welche dieser Sätze sind fast bedeutungsgleich?

a. „Sie lügen ziemlich oft."
b. „Man kann Ihnen nichts glauben."
c. „Sie sind nicht immer ehrlich."
d. „Sie sind ein notorischer Lügner."
e. „Manchmal sagen Sie die Unwahrheit."
f. „Sie bleiben nicht immer bei der Wahrheit."
g. „Manchmal sagen Sie nicht ganz die Wahrheit."

3 Jemanden befragen – mit jemandem diskutieren

3.1

„Der ganz persönliche Test":
Wissen Sie, wie ehrlich Ihre Mitschüler sind?

a. Lesen Sie den Fragebogen.

b. Suchen Sie sich in Ihrer Lernergruppe einen Fragepartner /
   eine Fragepartnerin – bitte nicht Ihren Tischnachbarn – und stellen
   Sie ihr / ihm die Fragen, die Sie auf dem Fragebogen finden.
   Ihr Fragepartner muss natürlich nicht auf alle Fragen ehrlich
   antworten, sie / er kann so oft die Unwahrheit sagen, wie sie / er
   möchte.

c. Überlegen Sie nun: Wie oft hat Ihr Fragepartner die Unwahrheit
   gesagt? Bestätigt sie / er diese Vermutung? Haben Sie sich sehr
   getäuscht?

A

1. Würdest du dir deiner Freundin / deinem Freund zuliebe
   die Haare bis auf eine Länge von einem halben Zentimeter
   abschneiden lassen?
2. Kannst du einen Knopf annähen?
3. Du wirst für ein Referat, das du im Politikunterricht gehalten
   hast, vom Lehrer sehr gelobt. Würdest du dem Lehrer mitteilen, dass dir die Tochter deiner Nachbarin entscheidend geholfen hat?
4. Angenommen du findest, ohne dabei beobachtet zu werden,
   in einem Supermarkt eine Geldbörse mit etwa 40 DM,
   würdest du sie einem Angestellten des Supermarkts geben?

---

5. Du siehst in einem Kaufhaus eine junge Frau / einen jungen Mann, die / der dir äußerst sympathisch ist und die / den du kennen lernen möchtest. Auch sie / er hat dich bemerkt. Wäre es dir lieber, sie / er würde dich ansprechen, als dass du sie / ihn ansprichst?

6. An einem Wintermorgen wachst du zu spät auf, weil der Wecker nicht funktioniert hat. Über Nacht sind 20 cm Schnee gefallen; du kommst 28 Minuten zu spät zur Schule / zum Arbeitsplatz. Würdest du dich bei diesen beiden Entschuldigungen für A entscheiden?

    A   *„Es tut mir Leid, aber mein Wecker hat heute Morgen nicht geklingelt."*

    B   *„Es tut mir Leid, aber ich konnte nicht früher kommen. Der Bus hatte bei diesem Schnee Probleme. Ich habe über eine halbe Stunde warten müssen."*

7. Der meistens sehr unfreundliche Kellner eines Cafés, das du manchmal mit Freundinnen besuchst, hat sich dieses Mal beim Kassieren vertan. Er verlangt zwei Mark zu wenig. Weist du ihn auf seinen Irrtum hin?

8. Der Ehemann von Frau I. hat, nachdem er zwei Flaschen Wein getrunken hat, mit seinem Auto drei parkende PKWs beschädigt und ist anschließend einfach weitergefahren. Frau I. meldet dieses Vergehen nicht der Polizei. Findest du ihr Verhalten akzeptabel?

9. Liest du mehr als zwei Bücher im Jahr (abgesehen von Schullektüre oder Fortbildungslektüre für deinen Beruf?

10. Warst du einmal in eine(n) deiner LehrerInnen verliebt?

11. Kannst du schwimmen?

12. Es ist 21 Uhr. Du sitzt in der U-Bahn und beobachtest, wie ein Mann einem älteren Herrn eine Geldbörse aus der Tasche zieht und sie an einen anderen Mann, der zu einer Gruppe von zwei weiteren Personen gehört, weiterreicht. Der ältere Herr hat den Diebstahl bemerkt, weiß aber nicht, welche dieser Personen der Dieb ist. Außer dir und diesen Personen befinden sich noch eine etwa dreißigjährige Frau und zwei ältere Damen dort. Hilfst du dem alten Mann?

13. Hörst du die Musik der Kelly-Family gern?

3.2

–   Welche dieser Fragen war(en) nicht leicht zu beantworten? Warum?
–   Bei welchen Fragen hätten sicherlich viele Menschen Probleme die Wahrheit zu sagen?
–   Kennen Sie den Unterschied zwischen „echten" Lügen, Notlügen, „berechtigten" Lügen und harmlosen Schwindeleien?

Einen Text verstehen und zusammenfassen

4.1

Lesen Sie den ersten Teil des Textes **Der Turm des Schreckens**.
Schlagen Sie bei diesem ersten Lesen nicht alle unbekannten Wörter
im Wörterbuch nach – verschaffen Sie sich zunächst nur einen Überblick: Um was geht es in diesem Text? Was ist mit dem *Turm des
Schreckens* gemeint?

4.2

Tragen Sie beim Lesen Stichwortinformationen zu den Namen, die
in dieser Reportage genannt werden, in das „Personendiagramm" ein.
Ergänzen Sie das Diagramm immer dann, wenn Sie einen neuen
Abschnitt lesen.
Verdeutlichen Sie Beziehungen dieser Namen zueinander mit Pfeilen,
Zeichnungen, Piktogrammen.

LeMessurier

John S. Reed

Hugh Stubbins

City Corb

Walter Wriston

Arthur Nusbaum

*Kaum etwas erfordert so viel Mut wie Fehler öffentlich einzugestehen.
Erst recht, wenn es sich um falsche Berechnungen bei einem der
höchsten Gebäude der Welt handelt. Lesen Sie die Geschichte, wie
der Ingenieur William J. LeMessurier seinen inneren Schweinehund
besiegte[1] – und dank seiner Courage ein Märchen erlebte.*

Der Turm des Schreckens *(gekürzt)*
von Joe Morgenstern
(Süddeutsche Zeitung Magazin, No.31, 2. 8. 1996)

An einem warmen Junitag des Jahres 1978 erreichte den Ingenieur
William J. LeMessurier in seinem Büro in Cambridge, Massachusetts, der
Anruf eines Studenten aus New Jersey. Der junge Mann schrieb an einer
Arbeit über den neuen Citicorp Tower[2] in Manhattan – einen silberfar-
5 benen (…) Wolkenkratzer, damals das siebthöchste Gebäude der Welt.
LeMessurier fühlte sich geschmeichelt. Schließlich hatte er als Statiker
für den Architekten Hugh Stubbins das 25.000-Tonnen-Skelett unter der
dünnen Aluminiumhaut[3] des Turms entworfen. Und auf einem Terrain[4],
in dem die ganze Ehre gewöhnlich dem Architekten zukommt, war end-
10 lich einmal ein Teil des Lobes für die technische Eleganz und ungewöhnliche Grazie des Gebäudes an den damals 52-jährigen Ingenieur gegangen: Er wurde in die „National Academy of Engineering"[5] gewählt – in
seinem Beruf die höchste Auszeichnung.

Der Student erkundigte sich nach den vier Säulen, die den Bau
15 stützen. Nach Ansicht seines Professors hatte LeMessurier sie an die
verkehrte Stelle gestellt. „Ich war sehr freundlich", erinnert sich der
Ingenieur, „aber ich empfahl diesem Anrufer seinem Professor auszurichten, dass er nicht wisse, wovon zum Teufel er eigentlich spricht."
(…)

20 LeMessurier belehrte den Studenten mit dem Stolz eines Meisterkon-
strukteurs und der Geduld eines Pädagogen. Schließlich unterrichtete
er selbst eine Statikklasse in Harvard. Dann erläuterte er, warum die seltsame Geometrie des Gebäudes alles andere als ein Fehler sei. Sie ver-
setzte die Säulen in die denkbar stärkste Position, um das abzuwehren,
25 was „kreuzende Winde" genannt wird: Wind, der aus einer diagonalen Richtung kommt und, da er gegen zwei Gebäudeseiten gleichzeitig
bläst, den Druck auf beide Seiten verstärkt. „Ich sagte ihm, dass er
mit diesen Informationen für seinen Professor gut gerüstet sei"[6], so
LeMessurier. (…) Die Säulen waren ja nur ein Element in der Verteidi-
30 gung des Turms gegen starke Winde. (…) *(LeMessurier hatte das
Gebäude mit 48 Aussteifungswinkeln[7] ausgerüstet.)* (…)

Lange zuvor hatte der Ingenieur die Stärke dieser Winkel bei senkrecht auftreffenden Winden durchgerechnet. Das war der einzige Nach-
weis, den die New Yorker Bauvorschriften verlangten. Nun wollte er
35 sehen, ob sie bei Wind aus einem 45-Grad-Winkel ebenso belastbar
wären. Seine Rechnungen überraschten ihn: In vier von acht Winkeln
aus jeder Reihe verstärkte ein kreuzender Wind die Belastung um
vierzig Prozent. (…)

„Ich dachte", sagte LeMessurier, „dass ich mir das besser anschauen
40 sollte." (…)

Am 24. Juli flog er nach New York, wo seine Vorahnung bestätigt
wurde. Seine Leute hatten nur senkrecht auftreffende Winde berechnet.
(…)

1 den inneren Schweinehund besiegen (ugs.): etwas, von dessen Richtigkeit man überzeugt ist,
tun, obwohl es einem sehr schwer fällt

2 Tower (engl.): -r Turm
3. dünne Aluminiumhaut; hier:
Das Innere („das Skelett") des Gebäudes
besteht aus Stahl und Beton, das Äußere
(„die Haut") besteht aus Glas und Alu-
minium.
4 -s Terrain (franz.): -s (Fach)Gebiet
5 National Academy of Engineering (engl.):
Institution, in der sich Ingenieure
organisieren.

6 Jemand ist für ein Gespräch / für eine
Auseinandersetzung gut gerüstet:
Jemand ist auf ein Gespräch / eine
Auseinandersetzung gut vorbereitet.
7 aussteifen (techn. Fachsprache):
gegen den Einsturz sichern

LeMessurier rief seine Frau in ihrem Sommerhaus in Main an: „Ich erzählte Dorothy, dass wir ein Problem hätten, über das ich ernsthaft nachdenken müsse." Am 28. Juli fuhr er an den Sebago Lake[8], mietete sich ein Motorboot und rechnete auf dem See die (…) Statik Naht[9] für Naht, Geschoss für Geschoss[10] durch.

Die schwächste Verbindung entdeckte er auf dem dreißigsten Stockwerk. Wenn sie nachgeben würde, würde das ganze Gebäude einstürzen. Dann nahm er sich den Wetterbericht für New York vor und berechnete die Wahrscheinlichkeit eines Sturmes, der stark genug wäre, diese Naht auseinander zu reißen. Die Zahlen sagten, dass so ein Ereignis statistisch einmal alle 16 Jahre auftritt. Meteorologen nennen das einen 16-Jahre-Sturm. „Anders ausgedrückt", sagt LeMessurier mit Grabesstimme[11], als sei der Schock noch heute frisch, „gab es eine Möglichkeit von eins zu 16 in jedem Jahr, dieses eingeschlossen."

Als Ingenieur war er überzeugt eine Lösung für die statischen Mängel finden zu können: (…) Die Nietenverbindungen am Citicorp Center könnten durch aufgeschweißte Stahlplatten wie mit riesigen Pflastern verstärkt werden – alles nur eine Frage des Geldes und des Materials. Doch das Problem lag woanders: Die Hurrikansaison stand bevor, die Zeit, in der Amerikas Ostküste regelmäßig von verheerenden Stürmen heimgesucht wird.

45
50
55
60

8 Lake (engl.): -r See
9 -e Naht; hier:
   -e Schweißnaht; wenn zwei Metallteile zusammengeschweißt werden, entsteht eine Naht (Schweißnaht)
10 -s Geschoß: -s Stockwerk, -e Etage
11 -e Grabesstimme:
   seine Stimme klingt geschockt

4.3

a. Warum nennt der Autor den Wolkenkratzer *Turm des Schreckens*?

b. Welche Sätze im Text geben das technische Problem wieder? Unterstreichen Sie sie.

c. Zeichnen Sie den Citicorp Tower und symbolisieren Sie mit Pfeilen die „kreuzenden Winde".

d. Was ist das Schlimmste, was mit diesem Wolkenkratzer geschehen könnte?

e. Wie würden Sie LeMessuriers Situation bezeichnen? Sie ist *hoffnungslos* ◆ *verzweifelt* ◆ *etwas problematisch* ◆ …?

f. Wie könnte LeMessurier auf dieses schlimme Problem reagieren? Nennen Sie mindestens drei Möglichkeiten.

4.4

a. Lesen Sie den zweiten Teil. Bestätigen sich Ihre Vermutungen zu Frage **4.3 e**?

b. Notieren Sie in Stichwörtern / kurzen Sätzen die einzelnen Handlungsschritte LeMessuriers.

II

12 langwierig: lang, langandauernd
13 -r Prestigebau:
    ein Gebäude, das die Bedeutung eines
    Unternehmens symbolisiert
14 -e Option: -e (Handlungs)Möglichkeit

15 pokern:
    „Poker" ist der Name eines Kartenspiels;
    „um das Leben anderer pokern":
    Das Leben anderer riskieren. / Es wird nicht
    um Geld, sondern um Menschenleben
    gespielt.

65 Um eine Katastrophe zu vermeiden, müsste LeMessurier schnellstens Alarm schlagen – aber mit welchen Folgen! Langwierige[12] Rechtsstreits. Der finanzielle Ruin. Und die totale berufliche Blamage: Dank seiner Fehler stand ein 175 Millionen Dollar teurer Prestigebau[13] vor dem Einsturz, waren sechstausend Menschenleben gefährdet.

70 Auf dem See spielte LeMessurier seine Optionen[14] durch. Schweigen? (…) Selbstmord? Aber Schweigen wäre ein Pokern[15] um das Leben anderer, Selbstmord darüber hinaus noch feige und melodramatisch. Im nächsten Augenblick empfand er merkwürdigerweise ein schwindelerregendes Gefühl von Macht. „Ich verfügte über Informationen, die
75 niemand sonst kannte. Es lag in meiner Hand, ob etwas Außerordentliches passierte. Höchstens 16 Jahre bis zum Zusammensturz – so einfach, so klar war das. Fast dachte ich: ‚Danke, lieber Gott, dass du dieses Problem so scharf definiert hast, dass keine Wahl bleibt.'" (…)

Ihm war klar: Citicorp musste umgehend informiert werden. Am
80 Abend flog LeMessurier nach Boston um dem Architekten Stubbins die Neuigkeiten zu unterbreiten. „Natürlich zuckte er zusammen[16] – es ging ja um sein Meisterstück", sagt LeMessurier, „aber er ist ein erwachsener Mann und zum Glück kannten wir uns ein Leben lang."

Am Morgen des 2. August flogen die beiden Männer nach New York
85 um mit dem damaligen Vizepräsidenten von Citicorp, John S. Reed, zu sprechen. In dem älteren Gebäude an der Lexington Avenue, mit dem Blick auf den neuen Turm, begann LeMessurier seine Beichte. „Sir, es gibt da ein Problem. (…)." LeMessurier präsentierte seine Rettungsidee: Schweißer sollten (…) die fraglichen Verbindungen nach und nach ver-
90 stärken, ohne den Mietraum zu beschädigen. (…) Reed fragte nach den Kosten der Reparaturarbeiten. LeMessurier schätzte sie auf eine Million Dollar. Nach dem Treffen bat Reed die beiden Männer, in LeMessuriers Büro zu warten. Wenig später tauchte er selbst dort auf – mit dem Chef höchstpersönlich.

95 In den späten Siebzigern, als Citicorp seine weltweite Expansion gerade begonnen hatte, war Walter Wriston einer der einflussreichsten Banker Amerikas: bestechend intelligent[17], aristokratisch, unterkühlt[18]. LeMessurier befürchtete das Schlimmste, als er diesem Mann gestehen musste, dass das Citicorp Center wie seine Karriere sprichwörtlich aus
100 der Balance geraten könnte. Aber er erlebte wieder eine Überraschung. Der große Vorsitzende sicherte ihm seine volle Unterstützung zu. „Wriston war fantastisch", erinnert sich LeMessurier. „Er sagte: ‚Ich glaube, mein Job dabei ist der Umgang mit der Öffentlichkeit. Dann setze ich mich mal gleich an eine Presseerklärung.'" (…)

17 bestechend intelligent:
    sehr intelligent / Man ist von der Intelligenz
    dieses Mannes beeindruckt.
18 unterkühlt; hier: sehr distanziert, sehr ruhig

105 (…) Die ganze Wahrheit erzählte LeMessurier dann am Dienstagmorgen den Vertretern der New Yorker Bauaufsichtsbehörde[19]. Eine Stunde lang sprach er über die Wirkung von diagonalen Winden auf den Citicorp Turm, über das Versagen seines Büros und über die beabsichtigten Reparaturen. Es war der schwierigste Vortrag seines Lebens. Seine
110 Zuhörer erkundigten sich nach einigen technischen Details – und lobten dann LeMessurier für seinen Mut und seine Offenheit. „Keiner dachte: ‚Jetzt haben wir den Schweinehund![20]", sagte einer der Teilnehmer. „Der Kerl stand ja schließlich auf und sagte: ‚Ich habe ein Problem, ich bin dafür verantwortlich, lasst es uns in den Griff kriegen.'[21] Wenn man
115 so einen Typ fertig macht[22] – wer soll sich dann überhaupt noch trauen zu reden?" (…)

19 -e Bauaufsichtsbehörde:
    Behörde, die Bauarbeiten genehmigen muss
20 -r Schweinehund:
    böses Schimpfwort – Bitte nach Möglichkeit
    niemals verwenden!
21 ein Problem in den Griff kriegen (ugs.):
    mit einem Problem fertig werden, ein
    Problem bewältigen
22 jmdn. fertig machen (ugs.); hier:
    jmdm. die Schuld geben, jmdn. stark
    kritisieren / beschimpfen

4.5

a. Was ist das Ziel der Gespräche LeMessuriers?

b. Mit welchen Reaktionen seiner Gesprächspartner hat er wahrscheinlich gerechnet? Wie sahen die tatsächlichen Reaktionen aus?

c. Wie würden Sie diese Reaktionen bezeichnen:
   Als *überraschend* ◆ *verständnisvoll* ◆ *angemessen* ◆ *sympathisch* ◆ …?

4.6

Lesen Sie den dritten Teil und formulieren Sie anschließend einige Fragen zu diesem Textteil. Lassen Sie sich diese Fragen von Ihrem Tischnachbarn beantworten.

III

Sofort machten sich die Schweißer an die Arbeit. Ihre Fackeln funkelten im Nachthimmel. Das Wetter war so heiß wie schon den ganzen Monat, (…) und die Vorhersagen kündigten wieder Temperaturen um dreißig Grad an. Perfekte Tage also für das Citicorp Center. Allerdings wüteten 120 in der Karibik bereits Stürme. Citicorp drängte darauf, dass rund um die Uhr gearbeitet werde, aber der Bauleiter, Arthur Nusbaum, erlaubte keine Schweißarbeiten während der Bürozeiten – aus Furcht, der Rauch könnte Panik unter den Mietern auslösen. Stattdessen veranlasste er, dass (…) die Schweißer bis vier Uhr morgens arbeiteten und dann Putz- 125 frauen das unbeschreibliche Chaos beseitigten, bevor wieder die ersten Sekretärinnen erschienen. Die Schweißer arbeiteten sieben Tage die Woche. (…)

   Ein Großteil der Arbeit lag noch vor ihnen, als der Wetterbericht am Morgen des Ersten September die Nachricht brachte, die jeder gefürch- 130 tet hatte: Ein größerer Sturm, der Hurrikan Ella, stand vor Cape Hatteras in Richtung New York. Um 6.30 Uhr kam die Notfallgruppe[23] zusammen. LeMessurier referierte den Stand der Reparaturen: Die meisten neural- gischen Punkte[24] seien beseitigt, theoretisch könnte der Bau nun einem Zweihundert-Jahre-Sturm widerstehen – doch dafür gebe es keine 135 Sicherheit. Einige Stunden später änderte Hurrikan Ella seinen Kurs und zog aufs Meer. LeMessurier spendierte sich einen Rausch, den er Jahre nicht vergessen sollte. (…)

   Im Oktober wurden die Schweißarbeiten beendet. Das Gebäude war nun sogar stark genug für einen Siebenhundert-Jahre-Sturm. 140

23 -e Notfallgruppe; hier:
   Experten des Roten Kreuzes und
   der New Yorker Stadtverwaltung

24 -r neuralgische Punkt:
   -e Schwachstelle, -e problematische Stelle;
   hier: Die Stellen am Hochhaus, die einen
   Einsturz herbeiführen könnten.

4.7

So endet der Artikel über LeMessurier

IV

(…) In den letzten Jahren erwähnt LeMessurier den Sommer 1978 141 gelegentlich gegenüber seinen Studenten in Harvard. Das Drama um den Citicorp Tower, betont er dann, zeige vor allem eines: …

Überlegen Sie zusammen mit Ihrem Tischnachbarn: Welche Lehre
hat LeMessurier aus diesem Erlebnis gezogen? Was möchte er seinen
Studenten mit dieser Geschichte zeigen?
Formulieren Sie diese „Lehre" in einigen wenigen Sätzen.
Lesen Sie anschließend diese „Lehren" vor. Fallen Sie in Ihrer Lerner-
gruppe unterschiedlich aus?

4.8

Im Originaltext heißt es am Ende u. a.:
145 *„Ihr habt soziale Verantwortung", mahnt der tapfere Ingenieur (an
seine Studenten gerichtet). Für eure Zulassung und den damit verbun-
denen Respekt müsst ihr über eure eigenen Interessen und die der Auf-
traggeber hinaus die Gesellschaft als Ganzes im Blick haben. Und das
Wunderbarste an meiner Geschichte ist, dass, als ich das tat, mir nichts
Schlimmes passierte."*

Gibt es Ähnlichkeiten zwischen diesen Schlusssätzen und Ihren Formulierungen unter 4.7?

4.9

Diskutieren Sie LeMessuriers Verhalten: Welcher Meinung stimmen Sie
am ehesten zu?

— „Eigentlich ist es selbstverständlich, wie er sich verhalten hat.
  Jeder normale Mensch hätte genauso gehandelt."
— „Es gibt viele Menschen, die stets die Schuld bei anderen suchen.
  LeMessurier ist da schon eher eine Ausnahme."
— „Es gibt genug Beispiele, wo Menschen nicht den Mut hatten
  einen Fehler einzugestehen. Leider gibt es dann immer unschuldige
  Opfer."

4.10

Einen Text zusammenfassen

„Der rote Faden"
Ergänzen Sie die fehlenden Informationen mit einfach gebauten Sätzen.
Benutzen Sie nach Möglichkeit keine Sätze wörtlich aus dem Text –
Ausnahme: Wenn es Ihnen schwer fällt, technische Informationen
wiederzugeben, dann übernehmen Sie einzelne Sätze oder Satzteile
aus dem Text; kennzeichnen Sie sie aber mit Anführungszeichen.
Schreiben Sie den „roten Faden" im Präsens.

Alles beginnt im Juni 1978: Ein Student …

LeMessurier ist sich zunächst sicher, dass er die Statik richtig berechnet hat, weil er zwei Sicherheits-
vorkehrungen getroffen hat:
1.:

2.:

Doch bei etwas veränderten Berechnungen stellt er fest, dass …

LeMessurier ist geschockt, als er diese Fehler feststellt. Dann berechnet er, wie wahrscheinlich es ist,
dass dieses Gebäude zusammenstürzen könnte. Dabei kommt er zu dem Ergebnis, dass …

Nun denkt LeMessurier über die Konsequenzen nach …

Er bekommt Unterstützung von allen Seiten: …

Der Plan wird ausgeführt: …

Dann, am 1. September, wird es noch einmal dramatisch: …

Übers Lernen nachdenken

5.1

Sie haben mit der Reportage *Der Turm des Schreckens* einen längeren Text gelesen. Kreuzen Sie an, welche der hier genannten Arbeitstechniken Sie dabei angewendet haben.

Arbeitstechniken

a.   Satz für Satz lesen; unbekannte Wörter nachschlagen.

b.   Den ganzen Text auf einmal lesen, Unbekanntes unterstreichen, Unbekanntes nachschlagen.

c.   Über die Überschrift nachdenken: Gibt sie Auskunft über den Textinhalt?

d.   Mit Hilfe von Informationen über den Autor, mit Hilfe von Abbildungen auf den Textinhalt schließen.

e.   Sich an der kurzen Textinhaltsangabe (sie befindet sich zwischen Überschrift und Text oder ganz am Textanfang) über den Textinhalt informieren.

f.   Mit Hilfe eines „Personendiagramms" in Stichwörtern Informationen über Personen sammeln; mit Pfeilen, Zeichnungen, Piktogrammen die Beziehungen der Personen untereinander kennzeichnen.

g.   Selber Fragen zum Textinhalt stellen und versuchen Antworten zu finden.

h.   Wenn man über einen Text berichten soll: Zu jedem Abschnitt einen oder wenige Sätze schreiben; anschließend diese Sätze miteinander verbinden.

Welche Arbeitstechniken haben Ihnen beim Verstehen des Textes geholfen?
Haben Sie zusätzliche Tipps, wie man mit einem längeren Zeitschriftenartikel arbeiten könnte?

6 Mit Wörtern arbeiten

6.1

Verbinden Sie Verb und Substantiv.

a.	eine Lehre	lösen
b.	ein Problem	befürchten
c.	Alarm	eingestehen
d.	das Schlimmste	ziehen
e.	einen Fehler	schlagen
f.	mit Informationen	verlangen
g.	einen Nachweis	finden
h.	eine Lösung	gut gerüstet sein

6.2

Setzen Sie die Präpositionen ein.
Achtung: Zwei Präpositionen passen nicht hierher.

um ◆ für ◆ über ◆ in ◆ dank ◆ zum ◆ laut ◆ nach ◆ für ◆ in ◆ wegen ◆ vor ◆ bei ◆ über ◆ an ◆ in ◆ auf

a. Er erkundigte sich _____ den Öffnungszeiten der Bank.

b. Hier geht es nicht nur _____ Geld.

c. Seit Wochen verfügen diese Leute _____ die notwendigen Informationen, aber sie handeln nicht.

d. Er wurde _____ seine Ehrlichkeit gelobt.

e. Wer ist eigentlich _____ dieses Projekt verantwortlich?

f. Dieser Student schreibt _____ einer Diplomarbeit _____ die Rolle der Medien _____ den 90er Jahren.

g. Diese Entscheidung liegt jetzt allein _____ deiner Hand.

h. Wir sollten hier nicht lange diskutieren, sondern uns _____ die Arbeit machen.

i. _____ seiner Ehrlichkeit konnte eine Katastrophe im letzten Moment verhindert werden.

j. Bis übermorgen sollten die Arbeiten beendet werden – der Druck _____ die Arbeiter wurde immer größer.

k. _____ seiner dummen Fehler drohte der ganzen Firma der Ruin.

l. _____ Glück entdeckte sie den Fehler noch rechtzeitig.

m. Ein Großteil der Arbeit lag noch _____ ihnen, aber sie waren sich sicher, alle Arbeiten rechtzeitig beenden zu können.

6.3

Was bedeuten folgende Sätze? Geben Sie diese Aussagen mit Ihren eigenen Worten wieder.

a. Zeile(n) ___17 f.___ : „..., aber ich empfahl diesem Anrufer, seinem Professor auszurichten, dass er nicht wisse, wovon zum Teufel er eigentlich spricht."

b. Zeile(n) ___65 f.___ : Um eine Katastrophe zu vermeiden, müsste LeMessurier schnellstens Alarm schlagen.

c. Zeile(n) ___77 f.___ : „Danke, lieber Gott, dass du dieses Problem so scharf definiert hast, dass keine Wahl bleibt."

d. Zeile(n) ___101___ : Der grosse Vorsitzende sicherte ihm seine volle Unterstützung zu.

e. Zeile(n) ___137 f.___ : LeMessurier spendierte sich einen Rausch, den er Jahre nicht vergessen sollte.

6.4

„Wolkenkratzerwörter"

Suchen Sie im Text nach möglichst langen Wörtern; Sie können diese Wörter auch selber zusammensetzen.
Wer findet / bildet das längste „Wolkenkratzerwort"?

Beispiel:
Reparaturarbeiten (17 Buchstaben)

7 Prüfungen kennen lernen

7.1

Formen Sie die Sätze um; ändern Sie dabei nicht den Sinn der Sätze.

a. *An einem warmen Junitag des Jahres 1978 erreichte den Ingenieur LeMessurier der Anruf eines Studenten.*
Formen Sie diesen Satz um, indem Sie das Verb „anrufen" benutzen.

b. *Die Schweißer machten sich sofort an die Arbeit.*
Ersetzen Sie „sich an die Arbeit machen" durch eine andere Verbkonstruktion.

c. *Arthur Nusbaum erlaubte keine Schweißarbeiten während der Bürozeiten – aus Furcht, der Rauch könnte Panik unter den Mietern auslösen.*
Ersetzen Sie „aus Furcht" durch einen Gliedsatz.

d. *Er veranlasste, dass Putzfrauen das unbeschreibliche Chaos beseitigten, bevor die ersten Sekretärinnen erschienen.*
Vervollständigen Sie:
Er beauftragte Putzfrauen mit _____, noch bevor die ersten Sekretärinnen erschienen.

e. *Dank seiner Fehler stand ein 175 Millionen Dollar teurer Prestigebau vor dem Einsturz.*
Setzen Sie fort:
Weil er _____

f. *Aber er erlebte wieder eine Überraschung.*
Bilden Sie einen Passivsatz mit „jmdn. überraschen".

_____

7.2

Lesen Sie den Text und wählen Sie das Wort (**A**, **B**, **C** oder **D**), das in den Satz passt.

I. Esztergályos
Kontrolleurin

Ich hab' schon ziemlich viel erlebt. Mein (1) _____ ist, dass ich drei Jahre lang Psychologie studiert habe. Manche Kollegen sagen: „Die ist deppert[25]. Die bleibt noch eine halbe Stunde stehen." Ich diskutiere ganz einfach mit einem Schwarzfahrer.

    Meine Dienstzeiten kenne ich zwei, drei Tage vorher. Das hilft mir bei der Kleiderwahl. Auf der Linie 5 kann ich mein Kostüm nicht tragen. Da gehe ich einfach, (2) _____ und fast nicht geschminkt. Die U2 ist eine reine Studentenlinie, dort ziehe ich meine Jeans an. (3) _____ ich bei der Haltestelle stehe, schaue ich möglichst desinteressiert. (4) _____ beobachte ich die Wartenden. Manche Kontrolleure verhalten sich irrsinnig[26] unruhig. Das sind (5) _____, die von den Fahrgästen erkannt (6) _____. Manchmal steigen wir ganz normal ein, setzen uns und plaudern, als ob wir ein Ehepaar wären: „Du hast mir den Kaffee wieder nicht hingestellt" oder „Du hast meine Schuhe nicht geputzt".

    Die, die davonrennen, (7) _____ ich nicht. Mit mir könnten Sie eine Stunde debattieren und mich überzeugen. Aber das Davonrennen, das (8) _____ ich irgendwie schwach.

    Ibolya Esztergályos ist seit einem Jahr Kontrolleurin auf den Wiener Linien und bis jetzt erst einmal angespuckt worden – von einer Rechtsanwältin.

Aufgezeichnet von S. Neudecker, Falter 43/96, S.67

25 deppert (ugs. / Süddeutschland, Österreich): dumm / „Die spinnt!"

26 irrsinnig (ugs.): sehr

(1)	A: Beruf	B: Studium	C: Vorteil	D: Bemühen
(2)	A: elegant	B: unauffällig	C: aufmerksam	D: versteckt
(3)	A: Wenn	B: Als	C: Bevor	D: Weil
(4)	A: Zuvor	B: Im Moment	C: Gleichzeitig	D: Vorher
(5)	A: einige	B: viele	C: wenige	D: diejenigen
(6)	A: werden	B: würden	C: waren	D: sind
(7)	A: liebe	B: wünsche	C: mag	D: möchte
(8)	A: halte	B: schätze	C: sehe	D: finde

7.3
Setzen Sie die fehlenden Wörter ein:

deswegen ◆ bei ◆ Grab ◆ nach ◆ sind ◆ Sie ◆ ein ◆ darf ◆ kann ◆ Job ◆ mit ◆ beantworten

Vorstellungsgespräch: Schwindeln erlaubt
„Na, wie sieht's denn _____ Ihnen mit dem Nachwuchs aus?" löchert Sie der Firmenchef beim Vorstellungsgespräch und Sie denken ganz spontan: Muss ich das etwa _____? Sie müssen nicht, denn persönliche Fragen nach Schwangerschaft, Verhütungsmethoden und Heiratsabsichten _____ laut Gesetz diskriminierend. Und _____ können Sie bei der Antwort auch ruhig _____ bisschen schwindeln. Abblocken dürfen Sie auch bei Fragen _____ früheren Krankheiten, Ihrem Parteibuch oder Vorstrafen. Es sei denn, die Vorstrafe hätte einen direkten Einfluss auf den neuen _____. Wer sich z.B. als Kassiererin vorstellt und schon mal im Supermarkt in die Kasse gegriffen hat, _____ das nicht verschweigen. Denn sonst _____ der Vertrag später rückgängig gemacht werden. Aber auch wenn Sie bei „juristisch unzulässigen" Fragen schweigen wie ein _____, wird Ihnen das nicht viel nützen. Besser: Legen Sie sich vor dem Gespräch schon mal ein paar gute Antworten zurecht. Und bleiben _____ bei gefürchteten Fragen auf jeden Fall freundlich und gelassen. Dann klappt's auch _____ dem neuen Job!

aus: YoYo 17/96

An einer Diskussion teilnehmen

Thema der „Talkrunde":
Immer mehr Jugendliche werden zu Kaufhausdieben: Wie sollte
man diese jungen Leute bestrafen? Hart um andere abzuschrecken?
Nachsichtig um Ihnen nicht „die Zukunft zu verbauen"?

8.1

Vorbereitung I: Gedanken zum Thema sammeln
Setzen Sie sich in kleinen Gruppen zusammen. Diskutieren Sie die Frage
„Warum stehlen junge Leute in Kaufhäusern?"
Schreiben Sie eine Liste mit Gründen.

8.2

Vorbereitung II: Sich in ein Thema „einlesen"
Lesen Sie den Text „Warum klauen Kids?". Notieren Sie die Motive der
jungen Ladendiebe in der Übersicht nach dem Text.
Vergleichen Sie diese Motive mit den Ergebnissen Ihrer Diskussion (8.1).

Warum klauen Kids?

Wenn die Schule aus ist, wird es spannend. Heiner und seine Clique
halten am ersten großen Kaufhaus und schlendern durch die Abteilun-
gen. In der Hutabteilung probieren sie die Hüte auf. Die Mädchen
schminken sich am Kosmetikstand ohne zu bezahlen. „Manchmal steckt
einer was ein", erzählt Heiner, „Süßigkeiten, Modeschmuck, was so
herumliegt." Heiner findet nichts dabei[27]. Ladendiebstahl? Nein, „Erleb-
nis-Shopping"[28] nennt er den Klau im Kaufhaus. „Wir sind doch keine
Bande von Kriminellen." Es macht Spaß, vertreibt die Zeit – und Zeit hat
er genug. Heiner meint: „Im Kaufhaus liegt alles rum, als ob es umsonst
wäre: Lippenstifte, CDs, Musikkassetten, billige T-Shirts. Auf Grabbel-
tischen[29] bekommt man alles in Massen angeboten: ‚Nimm mich mit,
greif zu, lang hin…'". Ein schlechtes Gewissen sollten die haben, die
ihre Ware so verführerisch hinlegen – findet Heiner.

„Gelegenheit macht Diebe", sagt ein altes Sprichwort. Nur selten
stehlen Jugendliche aus Not oder Armut. In den großen Kaufhäusern
muss man sich die Ware selbst aus dem Regal nehmen. Die Versuchung
ist groß den Artikel einfach einzustecken. Eigentlich könnten die meisten Ladendiebe die Ware ohne Probleme bezahlen. Oft ist das gestoh-
lene Teil nur wenig wert. Ladendiebstahl ist ein Sport geworden. Ein
schlechtes Gewissen hat kaum einer.

Angelika klaut aus einem anderen Grund. Sie hat nicht so viel
Taschengeld wie ihre Mitschülerinnen. „Wer in unserer Klasse nicht
die richtigen Sachen trägt, ist draußen", erzählt sie. Die Marke ist das
Wichtigste: Man muss Schuhe, Jeans und Schmuck von bestimmten
Herstellern tragen um „in" zu sein. Angelika klaut mit verschiedenen

27 *er findet nichts dabei:*
   Er macht sich deswegen keine Gedanken.
   Er denkt nicht lange darüber nach.
28 *shopping (engl.): Einkauf*

29 *Grabbeltisch:*
   (von grabbeln; ugs. für: an sich reißen)
   Tische, auf denen eine ungeordnete Menge
   preiswerter Waren zum Verkauf angeboten
   wird.

Tricks. Sie verschwindet mit vielen Kleidungsstücken in der Umkleide-
kabine und zieht zwei Hemden übereinander an. Bei Schuhen lässt sie
einfach ihr altes Paar im Laden und geht mit den neuen nach draußen.
Natürlich kennt Angelika auch die Tricks der „anderen Seite". Video-
kameras an der Decke, elektronische Anhänger, die an der Tür ein
Alarmsignal auslösen, und Detektive. Obwohl die Warenhäuser dafür
Millionen investieren, werden nur 5 Prozent der Diebe gefasst. Geld,
das sie sich über einen höheren Preis für ihre Waren von ehrlichen Kunden wiederholen. Auch Oliver ließ manchmal „etwas mitgehen". Warum
er klaute? Der „Reiz des Verbotenen" war wohl dabei – bis man ihn auf
frischer Tat ertappte. Er wird rot, wenn er von seiner Begegnung mit
dem Warenhaus-Detektiv erzählt: „Ich hatte die CD in der Hand und
war auf dem Weg zur Kasse. Da kam mir der Gedanke: 40 Mark kostet
das Ding. Das sieht doch kein Mensch, wenn ich mir das in die Jacke
schiebe. Na ja, kaum war die CD in der Tasche und ich an der Kasse vorbei, da stand schon jemand hinter mir: ‚Bitte kommen Sie mit in unser
Büro!' Peinlich, peinlich, die ganze Sache!" Die Detektive telefonierten
mit Olivers Eltern und meldeten den Diebstahl der Polizei. Zur Strafe
musste Oliver im Stadtpark Rasen mähen. Keine harte Strafe, aber für
ihn eine Lehre.

   So wie Oliver ist es bei den meisten Jugendlichen: Aus Ladendieben
werden normalerweise keine großen Kriminellen. Eine Ausnahme ist da
wohl der Dreizehnjährige, der zum zehnten Mal erwischt wurde. Nach
dem Verhör konnte er nach Hause gehen. Da hatten ihn die Detektive
schon wieder auf dem Monitor: beim elften Klau.

aus: JUMA 3/199

Täter	Motive
Heiner	
Angelika	
Oliver	

8.3

Vorbereitung III: Redemittel einüben

Sie haben sicherlich schon Diskussionsrunden / Talkshows im Fernsehen
erlebt. Über welche Fähigkeiten muss ein Diskussionsleiter / Talkmaster
verfügen?

- Er muss starke Nerven haben.
- Er muss Leute unterbrechen können.
- …
- …

Redemittel eines Talkmasters

Was der Talkmaster sagt, ist die eine Sache – was er denkt, eine andere.
Ordnen Sie diese Redemittel den entsprechenden Gedanken eines
Talkmasters zu:

Ich glaube Frau / Herr ... könnte sich einmal hierzu äußern. ◆
Wir sollten nicht nur die eine Seite hören, sondern auch die andere. ◆
Kommen wir noch einmal auf das Thema unserer Runde zurück. ◆
Es tut mir sehr Leid, aber die Sendezeit geht zu Ende. ◆ *Ich denke, das
Wesentliche ist gesagt worden.* ◆ *Ich danke Ihnen für Ihren ausführlichen
Beitrag, aber ...* ◆ *Sicherlich können wir in dieser Diskussion keine Lö-
sung für das Problem finden – aber ich glaube, es war wichtig, über die-
ses Problem zu sprechen.* ◆ *Wir haben, meine ich, eine sehr interessante
Diskussion geführt.* ◆ *Ich denke, wir sollten doch sachlich bleiben.*

Gedanken eines Talkmasters

Oh Gott, das gehört doch gar nicht zur Sache!

Langsam reicht's aber!

Dieser arrogante Kerl lässt ja niemanden zu
Wort kommen.

Die kommen ja schon wieder vom Thema ab!

Wieso haben wir diesen Typ überhaupt eingeladen?
Der sagt ja überhaupt nichts!

Die werden sich bald in die Haare geraten[30] ...

Wir sollten dieses Gerede endlich mal zusammenfassen ...

Phuuuu, die Sendezeit ist bald um ...

30 *sich in die Haare geraten (ugs.): sich streiten*

Vorbereitung IV: Nach weiteren Argumenten suchen – Texte sichten
Folgende Textauszüge zeigen, dass Erwachsene häufig den Jugendlichen kein gutes Vorbild sind.

Formulieren Sie mit Hilfe dieser Texte
a.   ein Argument für eine abschreckende Strafe,
b.   ein Argument für eine milde Strafe.

aus: **Moral '96**
(eine Serie in: BILD am SONNTAG)
(Auszüge)

Diebstahl in der Firma – jeder Zweite hat es schon getan
Juristisch ist es schlicht Diebstahl, also ein kriminelles Delikt. 53 Prozent aller Arbeitnehmer haben in der großen Umfrage „Moral '96", die das Meinungsforschungsinstitut Forsa im Auftrag von BILD am SONNTAG durchführte, zugegeben, schon einmal Arbeitsmaterial aus der Firma oder dem Büro mitgenommen zu haben.

   Am häufigsten werden Stifte (Kugelschreiber etc.) mitgenommen um sie zu Hause privat zu nutzen. Das geben 63 Prozent derjenigen an, die schon einmal etwas aus der Firma mitgenommen haben. Weitere begehrte Objekte sind Schreibpapier und Blocks (34%) und Werkzeug (13%).

   12 Prozent der Arbeitnehmer geben zu, schon einmal aus Neugier in den Privatsachen eines Vorgesetzten oder Kollegen geschnüffelt[31] zu haben.

   9 Prozent könnten sich vorstellen einen Kollegen beim Vorgesetzten anzuschwärzen[32] um selbst besser dazustehen, bei den unter 30-jährigen sogar 12 Prozent. Dieses Ergebnis, auf das alltägliche Berufsleben übertragen, bedeutet: In jedem Werk oder jedem Büro, in dem 10 Kollegen arbeiten, ist, statistisch gesehen, einer darunter, dem man auf keinen Fall trauen kann.

Blaumachen, krankfeiern – ein harter Kern ist nicht zu stoppen
Draußen lacht die Sonne, eigentlich hätte man Lust auf einen Spaziergang. Oder man könnte endlich das neue Kleid kaufen, das im Schaufenster der Boutique lockt. Aber – leider – man sitzt am Arbeitsplatz und kann nicht hinaus. Wirklich nicht? Für 15 Prozent der Arbeitnehmer ist das kein Problem. 15 Prozent der deutschen Arbeitnehmer haben schon mindestens einmal mit der Ausrede, sie hätten einen Arzttermin oder fühlten sich nicht wohl, ihren Arbeitsplatz vorzeitig verlassen. Die Hälfte davon gibt sogar zu, dass sie dies öfter tut.

Alkohol am Steuer – jeder zweite Mann gibt es zu
Auf die Frage, ob sie schon einmal Auto gefahren sind, obwohl sie selbst das Gefühl hatten, zu viel getrunken zu haben, antworteten 53% aller männlichen Autofahrer: ja. Und auch 24% der Frauen, die einen Führerschein haben, gaben zu, schon angetrunken Auto gefahren zu sein.

*31 in den Privatsachen schnüffeln (ugs.):
in den Privatsachen (z. B. auf dem Schreibtisch) nach etwas suchen*

*32 einen Kollegen beim Vorgesetzten anschwärzen:
dem Vorgesetzten etwas Negatives über einen Kollegen berichten*

Teppiche aus Kinderarbeit – dann kaufen ihn Junge und Grünen-Wähler nicht

Kinderarbeit in der dritten Welt – ein Thema, das jeder aus dem Fernsehen kennt, ein Thema, das Mitgefühl und Empörung hervorruft. Aber führen solche Gefühle auch zu Konsequenzen? Angenommen, man will einen Teppich kaufen und erfährt, dass er von Kindern (…) gewebt wurde. Würde man ihn trotzdem kaufen? (…) Die Hälfte (49%) würde den Teppich kaufen, die andere Hälfte (51%) würde auf ihn verzichten. Nur 42% der unter 30-jährigen würden den Teppich kaufen, von den über 60-jährigen 52 Prozent.

Späte Reue – wegen 10 Mark

Münster – Er hatte keine Eintrittskarte gekauft: Kostenlos besichtigte ein Bielefelder vor Jahren das Annette-von-Droste-Hülshoff-Museum in Münster. Jetzt schickte er anonym 10 Mark in Briefmarken und entschuldigte sich für seine Missetat: Im Museum war man so gerührt, dass man ihn zu einer erneuten Führung einlud.

aus: BILD

8.6

Vorbereitung V: Sich für eine Rolle entscheiden

Entscheiden Sie, welche Rolle Sie in der Diskussion einnehmen werden und welche Position (harte oder milde Bestrafung) Sie vertreten werden.

A: Diskussionsleiter
B: Oliver
C: Mitschüler von Oliver / Mitglied seiner Clique
D: Geschäftsführer des Kaufhauses
E: Kaufhausdetektiv
F: Parlamentsabgeordneter
G: Olivers Vater / Mutter
H: Publikum
–   …
–   …

8.7

Die Talkshow

Titel der Sendung:
„Im Stadtpark den Rasen mähen oder zwei Wochen ins Gefängnis?"

– Spielen Sie in dieser Runde Ihre Rolle. Vertreten Sie Ihre Meinung.
– Teilnehmer mit der Rolle „Publikum" haben die Möglichkeit, mit Zwischenbemerkungen, Fragen und Diskussionsbeiträgen einzugreifen.

Der Talkmaster beginnt:

„Herzlich willkommen zu unserer 371. Talkrunde. Unser Thema heute: Immer mehr Jugendliche nehmen ewas aus dem Kaufhaus mit. Der Haken dabei: Sie vergessen dafür zu bezahlen. Wenn Sie dabei erwischt werden, stellt sich die Frage: Wie sollte man diese jungen Leute bestrafen? Darüber wollen wir heute sprechen. Einer derjenigen, die dabei ertappt wurden, ist heute hier dabei: Oliver, 17 Jahre alt. Meine weiteren Gäste: ...

9 Schreiben

A

Melanie und Frank haben eine Wette abgeschlossen. Frank meint, er könnte drei Tage lang zu jedem Menschen in jeder Situation die Wahrheit sagen. Melanie wettet dagegen.

Frank hat aufgeschrieben, was er alles erlebte, als er versuchte, sein Vorhaben auszuführen.

Hier ein Textauszug aus Franks Bericht:

... Halb acht. Bushaltestelle. Als ich einsteigen will, treffe ich Claudia. Nach einem kurzen müden „Hallöchen" setzen wir uns nebeneinander. Mit der Frage „Schönes Wochenende gehabt?" eröffnet sie das Gespräch.

„Eigentlich schon", antworte ich. „Ich war so richtig faul. Am Samstag habe ich mir fünf Videos reingezogen[33]." Und dann kam die unvermeidliche Frage: „Ach so, deshalb bist du nicht zu meiner Party gekommen? Gut, dann weiß ich ja jetzt, wen ich beim nächsten Mal nicht einladen werde."

Der Morgen begann also nicht gerade sehr erfreulich. Normalerweise hätte ich Claudia in diesem Fall erzählt, dass ich von zu Hause nicht weggehen konnte, weil ich meinen kranken Hamster nicht allein lassen wollte, so etwas wird von Mädchen immer als Entschuldigung akzeptiert. Aber ich hatte keine Wahl; ich wollte die Wette gewinnen.

Nach zwei Stationen war der Bus voll, wie jeden Morgen.

„Sehr freundlich, die jungen Leute, und so höflich und hilfsbereit, nicht wahr?" flüsterte mir ein älterer Herr, Ende sechzig, ins Ohr. „Sie stehen doch sicherlich gern für einen alten Mann auf, nicht wahr?"

Am frühen Morgen diese ironischen Sätze! Das hätte der Mann doch auch anders sagen können. Meine Stimmung verschlechterte sich. Aber ich wollte ehrlich bleiben. Also sagte ich: „..."

33 sich einen Videofilm „reinziehen"
(Jugendsprache):
sich einen Videofilm ansehen

Vervollständigen Sie diesen Text. Was hat Frank erlebt?

B

Was man beim Schwarzfahren beachten sollte!
Schreiben Sie einen **„Leitfaden für Schwarzfahrer"**:

1. Seid besonders am Monatsanfang vorsichtig!
2. Kontrolleure treten immer in Gruppen auf.
3. Kontrolleure sind meistens … Jahre alt.
4. …

Schreiben Sie einen **„Leitfaden für Kontrolleure"**: Wie erkennt man Schwarzfahrer?

1. Schwarzfahrer sitzen oder stehen meistens in der Nähe der Türen.
2. Schwarzfahrer sehen sich an jeder Haltestelle die Menschen, die einsteigen, besonders gut an.
3. …

10 Weiterlesen

A

Max von der Grün:
Masken

Über den Autor:
Geboren 1926 in Bayreuth; zunächst tätig als Maurer, dann 13 Jahre als Bergmann unter Tage[34], wo er verunglückte und sich zum Gruben-lokomotivführer umschulen lassen musste; seit 1964 arbeitet er als Schriftsteller, veröffentlichte zahlreiche Romane und Erzählungen, die in der Arbeits-Alltagswelt spielen.

34 *unter Tage arbeiten:*
   in einem Bergwerk arbeiten

Sie fielen sich unsanft auf dem Bahnsteig 3a des Kölner Hauptbahn-hofes in die Arme und riefen gleichzeitig: Du?! Es war ein heißer Julivor-mittag, und Renate wollte in den D-Zug nach Amsterdam über Aachen, Erich verließ den Zug, der von Hamburg kam. Menschen drängten aus den Wagen auf den Bahnsteig. Menschen vom Bahnsteig in die Wagen, die beiden aber standen in dem Gewühl, spürten weder Püffe[35] noch Rempeleien und hörten auch nicht, daß Vorübergehende sich beschwer-ten, weil sie ausgerechnet vor den Treppen standen und viele dadurch gezwungen waren, um sie herumzugehen. Sie hörten auch nicht, daß der Zug nach Aachen abfahrbereit war, und es störte Renate nicht, daß er wenige Sekunden später aus der Halle fuhr.

35 *Püffe: kleine Stöße im Gedränge*

Die beiden standen stumm, jeder forschte im Gesicht des anderen. Endlich nahm der Mann die Frau am Arm und führte sie die Treppen hinunter, durch die Sperre, und in einem Lokal in der Nähe des Doms tranken sie Tee.

Nun erzähle, Renate. Wie geht es dir? Mein Gott, als ich dich so plötzlich sah … du … ich war richtig erschrocken. Es ist so lange her, aber als du auf dem Bahnsteig fast auf mich gefallen bist …

Nein, lachte sie, du auf mich.

Da war es mir, als hätte ich dich gestern zum letzten Male gesehen, so nah warst du mir. Und dabei ist es so lange her …

Ja, sagte sie. Fünfzehn Jahre.

Fünfzehn Jahre? Wie du das so genau weißt. Fünfzehn Jahre, das ist ja eine Ewigkeit. Erzähle, was machst du jetzt? Bist du verheiratet? Hast du Kinder? Wo fährst du hin? …

Langsam, Erich, langsam, du bist noch genauso ungeduldig wie vor fünfzehn Jahren. Nein, verheiratet bin ich nicht, die Arbeit, weißt du. Wenn man es zu etwas bringen[36] will, weißt du, da hat man eben keine Zeit für Männer.

Und was ist das für Arbeit, die dich von den Männern fernhält? Er lachte sie an, sie aber sah aus dem Fenster auf die Tauben. Ich bin jetzt Leiterin eines Textilversandhauses hier in Köln, du kannst dir denken, daß man da von morgens bis abends zu tun hat und … Donnerwetter! rief er und klopfte mehrmals mit der flachen Hand auf den Tisch.

Donnerwetter! Ich gratuliere.

Ach, sagte sie und sah ihn an. Sie war rot geworden.

Du hast es ja weit gebracht. Donnerwetter, alle Achtung. Und jetzt? Fährst du in Urlaub?

Ja, vier Wochen nach Holland. Ich habe es nötig, bin ganz durchgedreht[37]. Und du, Erich, was machst du? Erzähle. Du siehst gesund aus. Schade, dachte er, wenn sie nicht so eine Bombenstellung[38] hätte, ich würde sie jetzt fragen, ob sie mich noch haben will. Aber so? Nein, das geht nicht, sie würde mich auslachen, wie damals.

Ich? sagte er gedehnt, und brannte sich eine neue Zigarette an. Ich … ich … Ach weißt du, ich habe ein bißchen Glück gehabt. Habe hier in Köln zu tun. Habe umgesattelt[39], bin seit vier Jahren Einkaufsleiter einer Hamburger Werft, na ja, so was Besonderes ist das nun wieder auch nicht.

Oh, sagte sie und sah ihn starr an, und ihr Blick streifte seine großen Hände, aber sie fand keinen Ring. Vor fünfzehn Jahren waren sie nach einem kleinen Streit auseinandergelaufen, ohne sich bis heute wiederzusehen. Er hatte ihr damals nicht genügt, der schmalverdienende und immer ölverschmierte Schlosser. Er sollte es erst zu etwas bringen, hatte sie ihm damals nachgerufen, vielleicht könne man später wieder darüber sprechen. So gedankenlos jung war sie damals. Ach ja, die Worte waren im Streit gefallen und trotzdem nicht böse gemeint. Beide aber fanden danach keine Brücke mehr zueinander. Sie wollten und wollten doch nicht. Und nun? Nun hatte er es zu etwas gebracht.

Dann haben wir ja beide Glück gehabt, sagte sie und dachte, daß er immer noch gut aussieht. Gewiß, er war älter geworden, aber das steht ihm gut. Schade, wenn er nicht so eine Bombenstellung hätte, ich würde ihn fragen, ja, ich ihn, ob er noch an den dummen Streit von damals denkt und ob er mich noch haben will. Ja, ich würde ihn fragen. Aber jetzt?

Jetzt habe ich dir einen halben Tag deines Urlaubs gestohlen, sagte er und wagte nicht, sie anzusehen.

Aber Erich, das ist doch nicht wichtig, ich fahre mit dem Zug um fünfzehn Uhr. Aber ich, ich halte dich bestimmt auf, du hast gewiß einen Termin hier.

36 es zu etwas bringen:
    berufliche Karriere machen, wohlhabend
    werden

37 Ich bin ganz durchgedreht (ugs.); hier:
    Ich bin „gestresst", überfordert, erschöpft

38 -e Bombenstellung (ugs.):
    eine sehr gute Stellung / Stelle

39 umsatteln (ugs.):
    einen anderen Beruf erlernen / ergreifen

Mach dir keine Sorgen, ich werde vom Hotel abgeholt. Weißt du, meinen Wagen lasse ich immer zu Hause, wenn ich längere Strecken fahren muß. Bei dem Verkehr heute, da kommt man nur durchgedreht an.

Ja, sagte sie. Ganz recht, das mache ich auch immer so. Sie sah ihm nun direkt ins Gesicht und fragte: Du bist nicht verheiratet? Oder läßt du Frau und Ring zu Hause? Sie lachte etwas zu laut für dieses vornehme Lokal.

Weißt du, antwortete er, das hat seine Schwierigkeiten. Die ich haben will, sind nicht zu haben oder nicht mehr, und die mich haben wollen, sind ... Jetzt müßte ich ihr sagen, daß ich sie noch immer liebe, daß es nie eine andere Frau für mich gegeben hat, daß ich sie all die Jahre nicht vergessen konnte. Wieviel? Fünfzehn Jahre? Eine lange Zeit. Mein Gott, welch eine lange Zeit. Und jetzt? Ich kann sie doch nicht mehr fragen, vorbei, jetzt wo sie so eine Stellung hat. Nun ist es zu spät, sie würde mich auslachen, ich kenne ihr Lachen, ich habe es im Ohr gehabt, all die Jahre. Fünfzehn? Kaum zu glauben.

Wem sagst du das? Sie lächelte. Entweder die Arbeit oder das andere, erwiderte er.

Jetzt müßte ich ihm eigentlich sagen, daß er der einzige Mann ist, dem ich blind folgen würde, wenn er mich darum bäte, daß ich jeden Mann, der mir begegnete, sofort mit ihm verglichen habe. Ich sollte ihm das sagen. Aber jetzt? Jetzt hat er eine Bombenstellung, und er würde mich nur auslachen, nicht laut, er würde sagen, daß ... ach ... es ist alles so sinnlos geworden.

Sie aßen in demselben Lokal zu Mittag und tranken anschließend jeder zwei Kognak. Sie erzählten sich Geschichten aus ihren Kindertagen und später aus ihren Schultagen. Dann sprachen sie über ihr Berufsleben, und sie bekamen Respekt voreinander, als sie erfuhren, wie schwer es der andere gehabt hatte bei seinem Aufstieg.

Jaja, sagte sie; genau wie bei mir, sagte er.

Aber jetzt haben wir es geschafft, sagte er laut und rauchte hastig.

Ja, nickte sie. Jetzt haben wir es geschafft. Hastig trank sie ihr Glas leer.

Sie hat schon ein paar Krähenfüßchen[40], dachte er. Aber die stehen ihr nicht einmal schlecht.

Noch einmal bestellte er zwei Schalen Kognak, und sie lachten viel und laut.

Er kann immer noch herrlich lachen, genau wie früher, als er alle Menschen einfing mit seiner ansteckenden Heiterkeit. Um seinen Mund sind zwei steile Falten, trotzdem sieht er wie ein Junge aus, er wird immer wie ein Junge aussehen, und die zwei Falten stehen ihm nicht einmal schlecht. Vielleicht ist er jetzt ein richtiger Mann, aber nein, er wird immer ein Junge bleiben.

Kurz vor drei brachte er sie zum Bahnhof.

Ich brauche den Amsterdamer Zug nicht zu nehmen, sagte sie. Ich fahre bis Aachen und steige dort um. Ich wollte sowieso schon lange einmal das Rathaus besichtigen.

Wieder standen sie auf dem Bahnsteig und sahen aneinander vorbei. Mit leeren Worten versuchten sie die Augen des anderen einzufangen, und wenn sich dann doch ihre Blicke trafen, erschraken sie und musterten die Bögen der Halle.

40 Krähenfüßchen; hier:
Falten an den Augen – als Zeichen des
Älterwerdens

Wenn sie jetzt ein Wort sagen würde, dachte er, dann …

„Ich muß jetzt einsteigen", sagte sie. „Es war schön, dich wieder einmal zu sehen. Und dann so unverhofft …"

Ja, das war es. Er half ihr beim Einsteigen und fragte nach ihrem Gepäck.

Als Reisegepäck aufgegeben.

Natürlich, das ist bequemer, sagte er.

Wenn er jetzt ein Wort sagen würde, dachte sie, ich stiege sofort wieder aus, sofort.

Sie reichte ihm aus einem Abteil Erster Klasse die Hand. Auf Wiedersehen, Erich … und weiterhin … viel Glück.

Wie schön sie immer noch ist. Warum nur sagt sie kein Wort.

Danke, Renate. Hoffentlich hast du schönes Wetter.

Ach, das ist nicht so wichtig. Hauptsache ist das Faulenzen, das kann man auch bei Regen.

Der Zug ruckte an. Sie winkten nicht, sie sahen sich nur in die Augen, solange dies möglich war.

Als der Zug aus der Halle gefahren war, ging Renate in einen Wagen Zweiter Klasse und setzte sich dort an ein Fenster. Sie weinte hinter einer ausgebreiteten Illustrierten.

Wie dumm von mir, ich hätte ihm sagen sollen, daß ich immer noch die kleine Verkäuferin bin. Ja, in einem anderen Laden, mit zweihundert Mark mehr als früher, aber ich verkaufe immer noch Herrenoberhemden, wie früher, und Socken und Unterwäsche. Alles für den Herrn. Ich hätte ihm das sagen sollen. Aber dann hätte er mich ausgelacht, jetzt, wo er ein Herr geworden ist. Nein, das ging doch nicht. Aber ich hätte wenigstens nach seiner Adresse fragen sollen. Wie dumm von mir, ich war aufgeregt wie ein kleines Mädchen, und ich habe gelogen, wie ein kleines Mädchen, das imponieren will. Wie dumm von mir.

Erich verließ den Bahnhof und fuhr mit der Straßenbahn nach Ostheim auf eine Großbaustelle. Dort meldete er sich beim Bauführer.

Ich bin der neue Kranführer.

Na, sind Sie endlich da? Mensch, wir haben schon gestern auf sie gewartet. Also dann, der Polier[41] zeigt Ihnen Ihre Bude, dort drüben in den Baracken. Komfortabel ist es nicht, aber warmes Wasser haben wir trotzdem. Also dann, morgen früh, pünktlich sieben Uhr.

Ein Schnellzug fuhr Richtung Deutz[42]. Ob der auch nach Aachen fährt? Ich hätte ihr sagen sollen, daß ich jetzt Kranführer bin. Ach, Blödsinn, sie hätte mich nur ausgelacht, sie kann so verletzend lachen. Nein, das ging nicht, jetzt, wo sie eine Dame geworden ist und eine Bombenstellung hat.

aus: Max von der Grün: Etwas außerhalb der Legalität

41 -r Polier: Vorarbeiter der Maurer

42 Deutz: Stadtteil von Köln

B
Max Frisch: Fragebogen

1.

Können Sie sich erinnern, seit welchem Lebensjahr es Ihnen selbstverständlich ist, daß Ihnen etwas gehört, beziehungsweise nicht gehört?

2.

Wem gehört Ihres Erachtens beispielsweise die Luft?

3.

Was empfinden Sie als Eigentum:
a.   was Sie gekauft haben?
b.   was Sie erben?
c.   was Sie gemacht haben?

4.

Auch wenn Sie den betreffenden Gegenstand (Kugelschreiber, Schirm, Armbanduhr usw.) ohne weiteres ersetzen können: empört Sie der Diebstahl als solcher?

5.

Warum?

6.

Empfinden Sie das Geld schon als Eigentum oder müssen Sie sich dafür irgend etwas kaufen, um sich als Eigentümer zu empfinden, und wie erklären Sie es sich, daß Sie sich umso deutlicher als Eigentümer empfinden, je mehr Sie meinen, daß man Sie um etwas beneidet?

7.

Wissen Sie, was Sie brauchen?

8.

Gesetzt den Fall, Sie haben ein Grundstück gekauft: wie lange dauert es, bis Sie die Bäume auf diesem Grundstück als Eigentum empfinden, d. h. daß das Recht, diese Bäume fällen zu lassen, Sie beglückt oder Ihnen zumindest selbstverständlich vorkommt?

9.

Erleben Sie einen Hund als Eigentum?

10.

Mögen Sie Einzäunungen?

11.

Wenn Sie auf der Straße stehenbleiben, um einem Bettler etwas auszuhändigen: warum machen Sie's immer so flink und so unauffällig wie möglich?

12.

Wie stellen Sie sich Armut vor?

13.

Wer hat Sie den Unterschied gelehrt zwischen Eigentum, das sich verbraucht, und Eigentum, das sich vermehrt, oder hat Sie das niemand gelehrt?

14.

Sammeln Sie auch Kunst?

15.

Kennen Sie ein freies Land, wo die Reichen nicht in der Minderheit sind, und wie erklären Sie es sich, daß die Mehrheit in solchen Ländern glaubt, sie sei an der Macht?

16.

Warum schenken Sie gerne?

17.

Wieviel Eigentum an Grund und Boden brauchen Sie, um keine Angst zu haben vor der Zukunft? (Angabe in Quadratmetern.) Oder finden Sie, daß die Angst eher zunimmt mit der Größe des Grundeigentums?

18.

Wogegen sind Sie nicht versichert?

19.

Wenn es nur noch das Eigentum gäbe an Dingen, die Sie verbrauchen, aber kein Eigentum, das Macht gibt über andere: möchten Sie unter solchen Umständen noch leben?

20.

Wieso?

21.

Leiden Sie manchmal an der Verantwortung des Eigentümers, die Sie nicht den andern überlassen können, ohne Ihr Eigentum zu gefährden, oder ist es die Verantwortung, die Sie glücklich macht?

23.

Was gefällt Ihnen am Neuen Testament?

24.

Da zwar ein Recht auf Eigentum besteht, aber erst in Kraft tritt, wenn Eigentum vorhanden ist: könnten Sie es irgendwie verstehen, wenn die Mehrheit Ihrer Landsleute, um ihr Recht in Kraft zu setzen, Sie eines Tages enteignen würde?

25.

Und warum nicht?

„Jeder hat das Recht auf meine Meinung!"

1 Sich einem Begriff annähern

1.1

Jeder möchte es, aber keiner weiß genau, was es ist.
Viele, die es besitzen, wissen es manchmal nicht zu schätzen.

Wovon ist in diesen beiden Sätzen die Rede?

Hilfe:
Wenn Sie folgendes Rätsel lösen, finden Sie den gesuchten Begriff
in den umrandeten Buchstabenfeldern.
Setzen Sie die gesuchten Begriffe ein.
Umlaute = 1 Buchstabe (nicht AE, sondern Ä)
Das Lösungswort ist zugleich das Thema dieser Lektion.

1 die schönste Zeit des Tages
2 das Gegenteil von Erlaubnis
3 Regierungsform, bei der möglichst viele Menschen die Politik
mitbestimmen sollten
4 Regierungsform, bei der nur wenige das Sagen haben
5 viele Staaten haben dafür kämpfen müssen
6 ein Mensch, der auch andere Meinungen akzepziert und Fremdes
als gleichberechtigt anerkennt, ist …
7 „normalerweise" heißt es „der Einzelne" – gesucht wird das
entsprechende Fremdwort
8 so nennt man das Wirtschaftssystem, das heute fast überall auf
der Welt herrscht

1	X	X	X	X		R		Z			X	X	X
2	X	X			B		X	X	X	X	X	X	X
3	X	X	X			O		A			X	X	
4	X	X	X	D				R	X	X	X	X	
5		A				N	G				T	X	
6	X		L		R		X	X	X	X	X	X	
7	X	X	X	X					U	U		X	
8		R			W			C					

a. Was haben diese Bilder mit dem Begriff, den Sie unter **1.1** heraus-
gefunden haben, zu tun? Welche Aspekte dieses Begriffes werden
von den Bildern angesprochen?

b. Gibt es ein Bild, das Ihrer Meinung nach nichts mit diesem Begriff
zu tun hat?

c. Wenn Sie die Aufgabe hätten, diese Lehrbuchseite mitzugestalten:
Was für eine Abbildung würden Sie in den leeren „Bilderrahmen"
einfügen?

Welcher Begriff passt zu welchem Bild (1.2)?
Tragen Sie die Nummer des Bildes in die Kästchen ein.
Welche Begriffe passen nicht zu den Bildern?

☐ -e Unabhängigkeit
☐ seinen Gedanken freien Lauf lassen
☐ die Gedanken sind frei
☐ freiberuflich
☐ -s Gefängnis
☐ tun und lassen, was man will
☐ -r Freiheitskampf
☐ -e Meinungsfreiheit
☐ „Endlich frei!"
☐ schmerzfrei
☐ frei und ungebunden sein
☐ „Ist der Stuhl noch frei?"
☐ -e angstfreie Atmosphäre
☐ -e Wahlfreiheit

☐ sich auf freiem Fuß befinden
☐ sorgenfrei sein
☐ frei durchatmen
☐ sich befreien von etwas
☐ seine Freiheit genießen
☐ endlich Wochenende!
☐ schweben
☐ freier Eintritt
☐ -e Unterdrückung
☐ -e Toleranz
☐ -e Meinungsfreiheit
☐ -r/-e Revolutionär/in
☐ eine Briefmarke frei machen

↓ 1.4

Haben Ihrer Meinung nach folgende Begriffe etwas mit „Freiheit" oder
„Unfreiheit" zu tun? Begründen Sie kurz Ihre Meinung.

-r Adler ◆ arbeitslos sein ◆ Urlaub auf dem Campingplatz ◆
eine Zigarette rauchen ◆ eine Krawatte tragen ◆ -s Finanzamt ◆
-s Motorrad ◆ -r Bankkredit ◆ feste Arbeitszeiten ◆ heiraten ◆
-s Wochenende ◆ -s Fallschirmspringen ◆ -r Zoo / -r Tierpark ◆
-r Jogginganzug ◆ -r Kaktus in der Wüste ◆ -e Geschwindigkeits-
begrenzung auf der Autobahn ◆ -r Garten / -r Balkon ◆
-e freie Marktwirtschaft ◆ -s Freibad ◆ -s bügelfreie Hemd ◆
-e Pressefreiheit

↓ 1.5

Erklären Sie folgende Begriffe, eventuell mit Hilfe eines Nachschlage-
werkes:

-e Autonomie ◆ -e Freizügigkeit ◆ -e Ungebundenheit ◆
-e Selbstständigkeit

↓ 1.6

Wählen Sie zwei der Aufgaben a–f:

a. Lehnen Sie sich zurück, schließen Sie Ihre Augen. Beschreiben
   Sie einen Traum / ein Bild aus einem Traum, der / das etwas
   „mit einem Gefühl von Freiheit" zu tun hat. Ihr Lernpartner notiert
   Ihre Beschreibung.

b. Zeichnen Sie, was Sie unter Freiheit verstehen. Ihr Lernpartner hat anschließend die Aufgabe, das Bild zu beschreiben, eventuell es zu „enträtseln".

c. Welche Assoziationen verbinden Sie mit *Freiheit?*
Können Sie *Freiheit* fühlen, riechen, hören, sehen?
Notieren Sie möglichst viele Assoziationen:
  FÜHLEN: …
  RIECHEN: …
  E: …
  I: …
  HÖREN: …
 SEHEN: …
  I …
  TUN …

d. Was bedeutet für Sie *Freiheit?* Schreiben Sie eine kurze Antwort (einige Begriffe oder zwei, drei Sätze) auf ein Blatt. Anschließend liest einer Ihrer Mitlerner alle Antworten vor. Aufgabe ist es, Vermutungen anzustellen, von wem die Antworten stammen könnten.

e. Auf die Frage „Was bedeutet für Sie Freiheit?" haben wir folgende Antworten erhalten. Gibt es darunter Antworten, die sich mit Ihren Antworten auf diese Frage vergleichen lassen?

  — *„Wenn ich das Wort ‚Freiheit' höre, denke ich nicht an die Politik, sondern ich denke daran, dass ich überall hingehen kann, wohin ich will. Ich bin zum Beispiel nicht gezwungen, in der stinkigen Stadtluft zu sitzen. ‚Freiheit' kann bedeuten, in einem wunderschönen Wald spazieren zu gehen.*
  — *„‚Freiheit' bedeutet für mich: ein Tag ohne Einträge im Terminkalender – und das Gefühl tun zu können, was mir gerade einfällt."*
  — *„Das bedeutet für mich nicht, dass ich im Prinzip machen kann, was ich will, sondern dass ich auch tatsächlich das machen kann, was ich theoretisch durchaus tun könnte. Ein Beispiel: Ich würde gern verreisen, theoretisch könnte ich das, ich habe beispielsweise einen Pass, mit dem ich in jedes Land der Welt fahren könnte, aber in der Praxis kann ich es leider doch nicht. Ich habe nicht die finanziellen Mittel dazu. Freiheit hat meiner Meinung nach sehr viel mit Geld zu tun."*
  — *„‚Freiheit'? Erstens, dass ich dort leben kann, wo ich möchte. Zweitens, in der Medizin: dass ich entscheiden kann, ob ich behandelt werde oder nicht, und wie."*
  — *„Offenheit, Transparenz, Mindestmaß an Bevormundung, Verwirklichung eigener Lebensentwürfe."* [1]
  — *„Politische Unabhängigkeit! Keine Zwänge."*
  — *„‚Freiheit'? ‚Freiheit', das bedeutet für mich ein Auto zu besitzen, in das ich mich jederzeit hineinsetzen und verschwinden kann."*
  — *„Eine große Wohnung, viel, viel Platz in der Wohnung – und Ruhe, viel, viel Ruhe."*

1 -r Lebensentwurf:
Lebensplan; Pläne, die man in der Zukunft verwirklichen will

f.   Stellen Sie dieselbe Frage Freunden, Bekannten, Verwandten.
     Übersetzen Sie die Antworten ins Deutsche.
     Lesen Sie die Antworten vor und stimmen Sie darüber ab:
     Welche Antworten eignen sich für einen „Spruch des Tages"?

2 Schreiben

Gedanken zu einem Text

Schreiben Sie zu einem der folgenden Kurztexte (A–F) auf, was Ihnen
dazu einfällt (150–250 Wörter):

Fragen, die Sie berücksichtigen könnten:
–   Wie wirkt der Text auf Sie?
–   Haben Sie ähnliche / unterschiedliche / gegenteilige Ansichten?
–   Wie viel Wahrheit steckt Ihrer Meinung nach in diesem Text?
–   Was verrät der Text über die Person, die diesen Text geschrieben
    hat?

Folgende Sätze könnten Ihnen weiterhelfen:
–   *Ich finde diesen Text sehr beeindruckend / naiv / schön /
    realitätsnah / realitätsfern.*
–   *Mich beeindruckt an diesem Text der Satz „…" / die Zeile „…"*
–   *Das hört sich gut an, aber …*
–   *Ich glaube, es lohnt sich, darüber (über diesen Satz / Text)
    nachzudenken.*

A

Leben
einzeln und frei
    wie ein Baum
und brüderlich
    wie ein Wald
        Das ist unsere Sehnsucht.
(Nazim Hikmet) [2]

2 *Nazim Hikmet, türkischer Dichter,
(1902–1963) saß wegen seiner politischen
Ansichten einige Jahre im Gefängnis.
Seine Gedichte und Erzählungen wurden
in viele Sprachen übersetzt.*

B

Es gibt keine Grenzen.
Nicht für den Gedanken,
nicht für die Gefühle.
Die Angst setzt die Grenzen.
(Ingmar Bergman) [3]

3 *Ingmar Bergman, schwedischer Film- und
Theaterregisseur, geb. 1918*

C

Freiheit ist immer die Freiheit der Andersdenkenden.
(Rosa Luxemburg) [4]

4 *Rosa Luxemburg, Sozialistin, geb. 1871,
ermordet 1919*

D

Die ungleichen Regenwürmer

Tief unter einem Sauerampferfeld lebten einmal zwei Regenwürmer und ernährten sich von Sauerampferwurzeln.

Eines Tages sagte der erste Regenwurm: „Wohlan, ich bin es satt, hier unten zu leben, ich will eine Reise machen und die Welt kennen lernen." Er packte sein Köfferchen und bohrte sich nach oben, und als er sah, wie die Sonne schien und der Wind über das Sauerampferfeld strich, wurde es ihm leicht ums Herz, und er schlängelte sich fröhlich zwischen den Stängeln durch. Doch er war kaum drei Fuß weit gekommen, da entdeckte ihn eine Amsel und fraß ihn auf.

Der zweite Regenwurm hingegen blieb immer in seinem Loch unter dem Boden, fraß jeden Tag seine Sauerampferwurzeln und blieb die längste Zeit am Leben.

Aber sagt mir selbst – ist das ein Leben?

(Franz Hohler) [5]

5 *Franz Hohler, schweizerischer Kabarettist, Lyriker, Erzähler, Kinderbuch-, Theater- und Hörspielautor, geb. 1949*

E

Am 16. Dezember 1951 veröffentlichte Bertrand Russel in der *New York Times* zehn Gebote unter dem Titel „Die beste Antwort auf Fanatiker: Liberalismus".

(1) Fühle dich keiner Sache völlig gewiss.

(2) Trachte nicht danach, Fakten zu verheimlichen, denn eines Tages kommen die Fakten bestimmt ans Licht.

(3) Versuche niemals, jemanden am selbständigen Denken zu hindern; es könnte dir gelingen.

(4) Wenn dir jemand widerspricht, und sei es dein Ehegatte oder dein Kind, bemühe dich, ihm mit Argumenten zu begegnen und nicht mit der Autorität, denn ein Sieg durch Autorität ist unrealistisch und illusionär.

(5) Habe keinen Respekt vor der Autorität anderer, denn es gibt in jedem Fall auch Autoritäten, die gegenseitiger Ansicht sind.

(6) Unterdrücke nie mit Gewalt Überzeugungen, die du für verderblich hältst, sonst unterdrücken diese Überzeugungen dich.

(7) Fürchte dich nicht davor, exzentrische Meinungen zu vertreten; jede heute gängige Meinung war einmal exzentrisch.

(8) Freue dich mehr über intelligenten Widerspruch als über passive Zustimmung; denn wenn die Intelligenz so viel wert ist, wie sie dir wert sein sollte, dann liegt im Widerspruch eine tiefere Zustimmung.

(9) Halte dich an die Wahrheit auch dann, wenn sie nicht ins Konzept paßt; denn es paßt noch viel weniger ins Konzept, wenn du versuchst, sie zu verbergen.

(10) Neide denen nicht das Glück, die in einem Narrenparadies leben; denn nur ein Narr kann das für ein Glück halten.

(Bertrand Russel) [6]

6 *Bertrand Russel, britischer Philosoph und Schriftsteller (1872–1970), Pazifist (deswegen 6 Monate im Gefängnis), Literaturnobelpreisträger*

F

„Sei! (…) Strebe (…), absolut frei zu sein, (…) strebe, durch Freiheit
deine Freiheit zur absoluten, unbeschränkbaren Macht zu erweitern."
„Meine Bestimmung (…) ist Streben nach unveränderlicher Selbstheit,
unbedingter Freiheit, uneingeschränkter Tätigkeit. Sei!"
(Friedrich Wilhelm Joseph von Schelling)[7]

*7 Friedrich Wilhelm Joseph von Schelling,
Philosoph, 1775–1854*

3 Mit Wörtern arbeiten

3.1

Der Begriff *Freiheit* beinhaltet viele Ideen, Vorstellungen, Assoziationen.
Fertigen Sie eine Mindmap zum Begriff *Freiheit* an:

— Tragen Sie in die Mitte eines großen Blattes den Begriff *Freiheit* ein.
— Zeichnen Sie von diesem Begriff ausgehend (dicke) Linien; diese
  „dicken" Linien (Hauptäste) symbolisieren Ihre Hauptgedanken.
  Nennen Sie diesen „Hauptaspekt" mit einem Schlüsselbegriff
  (z. B. „politische Unabhängigkeit").
— Zeichnen Sie von diesen Hauptästen ausgehend (dünne) Linien
  (Zweige), die Unterbegriffe, Erläuterungen, Nebengeganken,
  Beispiele enthalten.
  (*Tipp:* Wenn Sie das Mindmapping noch nicht kennen: Schauen Sie
  mal in die Lektion 1 / *Zwischen den Pausen,* Band 1.)

3.2

Ordnen Sie zu (*Achtung:* ein Wort passt nicht hierher).
Gibt es Wörter, die zwei Gruppen zugeordnet werden können?

schadstofffrei ◆ *koffeinfrei* ◆ *risikofrei* ◆ *störungsfrei* ◆ *bügelfrei* ◆
steuerfrei ◆ *arbeitsfrei* ◆ *bleifrei* ◆ *eisfrei* ◆ *fieberfrei* ◆ *sozial-
versicherungsfrei* ◆ *alkoholfrei* ◆ *schmerzfrei* ◆ *vorurteilsfrei* ◆ *zollfrei*

Eine negative Folge tritt nicht ein (*Beispiel: rost*frei → etwas rostet nicht)	Das im Basiswort Genannte ist nicht vorhanden (*Beispiel: auto*frei)	Es besteht keine Verpflichtung (*Beispiel: schul*frei)

4.1

a. Setzen Sie die Teile des folgenden Textes in die richtige Reihenfolge.

b. Geben Sie dem Textauszug eine Überschrift. Diese Überschrift soll das Thema dieses Textauszugs beinhalten.

Auszug aus: **Erich Fromm:**
Die Furcht vor der Freiheit

A

Die gleiche Erscheinung finden wir auch bei ästhetischen Urteilen. Der durchschnittliche Museumsbesucher, der sich das Bild eines berühmten Malers – sagen wir Rembrandts – betrachtet, sagt, das sei ein wunderschönes, eindrucksvolles Bild. Wenn wir sein Urteil analysieren, finden wir, dass er innerlich nicht besonders darauf anspricht, sondern dass er es nur deshalb für schön hält, weil er weiß, dass man es von ihm erwartet. Das Gleiche gilt für das Urteil der Leute über Musik und auch für den Akt der Wahrnehmung selbst. Wenn die Leute sich irgendeine Sehenswürdigkeit betrachten, dann kommt es häufig vor, dass sie in Wirklichkeit nur die Reproduktion davon im Sinn haben, die sie unzählige Male zum Beispiel auf Postkarten gesehen haben, und während sie glauben, „sie" sähen die Sehenswürdigkeit, haben sie in Wirklichkeit nur diese Abbildung davon vor Augen. Oder wenn sie Zeuge eines Unfalls werden, dann sehen und hören sie die Situation so, wie die Zeitung vermutlich darüber berichten wird. Tatsächlich ist es doch so, dass für viele Leute ein Erlebnis, das sie hatten, eine künstlerische Darbietung oder eine politische Versammlung erst dann „wirklich" wird, wenn sie darüber in der Zeitung gelesen haben.

B

Nehmen wir einmal an, wir befänden uns auf einer Insel, wo Fischer und Sommergäste aus der Stadt wohnen. Wir möchten gern wissen, was wir für Wetter bekommen, und fragen einen Fischer und zwei Leute aus der Stadt danach, von denen wir wissen, dass sie den Wetterbericht im Radio gehört haben. Der vom Wetter abhängige Fischer mit seiner langen Erfahrung wird nachdenken, wenn er nicht schon, bevor wir ihn fragten, sich seine Meinung darüber gebildet hatte. Da er weiß, was Windrichtung, Temperatur und Feuchtigkeit und so weiter als Grundlage für die Wettervoraussage bedeuten, wird er die verschiedenen Faktoren gegeneinander abwägen und zu einem mehr oder weniger endgültigen Schluss gelangen. Vermutlich wird er sich auch an den Wetterbericht im Radio erinnern und darauf zu sprechen kommen, ob dieser seine Meinung bestätigt oder ihr widerspricht; widerspricht er ihr, so dürfte er die Gründe für seine eigene Meinung besonders sorgfältig abwägen. Aber –

und darauf kommt es an – es handelt sich um *seine* Meinung, um das Resultat seines Denkens, das er uns mitteilt.

C

Der erste der beiden Sommergäste ist ein Mann, der, als wir ihn um seine Meinung fragten, sich bewusst ist, dass er vom Wetter nicht viel versteht, und der auch nicht das Gefühl hat, dass man etwas davon verstehen müsse. Er sagt nur: „Ich kann das nicht beurteilen. Ich weiß nur, dass der Wetterbericht im Radio so und so war." Der andere Mann, den wir fragen, ist ein anderer Typ. Er meint, er wisse genau über das Wetter Bescheid, obwohl er in Wirklichkeit nur wenig davon versteht. Er gehört zu denen, die meinen, sie müssten jede Frage beantworten können. Er denkt einen Augenblick nach und sagt uns dann „seine" Ansicht, die in Wirklichkeit mit der Wettervoraussage im Radio überein-stimmt. Wir fragen ihn, wie er zu dieser Ansicht komme, und er sagt, er habe es aus der Windrichtung, Temperatur und so weiter geschlossen.

D

Bei allen diesen Beispielen geht es darum, ob der Gedanke das Ergebnis eigenen Denkens, das heißt eigenen Tätigseins ist. Es geht nicht darum, ob die Inhalte des Denkens richtig sind. Wie wir bereits bei der Wetter-prognose des Fischers andeuteten, kann seine Ansicht, die auf eigenem Denken beruht, falsch und die des Mannes, der nur wiederholt, was ein anderer für ihn gedacht hat, richtig sein. Das Pseudodenken kann auch völlig logisch und rational sein. Sein Pseudocharakter äußert sich nicht unbedingt darin, dass es unlogisch ist. Man kann das an Rationalisierungen studieren, die sich bemühen, eine Handlung oder ein Gefühl mit rationalen und realistischen Beweggründen zu erklären, obwohl sie in Wirklichkeit von irrationalen und subjektiven Faktoren determiniert waren[8]. Die Rationalisierung kann zwar auch im Wider-spruch zu den Tatsachen oder zu den Regeln logischen Denkens stehen, häufig aber wird sie selbst logisch und rational sein. Ihre Irrationalität liegt dann darin, dass sie nicht das wirkliche Motiv für die Handlung dar-stellt, deren Ursache sie angeblich war.

8 -e Rationalisierung, hier Fachbegriff aus
    der Psychologie:
    ein Verhalten wird später (nachdem etwas
    geschehen ist) verstandesmäßig gerechtfertigt

E

Oberflächlich betrachtet verhält sich dieser Mann nicht anders als der Fischer. Analysieren wir seine Antwort jedoch genauer, dann stellt sich heraus, dass er die Radiomeldung gehört und übernommen hat. Da er jedoch das Gefühl hat, er müsse eine eigene Meinung haben, vergisst er, dass er die Meinung einer Autoritätsperson nur einfach wiederholt, und ist überzeugt, dass er durch eigenes Nachdenken darauf gekommen ist. Er bildet sich ein, er habe sich aufgrund der vorhandenen Verhält-nisse eine Meinung gebildet, aber wenn wir näher zusehen, stellen wir fest, dass die von ihm angeführten Gründe ihm niemals die Möglichkeit zu dieser Wetterprognose gegeben hätten, wenn er nicht schon eine vorgefasste Meinung gehabt hätte. Tatsächlich handelt es sich nur um Pseudogründe, die ihm dazu dienen, den Eindruck zu erwecken, er sei durch eigenes Nachdenken zu seiner Meinung gekommen. Er macht sich die Illusion, er habe sich eine eigene Meinung gebildet, während er in Wirklichkeit nur die Meinung einer Autoritätsperson übernommen hat, ohne sich jedoch über den Vorgang selber klar zu sein. Es ist sehr gut möglich, dass er in Bezug auf das Wetter Recht hatte und dass der Fischer sich irrte, aber in diesem Fall wäre nicht „seine" Meinung die richtige, selbst wenn sich der Fischer mit „seiner eigenen Meinung" tatsächlich geirrt hätte.

F

Die gleiche Erscheinung können wir beobachten, wenn wir die Leute nach ihrer Meinung über gewisse andere Themen, zum Beispiel in der Politik fragen. Man frage einmal einen durchschnittlichen Zeitungsleser, wie er über ein bestimmtes politisches Problem denke. Er wird uns dann einen mehr oder weniger exakten Bericht über das, was er gelesen hat, als „seine" Meinung hinstellen und trotzdem – und das ist der springende Punkt – der Überzeugung sein, das von ihm Vorgebrachte sei das Ergebnis seines eigenen Nachdenkens. Wenn er in einer kleinen Gemeinschaft lebt, wo politische Meinungen vom Vater auf den Sohn weitergegeben werden, kann „seine eigene" Meinung weit mehr, als er es auch nur einen Augenblick für möglich halten würde, von der immer noch vorhandenen Autorität eines strengen Vaters geprägt sein. Die Meinung eines anderen Lesers kann einer augenblicklichen Verlegenheit entspringen, der Angst, man könne ihn für schlecht informiert halten, weshalb seine „Ansicht" im wesentlichen Theater ist und nicht das Ergebnis einer natürlichen Kombination von Erfahrung, Wünschen und Wissen.

↓

4.2

Diskutieren Sie zu zweit:

a. An welcher Stelle im Text kommen die Strukturen, die Sie in der Übersicht (Seite 127) finden, vor ...
- am Anfang des Textes (A)
- in der Mitte des Textes (M)
- am Textende (E)?
Setzen Sie entsprechend die Buchstaben (A), (M) und (E) ein.

b. Ergänzen Sie die fehlenden Angaben in der Spalte *Textwiedergabe*.

Textoriginal	Textwiedergabe
☐ Wir behandeln zuerst …	Der Autor behandelt zuerst folgendes Problem: … / Dem Autor geht es zunächst um folgendes Problem: …
☐ Nehmen wir einmal an, …	(Name) nennt folgendes Beispiel: …
☐ Die gleiche Erscheinung können wir beobachten, wenn …	(Name) nennt ein weiteres Beispiel: …
☐ Die gleiche Erscheinung finden wir auch bei …	(Name) fügt eine weiteres Beispiel hinzu: … (Name) verdeutlicht diese Behauptung mit einem weiteren Beispiel: …
☐ Bei allen diesen Beispielen geht es darum, ob …	(Name) fasst das Ergebnis seines Aufsatzes zusammen: …
☐ Bei allen diesen Beispielen geht es nicht darum, ob …	(Name) macht deutlich, dass es ihm nicht darum geht, zu zeigen, dass …
☐ Ein letztes Beispiel	
☐ Zusammenfassend lässt sich sagen, dass …	
☐ Ich möchte diesen Sachverhalt mit einigen Beispielen verdeutlichen …	
☐ Was ich mit diesen Beispielen zeigen möchte, ist …	

4.3

Beantworten Sie die folgenden Fragen in Partnerarbeit. Beantworten Sie die Frage kurz in einigen Stichpunkten.

a. Finden Sie die von *Erich Fromm* genannten Beispiele zutreffend?

b. Haben Sie auch Situationen erlebt, wo Sie den Eindruck gewonnen haben; jemand habe nicht selber nachgedacht, sondern er gebe die Meinung anderer wieder? Was waren die Motive dieser Person?

c. Glauben Sie, es könnte einer Demokratie schaden, wenn immer mehr Menschen „das selbstständige Denken" aufgeben?

d. Würden Sie Menschen, die sich hinter der Meinung anderer verstecken, als unfrei bezeichnen?

e. Woran könnte es liegen, dass sich relativ viele Menschen in demokratischen Staaten bei der Meinungsbildung zurückhalten – obwohl doch die Meinungsfreiheit garantiert ist?

a. Fassen Sie den Text von *Erich Fromm* zusammen
(ca. 150–200 Wörter), indem Sie folgende Textstruktur verwenden:

In diesem Text geht es um folgendes Phänomen:

_____

_____

_____

_____

Fromm verdeutlicht dieses Phänomen mit mehreren Beispielen,
von denen ich hier zwei erwähnen möchte:

_____

_____

_____

_____

b. Lesen Sie Fromms Beispiel für eine „irrationale Rationalisierung".
Konstruieren Sie ein ähnliches Beispiel für eine der folgenden
Situationen:

– Jemand kommt zu spät zur Arbeit. Sie / Er wird von
einer / einem Vorgesetzten zur Rede gestellt.
– A beklagt sich bei B, dass B sie / ihn nicht ins Kino
mitgenommen hat.

Ein bekannter Witz ist ein gutes Beispiel für eine irrationale
Rationalisierung: *Eine Frau hat sich von einer Nachbarin einen
Glaskrug ausgeliehen und ihn zerbrochen. Als sie aufgefordert
wird ihn zurückzugeben, antwortet sie: „Erstens habe ich ihn
schon zurückgegeben; zweitens habe ich ihn mir nie von Ihnen
ausgeliehen; und drittens war er schon kaputt, als Sie ihn mir
gegeben haben."*

Laut nachdenken

Bilden Sie „Denker-Gruppen" mit 3–4 Mitschülern und denken Sie
(laut) über die folgenden Fragen nach.
Finden Sie Antworten auf einige dieser Fragen?
Oder haben Sie vielleicht selber noch zusätzliche Fragen?

Wie frei ist der Mensch?

a. *Wenn ein Mensch handelt: Was beeinflusst sein Handeln?*
   *Kann ein Mensch gegen seine Wünsche, Neigungen, Ansichten,
   gegen seinen Charakter handeln?*

b. *D. h., existiert ein Wille des Menschen, der der Motor seines
   Handelns ist? Woher kommt dieser Wille? Unterscheidet das Vor-
   handensein eines Willens den Menschen von anderen Lebewesen?
   Ist der Wille des Menschen vielleicht selbst Ursprung seines
   Wollens – wie es der Philosoph Immanuel Kant[9] behauptet?*

   9 *Immanuel Kant, Philosoph, 1724–1804*

   *Oder ist der Mensch ein Opfer seiner Bedürfnisse? Reagiert
   er nur nach physikalischen und psychologischen Gesetzen? Ist der
   Mensch nur ein „Automat" (was Descartes[10] und d'Holbach[11] so
   sehen)?*

   10 *René Descartes, Philosoph und Mathe-
      matiker, 1596–1650*

c. *Wie viel Freiheit lässt die Natur dem Menschen? Kann sich der
   Mensch gegen die Natur behaupten? Regiert der Mensch die Welt?
   Oder ist er nur ein Objekt wie andere Lebewesen?*

   11 *Paul-Henri Thiry (Paul Heinrich Dietrich
      von) d'Holbach, Philosoph, 1723–1789*

   *Was halten Sie von dem Ausspruch des Philosophen Schelling
   „Ich kündige mich an als Herrn der Natur, und fordere, dass sie
   durch das Gesetz meines Willens schlechthin bestimmt sei (…)
   Die ganze Welt ist mein moralisches Eigentum."*

d. *Wie frei ist der Mensch innerhalb der Gesellschaft? Schränkt
   der Staat seine Freiheiten ein? Oder garantiert der Staat seine
   Freiheiten?*

   *Wo endet die Freiheit des Einzelnen? Vielleicht da, wo die
   Freiheit des anderen beginnt?*

   *Ist der Mensch vielleicht dann frei, wenn er sein Handeln dem
   gemeinsamen Wollen einer Gesellschaft, dem Gemeinsinn, widmet
   (wie es Rousseau[12] behauptet)? Sollen wir nur das wollen, was
   alle anderen „Vernunftwesen" auch wollen (Kant)? Ist „Freiheit"
   dann „die Einsicht in die Notwendigkeit"? (Friedrich Engels)[13] –
   demnach würde die Einsicht in die Notwendigkeit einer Sache
   die Freiheit ihr gegenüber bewirken, weil sie dann nicht mehr als
   äußerlicher Zwang, sondern als inneres Bedürfnis empfunden wird.*

   12 *Jean-Jacques Rousseau, schweizerischer
      Schriftsteller, Philosoph und Pädagoge,
      1712–1718*
   13 *Friedrich Engels, Philosoph, 1820–1895*

f. *Wenn der Staat aber die Freiheit einschränkt, sollte man ihn
   dann nicht konsequenterweise abschaffen? (u. a. Hegel[14], Schiller[15],
   Hölderlin[16], Novalis[17] sahen den Staat als ein mechanisches Räderwerk, in dem der Einzelne lediglich ein kleines Teilchen sei; Hegel
   forderte: „Wir müssen also auch über den Staat hinaus! – Denn
   jeder Staat muss freie Menschen als mechanisches Räderwerk behandeln; und das soll er nicht; also soll er aufhören!"*

   14 *Georg Wilhelm Friedrich Hegel, Philosoph,
      1770–1831*
   15 *Friedrich von Schiller, Schriftsteller,
      1759–1805*
   16 *Johann Christian Friedrich Hölderlin,
      Dichter, 1770–1843*

g. *Muss „Staat" immer „Unterdrückung" bedeuten?*

h. *Glauben Sie, dass es eine Zeit geben wird, in der der Mensch freier
   leben kann als heute?*

   17 *Novalis (Georg Philipp Friedrich Leopold
      Freiherr von Hardenberg), Dichter,
      1772–1801*

▼ 7.1

a. Lesen Sie den Text „Wer sucht, wird fündig[18]" und setzen Sie in die Lücken 1–12 das passende Wort ein. Es gibt jeweils nur eine Lösung.

Wer sucht, wird fündig
Mit aller Macht sträubt[19] sich die globale Internet-Gemeinde gegen staatliche Kontrollen

(Auszüge)

Das Simon-Wiesenthal-Zentrum[20] in Los Angeles schlug Alarm: Im Internet wimmele[21] es von Gruppen, die Hass und Verachtung predigten, von Rassisten, Antisemiten und Neonazis. Mindestens 75 solcher Organisationen hätten sich bereits im World Wide Web, dem Multimediabezirk des Internets, niedergelassen. In einem Schreiben an Hunderte von Internet-Anbietern (1) _____ das Zentrum, man möge dies nicht länger dulden.

(2) _____ sich viele dafür interessieren, wird der Wunsch laut solchem Treiben ein Ende zu machen – (3) _____ Kontrolle und Zensur.

Dieser Wunsch wird nicht leicht zu verwirklichen sein, (4) _____ das Internet ist über alle Landesgrenzen hinweg geknüpft. Jeder kann darin publizieren, und was einmal drin ist, (5) _____ allen zur Verfügung. Neonazis speisen[22] ihr Material meist in Netzrechner in den Vereinigten Staaten ein, wo die Verbreitung braunen Gedankenguts[23] nicht strafbar ist. Bei anderer Gesetzeslage würde die Propaganda flugs[24] auf einen anderen Rechner außer Landes überspielt. An Staaten, (6) _____ denen man weiterhin nichts dagegen einzuwenden hat, wird so bald kein Mangel sein.

Zensur braucht einen Adressaten und der ist im Internet kaum dingfest[25] zu machen. Denn das Netz hat keinen Eigentümer, den man belangen könnte, und es ist (7) _____ da, der es leitet.

Das Internet ist das erste Forum neben dem Hyde Park[26], in dem der allgemeine Mensch sofort und jederzeit (8) _____ kommt. Verleger, Herausgeber und Intendanten sind nicht nötig, der Mensch ist Demokrat genug. Er geht hin und steigt auf die Bierkiste. Er publiziert. Das ganze Internet ist eine unaufhörliche Publikation von vielen an viele. Die einen schreiben, die anderen blättern, suchen, lesen, antworten.

Im World Wide Web sieht man schon lange, wohin es führt. Millionen sind dort versammelt, die etwas mitzuteilen (9) _____. Bekundungen, Aufrufe, Dokumente umschwirren den Flaneur[27]. Die mexikanischen Zapatisten[28] vertreten ihre Sache kraft einer eigenen Repräsentanz, bedrohte

---

18 fündig werden: etwas finden

19 sich sträuben gegen: sich wehren gegen

20 Simon Wiesenthal, geb. 1919, österreichischer Publizist, überlebte als Einziger in seiner Familie die Nazidiktatur. Wegen seines jüdischen Glaubens verbrachte er mehrere Jahre in Konzentrationslagern der Nazis. Nach seiner Befreiung 1945 gründete er ein Dokumentationszentrum mit dem Ziel, Dokumente über die Verfolgung der Juden im Nazideutschland zu sammeln; die Dokumente halfen, einige der Naziverbrecher zu finden.

21 im Internet wimmelt es von Gruppen, die: im Internet findet man sehr viele Gruppen, die …

22 Material in den Netzrechner (Computer) einspeisen: Material (zum Beispiel Texte) in den Rechner eingeben

23 braunes Gedankengut: Vorstellungen, Ansichten faschistischer Organisationen

24 flugs: schnell

25 dingfest machen: hier = feststellbar

26 Hyde Park: Park in London; berühmt ist dieser Park wegen seiner „Speakers' Corner"; an einer Ecke (corner) des Parks kann seit 1866 an jedem Sonntag jedermann Reden halten oder Versammlungen durchführen

27 -r Flaneur: -r Müßiggänger, Spaziergänger; hier = derjenige, der durchs Internet „spaziert"

28 Zapatisten: Anhänger des Emiliano Zapata – mexikanischer Revolutionär, der 1919 ermordet wurde

Indianerstämme werben um Unterstützung und ein paar Maus-klicks[29] weiter kämpfen die Freunde eines zum Tode Verurteilten um Aufschub des Urteils.

Auch amnesty international[30] hat sich inzwischen im Web nieder-gelassen. Material über politisch Verfolgte ist weltweit abrufbar, natürlich auch in den Verfolgerstaaten. Hunderte von politisch (10) _____ Diskussionsgruppen bieten jedem Teilnehmer ein weitläufiges Forum, wo auch immer er wohnt.

Diese Probleme werfen die Frage auf[31], ob die Urheber künftig selbst für ihre Äußerungen im Internet haften – doch nach welchem Recht? In Staaten wie Deutschland oder den Vereinigten Staaten ist (11) _____, was ins Netz eingespeist wird, durch das Recht auf freie Meinungsäußerung gedeckt. Aber diese Freiheit gilt längst nicht überall, (12) _____ man die verbreiteten Aussagen empfangen kann. Möglicherweise reicht ein Knopfdruck, um sich auf drei Kontinenten strafbar zu machen. Wenn jemand auf einem Netzcomputer in Deutschland ein unerhörtes Pamphlet auslegt, kann es weltweit abgerufen werden, ohne dass der Autor es überhaupt versendet.

Manfred Dworschak

ZEIT Punkte

29 ein paar Mausklicks weiter:
   -e Maus, hier = Zubehörteil des Computers; durch das Bedienen (Klicken) kann man dem Computer Befehle eingeben

30 amnesty international:
   1961 gegründete Organisation zum Schutz der Menschenrechte; ai unterstützt insbesondere Menschen, die wegen ihrer Religion, Weltanschauung, Volkszugehörig-keit oder politischen Meinung im Gefängnis sitzen, selber aber keine Gewalttaten be-gangen oder befürwortet haben

31 Diese Probleme werden die Frage auf:
   Diese Probleme führen zu der Frage …

(1)	**A:** bestätigte	**B:** bewirkte	**C:** schrieb	**D:** forderte
(2)	**A:** Denn	**B:** Bevor	**C:** Obwohl	**D:** Weil
(3)	**A:** mit Hilfe	**B:** durch	**C:** zwecks	**D:** ohne
(4)	**A:** weil	**B:** denn	**C:** obwohl	**D:** nämlich
(5)	**A:** ist	**B:** bleibt	**C:** kann	**D:** steht
(6)	**A:** von	**B:** aus	**C:** mit	**D:** in
(7)	**A:** jeder	**B:** niemand	**C:** eine Menge	**D:** ein jeder
(8)	**A:** zu Wort	**B:** zur Sprache	**C:** zur Ruhe	**D:** ins Bild
(9)	**A:** möchten	**B:** können	**C:** wollen	**D:** haben
(10)	**A:** engagierten	**B:** tolerierten	**C:** toleranten	**D:** schlafenden
(11)	**A:** die Menge	**B:** das meiste	**C:** die Mehrheit	**D:** die Masse
(12)	**A:** wohin	**B:** woher	**C:** wo	**D:** womit

b. Diskutieren Sie:
Vorausgesetzt, es wäre technisch möglich: Würden Sie in bestimmten Fällen Internet-Texte mit einer Zensur belegen?

Verwenden Sie möglichst einige dieser Redemittel:
- *Man muss hier abwägen: auf der einen Seite, …, auf der anderen Seite …*
- *Grundsätzlich bin ich für / gegen … – aber in einem solchen Fall …*
- *Das Recht auf freie Meinungsäußerung ist mir in diesem Falle wichtiger als …*
- *Das Recht auf freie Meinungsäußerung zählt meiner Meinung nach hier erst an zweiter Stelle …*

7.2

a. Welcher Aspekt von *Freiheit* wird im Text „Pflicht zum kritischen Blick" angesprochen?

b. Handelt es sich bei diesem Text um
- die Zusammenfassung einer wissenschaftlichen Untersuchung?
- das Vorwort eines Buches *eines* Autoren?
- um das Vorwort eines Buches / einer Zeitschrift mit Texten verschiedener Autoren?

c. Setzen Sie in der Textzusammenfassung, die Sie rechts neben dem Text finden, die fehlenden Wörter ein. Nur eine Lösung ist richtig.

Pflicht zum kritischen Blick

Sind Sekten gefährlich? Wie gefährlich sind Sekten? Und alle gleichermaßen? Muss der Staat ihnen auf die Finger sehen oder soll jeder Bürger nach seiner Façon[32] glücklich oder unglücklich werden? Gibt es überhaupt in Zeiten dramatischer Arbeitslosigkeit, wachsender Armut, zunehmender Vereinzelung der Menschen, der Angst vor Gewalt und Drogenterror in den Innenstädten und einer schwindenden Zukunftsperspektive für Jugendliche wichtigere Fragen an Politik und Publizistik als gerade die, was einer privat glauben dürfen soll?

ZEIT-Autoren haben in den hier zusammengefassten Beiträgen über Sekten und Psychogruppen, über Gurus und Geistmedien (…) versucht, auf diese Fragen zu antworten. Dabei geht es keinem von ihnen um eine Einschränkung der grundgesetzlich garantierten Religionsfreiheit – ein Vorwurf, den kritisierte Gruppen regelmäßig erheben, um unliebsame öffentliche Diskussionen abzuwehren. (…) Interessant wird es allerdings, wenn nicht nur geglaubt, sondern auch gehandelt wird; wenn die vorgeblich[33] religiöse Botschaft zum Beispiel

Zunächst stellt die Autorin die Frage nach der Gefährlichkeit von (1) _____ . Sehr interessant scheint hier auch die Frage zu sein, ob es Aufgabe des (2) _____ ist, Sekten zu kontrollieren. Auch stellt sie die Frage, ob dieses Problem überhaupt bedeutend ist – schließlich hat es der Mensch heute mit zahlreichen anderen wichtigen Problemen zu tun wie z. B. (3 Begriffe) (3) _____ , _____ und _____ . Die Antwort auf diese Fragen, so die Autorin, könne der Leser in (4) _____ verschiedener Autoren finden.

Was diese Autoren aber keinesfalls möchten, ist, für eine (5) _____ der Religionsfreiheit einzutreten. Schließlich gehe es niemanden etwas an, woran oder an wen jemand glaube.

Es sei aber nun einmal so, dass Sekten Menschen häufig nicht nur zum Glauben bewegten, sondern auch zum (6) _____ . Und dann bestehe die Gefahr, dass Sekten einen demokratischen Staat in einen (7) _____ Staat verwandeln könnten.

undemokratische Züge annimmt; wenn ein totalitärer Staat am Ende des propagierten[34] Heilsweges steht.

Eine öffentliche Pflicht zum Hinschauen besteht auch dann, wenn einzelne Menschen durch die Lehren ihrer Gruppen und Meister zu Schaden zu kommen drohen: sie ihren Familien entfremdet, finanziell ausgebeutet und psychisch gebrochen werden. Denn es sind ja nicht vor allem die Starken, die auf dem boomenden[35] Sektenmarkt umworben werden – es sind eher die Schwachen, die Einsamen, diejenigen, die sich von der Gesellschaft abgelehnt fühlen, denen (…) der Sinn ihres Daseins abhanden gekommen ist.

Das Versprechen von Sinn in einer scheinbar immer sinnloseren, immer schwerer verständlichen Welt ist das Erfolgsrezept der Sekten. Den „Machern"[36] bringt es oft ökonomischen Gewinn, Prestige innerhalb ihrer Organisation, Macht über Menschen.

Nur wer die Vernunft selbstbewusst als Maßstab gegen die verschiedenen unschuldigen bis bösartigen Formen der Irrationalität setzt, hat eine Chance, schwache, unglückliche, gefährdete Menschen vor den Seelenfängern zu schützen. (…)

Susanne Gaschke
ZEIT Punkte

Deshalb sei es die (8) _____ aller Bürger, dieses zu verhindern.

Die Autorin beschreibt mit einigen Sätzen die Zielgruppe dieser undemokratischen und gefährlichen Sekten: Es handelt sich offensichtlich gerade um (9) _____ und _____ Menschen, die häufig keinen Sinn mehr in ihrem Leben sehen.

Als Gewinner sieht die Autorin die „Manager" dieser Sekten – sie erreichen bei ihrer „Arbeit" z. B. (10) _____ und _____.

---

32 *jeder soll nach seiner Facon (Fasson)*
    glücklich werden:
    jeder soll auf dem Wege glücklich werden,
    den er für richtig hält

33 *die vorgeblich religiöse Botschaft:*
    eine angeblich religiöse Botschaft, es
    handelt sich hier nur auf den ersten
    Blick um eine religiöse Botschaft

34 *ein propagierter Heilsweg:*
    der Heilsweg (Weg ins Glück), der
    (hier: von Sekten) verkündet wurde

35 *der boomende Sektenmarkt:*
    (abgeleitet vom englischen „boom" =
    rapiden Aufschwung nehmen) der
    expandierende Sektenmarkt; der Sekten-
    markt, für den sich immer mehr
    Menschen interessieren

36 *die Macher in den Sekten:*
    Personen, die wichtige Funktionen
    innerhalb der Sekten einnehmen

---

d. Ersetzen Sie die unterstrichenen Formulierungen durch sinnverwandte Formulierungen:

   – Muss der Staat den Sekten auf die Finger sehen?
   – Eine öffentliche Pflicht zum Hinschauen besteht auch dann, wenn einzelne Menschen durch die Lehren ihrer Gruppen und Meister zu Schaden zu kommen drohen.
   – Es sind eher die Schwachen, die auf dem boomenden Sektenmarkt umworben werden; es sind diejenigen, denen der Sinn ihres Daseins abhanden gekommen ist.

e. Diskutieren Sie:

   – Wird in Ihrer Heimat zum Beispiel in den Medien über Sekten berichtet? Oder haben Sie im deutschsprachigen Raum darüber viel gehört?
   – Gibt es Fälle, die Ihrer Meinung nach Anlass geben könnten, bei bestimmten Sekten das staatliche Recht auf Religionsfreiheit einzuschränken?

   Verwenden Sie bei der Diskussion einige der Redemittel, die Sie unter **7.1** finden.

Mit Wörtern arbeiten

8.1

Ergänzen Sie diese Sätze; bilden Sie dabei Genitiv-Konstruktionen.
In was für Zeiten leben wir?

a. Soziologin / Soziologe: „Wir befinden uns in Zeiten dramatischer
    Arbeitslosigkeit, weltweiter Veränderungen auf dem Gebiet der
    Kommunikation, _____ "

b. Psychologin / Psychologe: „Wir befinden uns in Zeiten zunehmen-
    der Vereinzelung, eines großen Angebotes an Selbstverwirklichung,
    _____ "

c. Theologin / Theologe: „Wir befinden uns in Zeiten _____ "

d. linke(r) Politiker/in: „Wir befinden uns in Zeiten _____ "

e. rechte(r) Politiker/in: „Wir befinden uns in Zeiten _____ "

f. ein Gentechniker: _____

g. ein Student: _____

h. ein Lehrer: _____

8.2

Kennen Sie passende Verbfügungen (Verb + Substantiv)?
Benutzen Sie gegebenenfalls ein (einsprachiges) Wörterbuch.

a. *Grundwort: -r Vorwurf:*
    –   einen Vorwurf erheben gegen jdn.
    –   jdm. einen Vorwurf machen
    –   sich gegen einen Vorwurf wehren
    –   …

b. *Grundwort: -r Schaden:*
    –   zu Schaden kommen
    –   …

c. *Grundwort: -e Chance:*
    –   eine Chance haben
    –   …

d. *Grundwort: -s Wort:*
    –   jmdn. zu Wort kommen lassen
    –   …

e. *Grundwort: -r Wunsch:*
    –   einen Wunsch verwirklichen
    –   …

f. *Grundwort: -e Sache:*
   – eine Sache vertreten – …

g. *Grundwort: -e Meinung:*
   – eine Meinung vertreten – …

8.3
Nennen Sie das Gegenteil:

a. der kritische Blick   –   _____
b. Arbeitslosigkeit   –   _____
c. wachsende Armut   –   _____
d. ein totalitärer Staat   –   _____
e. ökonomischer Gewinn   –   _____
f. selbstbewusst   –   _____
g. Irrationalität   –   _____
h. die Zensur   –   _____

8.4
a. Setzen Sie diese Silben zu 5 Begriffen zusammen, die etwas mit *Freiheit* zu tun haben:

ab ◆ fen ◆ auto ◆ tur ◆ mein ◆ un ◆ of ◆ häng ◆ frei ◆ ungs ◆ heit ◆ heit ◆ na ◆ no ◆ ig ◆ keit ◆ mie

b. Setzen Sie diese Silben zu 5 Begriffen zusammen, die etwas mit *Unfreiheit* und *Intoleranz* zu tun haben:

ung ◆ is ◆ be ◆ mund ◆ ung ◆ ver ◆ pro ◆ un ◆ acht ◆ mus ◆ da ◆ vor ◆ ter ◆ gan ◆ ego ◆ pa ◆ drück ◆ ung

8.5
Setzen Sie die Präpositionen ein. Zwei Präpositionen passen nicht.

ins ◆ von ◆ an ◆ im ◆ im ◆ mit ◆ auf ◆ in ◆ für ◆ mit Hilfe von ◆ zur ◆ von

a. Sie fordern, dass ein Ende gemacht wird _____ der Veröffentlichung von rassistischen Schriften – _____ Kontrolle und Zensur.
b. Was _____ Internet eingespeist wird, steht allen Nutzern des Internets _____ Verfügung.
c. Es herrsche kein Mangel _____ Staaten, _____ denen es erlaubt sei, schlimme Propaganda zu veröffentlichen.
d. _____ Internet werben Unterdrückte _____ Unterstützung.
e. Hunderte _____ politisch und sozial engagierten Gruppen haben sich _____ Internet niedergelassen.

Das Thema einer Talkrunde lautet:
– Graffiti-Sprayerei: Künstlerische Freiheit oder Sachbeschädigung?
  Kopfprämien für Sprayer – eine Lösung?

Mögliche Rollen:
– Sprayer
– Leute, die nicht sprayen, dem Sprayen aber positiv
  gegenüberstehen
– Vertreter der Polizei
– ein Jugendrichter
– Geschäftsführer eines Baumarktes (der Farben und Farb-
  entfernungsmittel anbietet)
– ein Kunstlehrer
– Hausbesitzer
– ein Pfarrer
– ein Diskussionsleiter

a. Wählen Sie eine Rolle und setzen Sie sich mit Mitlernern zusammen,
   die sich auch für diese Rolle entschieden haben.
b. Sammeln Sie mit einem Brainstorming Gedanken Ideen, Fakten zu
   Ihrer Rolle.
   Ordnen Sie diese Gedanken zu Argumenten.
c. Lesen Sie den Text „Kopfgeld für Graffiti-Sprayer". Finden Sie
   Ideen, Fakten Argumente, die Sie für Ihre Rolle verwenden können?

Kopfgeld für Graffiti-SPRAYER?

Für die einen ist es künstlerische Freiheit, für die anderen
Sachbeschädigung. Jetzt soll es den Sprayern an den Kragen[37] gehen.

Schrilles Mamba-Grün[38] sprüht aus der Farbdose. Der Sprayer zischt
sein Markenzeichen an die Wand und wieder ist ein Haus bunt – ob es
auch schöner ist, darüber lässt sich streiten. Für die Sprayer ist Graffiti
Kunst, für die Hauseigentümer sind es Farbschmierereien, für die Polizei
ist es Sachbeschädigung – eine Straftat.

Die Szene[39] ist groß. Mittlerweile sprühen sich 25.000 Graffiti-Sprayer
quer durch Deutschland. Mit ihrer umstrittenen Kunst richten die Sprüh-
dosen-Kids jährlich einen Millionenschaden an. Graffiti können nur mit
einem teuren Gegenmittel von S-Bahnen und Brücken entfernt werden:
Fünf Liter „Graffiti-Killer" kosten 169 Mark. Auf Beton und Metall
lassen sich die bunten Bilder leicht entfernen, auf Sandstein muss der
„Killer" mehrmals aufgetragen werden. 100 bis 400 Mark kostet die
Reinigung einer Hauswand, für einen Zug sind es schon 20.000 Mark.
Muss ein Gerüst gebaut werden, wird es noch teurer.

Wer erwischt wird, haftet für den Schaden, da keine Versicherung
bezahlt. Viele Jugendliche sind deswegen hoch verschuldet. So steht
etwa ein 15 Jahre alter Schüler, der beim Sprayen erwischt wurde, mit
mehr als 20.000 Mark in der Kreide.

37 Es soll den Sprayern an den Kragen gehen:
   Die Sprayer sollen erwischt und bestraft
   werden.
38 -s Mamba-Grün:
   Mamba, sehr giftige grüne Schlange
39 -e Szene:
   Bezeichnung für eine Gruppe,
   hier = die Gruppe der Sprayer

Der illegalen Kunst ein Ende zu bereiten erweist sich als schwierig.
Vereine veranstalten daher legale Spray-Projekte, die Bahn wehrt sich
mit Einsätzen der Bahnpolizei und eines privaten Sicherheitsdienstes,
und in vielen Großstädten hat die Polizei mittlerweile Sonderkommissio-
nen zusammengestellt. Doch ihre Arbeit ist nicht einfach, denn es ist
schwer, dem Graffiti einen Täter zuzuordnen. Es besteht eigentlich nur
dann eine Chance, wenn der Sprayer auf frischer Tat ertappt wird.
Die Gemeinde Seevetal in Niedersachsen will genau das. Sie setzt ein
Kopfgeld auf Sprayer aus – insgesamt 3.000 Mark Belohnung. „Helfen
auch Sie mit die Täter festzustellen", lauten die Steckbriefe. Sie hängen
in Geschäften, Lokalen und Schaukästen. (…)

Kritiker befürchten, dass durch das Kopfgeld der Nervenkitzel für
die Jugendlichen nur noch erhöht wird. Sie setzen auf Verständigung
mit den Sprayern. Die könne aber nicht funktionieren, wenn eine
ganze Gemeinde zur Jagd auf Jugendliche mit Spraydosen aufgerufen
wird.

YoYo

10 Mit Wörtern arbeiten

Bilden Sie Passivsätze, bzw. Passiversatzformen mit *lassen*. Beispiel:

Passiv	lassen
Darüber kann man streiten.	**Darüber lässt sich streiten.**
Graffiti können nur mit einem teuren Mittel von S-Bahnen entfernt werden.	… lassen sich …
	Auf Beton und Metall lassen sich die Malereien leicht entfernen.
	Die wenigsten Sprayer lassen sich auf frischer Tat erwischen.
Die Grafitto-Malereien können nur schwer einem bestimmten „Künstler" zugeordnet werden.	
	Wer sprayen möchte, lässt sich auch durch ein Kopfgeld nicht davon abhalten.
Vielleicht kann das Problem dadurch gelöst werden, dass man den Sprayern viele Flächen legal zur Verfügung stellt.	
	Ein noch größerer Polizeieinsatz lässt sich kaum finanzieren.

11 Projekt-Vorschläge

11.1

Gestalten Sie einen Kalender für Ihren Unterrichtsraum. Jedes Kalenderblatt soll sich mit dem Thema *Freiheit* auseinander setzen.
Es kann gemalt, gezeichnet, fotografiert, gesprayt, aus Zeitschriften ausgeschnitten werden. Natürlich ist jede andere Technik auch willkommen. Zu jedem Kalenderblatt soll es einen kurzen Text geben: ein Zitat, ein Sprichwort, eine Seite aus einem Roman, ein Gedicht, ein Aufsatz, in dem man seine Gedanken niedergeschrieben hat, …

11.2

a. „Freiheit" – ein zentrales Thema in der Literatur, auf der Bühne, im Film.
Setzen Sie sich mit 3–4 Lernpartnern zusammen und erstellen Sie eine Liste mit Autoren, die sich mit dieser Thematik beschäftigt haben. Wie haben sie das Thema *Freiheit* verarbeitet?
Berücksichtigen Sie Erzählungen, Bühnenstücke, Gedichte, Romane, die Sie selber gelesen / gesehen haben.
Gibt es Filme zu diesem Thema, die Sie sehr beeindruckt haben?

b. Wählen Sie eines der unter **a** genannten Bücher aus, besorgen Sie sich das Buch evtl. aus einer Bibliothek und stellen Sie in einem Text von ca. 100 – 400 Wörtern die Thematik dieses Buches dar.
Können Sie das Buch zum Lesen weiterempfehlen?
Vergeben Sie eine Punktewertung nach folgendem Schema:
positive Wertung: maximal: ↑↑↑↑
negative Wertung: maximal: ↓↓↓↓

Hier einige Leseempfehlungen:
B. Traven: ⟶ Der Marsch ins Reich der Caoba /
Die Rebellion der Gehenkten
Franz Kafka: ⟶ Amerika
Schiller: ⟶ Die Räuber

Titel + Autor:

	↑/↓	↑/↓	↑/↓	↑/↓
Sprache / Verständlichkeit				
Spannung				
Humor				
regt zum Nachdenken an				

Ein Leserbrief

Zu den Unfallopfern bei Verkehrsunfällen mit tödlichem Ausgang gehören leider auch sehr viele junge Leute, die gerade erst einmal ihre Führerscheinprüfung abgelegt haben.
Existiert dieses Problem auch in Ihrer Heimat?

a. Diskutieren Sie:
Was kann der Gesetzgeber tun, um dem Leichtsinn dieser jungen Leute zu begegnen – ohne Freiheiten dieser jungen Erwachsenen zu sehr einzuschränken?

b. Stellen Sie sich vor:
Sie halten sich in Deutschland auf; am letzten Wochenende hat es einen schlimmen Unfall gegeben. Zu den Opfern gehörten sehr junge Leute. Dieser Unfall hat eine Diskussion ausgelöst. Viele Menschen schreiben an die Tageszeitung, um ihre Meinung zu diesem Unfall mitzuteilen. Viele Schreiber unterbreiten auch Vorschläge, wie man in Zukunft solche Unfälle vermeiden könnte.

Schreiben auch Sie Ihre Meinung an diese Zeitung.
– Entscheiden Sie sich zunächst, aus welcher Perspektive Sie schreiben:
Aus der Perspektive eines
  – jungen Führerscheinbesitzers
  – einer besorgten Mutter / eines besorgten Vaters
  – eines ausländischen Gastes, der darüber berichtet, was man in seiner Heimat unternimmt, um dieses Problem zu bekämpfen
  – eines Krankenhausarztes
  – …

– Setzen Sie sich in Gruppen mit Mitlernern zusammen, die die gleiche Perspektive gewählt haben. Sammeln Sie Ideen, was in den Brief hineingehören könnte.

– Schreiben Sie anschließend allein einen Leserbrief.

a. *Sprechen Sie über die beiden dargestellten Situationen.*
- Wo könnten die Fotos aufgenommen worden sein?
- Was wird dargestellt?

Beschreiben Sie die Personen:
- Wie alt sind sie?
- Wie verhalten sie sich?
- Was machen sie?

b. *zu Abbildung 1:*
Ist in Ihrer Heimat der dargestellte Extremsport durchführbar?
Ist diese Art des Sports beliebt?
Würden Sie das überhaupt als Sport bezeichnen?
Was hat dieses Foto Ihrer Meinung nach mit dem Begriff
„Freiheit" zu tun?

zu Abbildung 2:
Gibt es in Ihrer Heimat Anlässe, zu denen Tausende junger
Menschen zusammenkommen?
Was ist das Besondere an solchen Treffen?
Haben Sie auch mal an solch einer Massenfeier teilgenommen?
Was hat dieses Foto Ihrer Meinung nach mit dem Begriff
„Freiheit" zu tun?

c. Könnten Sie sich vorstellen in einer der beiden dargestellten
Situationen aktiv mitzuwirken?

14 Weiterlesen

A

Rosa Luxemburg: Tagebücher

Breslau, Mitte Dezember 1917

Jetzt ist es ein Jahr, daß Karl in Luckau[40] sitzt. Ich habe in diesem Monat
oft daran gedacht. Und genau vor einem Jahr waren Sie bei mir in
Wronke, haben mir den schönen Weihnachtsbaum beschert … Heuer[41]
habe ich mir hier einen besorgen lassen, aber man brachte mir einen
ganz schäbigen, mit fehlenden Ästen – kein Vergleich mit dem vorjähri-
gen. Ich weiß nicht, wie ich darauf die acht Lichtlein anbringe, die ich
erstanden[42] habe. Es sind meine dritten Weihnachten im Kittchen[43], aber
nehmen Sie's ja nicht tragisch. Ich bin so ruhig und heiter wie immer.

   Gestern lag ich lange wach – ich kann jetzt nie vor ein Uhr einschla-
fen, muß aber schon um zehn ins Bett, weil das Licht ausgelöscht
wird –, dann träume ich mir Verschiedenes im Dunkeln. Gestern dachte
ich also: Wie merkwürdig das ist, daß ich ständig in einem freudigen
Rausch lebe – ohne jeden besonderen Grund. So liege ich zum Beispiel
hier in der dunklen Zelle auf einer steinharten Matratze, um mich im
Hause herrscht die übliche Kirchhofsstille, man kommt sich vor wie
im Grabe; vom Fenster her zeichnet sich auf der Decke der Reflex der
Laterne, die vor dem Gefängnis die ganze Nacht brennt. Von Zeit zu
Zeit hört man nur ganz dumpf das ferne Rattern eines vorbeigehenden
Eisenbahnzuges oder ganz in der Nähe unter den Fenstern das Räuspern
der Schildwache[44], die in ihren schweren Stiefeln ein paar Schritte langsam macht, um die steifen Beine zu vertreten. Der Sand knirscht so hoffnungslos unter diesen Schritten, daß die ganze Öde und Ausweglosig-

40 *Karl:*
   Karl Liebknecht, zunächst sozialdemo-
   kratischer Politiker, später Mitbegründer der
   Kommunistischen Partei Deutschlands, wur-
   de 1919 ermordet.
   Luckau:
   Städtchen südlich von Berlin
41 *heuer (süddeutsch): dieses Jahr*
42 *etwas erstehen: etwas kaufen*
43 *-s Kittchen (ugs.): das Gefängnis*

44 *-e Schildwache:*
   So bezeichnete man in der Zeit der Ritter
   Wachen in ihrer vollen Ausrüstung, zu der
   auch ein Schild gehörte.

45 ein zauberhaftes Geheimnis, das alles
Böse und Traurige Lügen straft; jemanden
Lügen strafen:
jemandem nachweisen, dass er gelogen
hat; hier = die Autorin lebt „im Dunklen"
(Gefängnis / Winter), ist aber dennoch
„von innerer Freude erfüllt", so als ob sie
vielleicht ein Geheimnis wüsste, allem
Bösen und Traurigem nachweisen könnte,
dass es „lügt", dass es eigentlich keine
Berechtigung hat, da zu sein.

46 -r Sammet:
veraltet für -r Samt (ein Keidungsstoff mit
weicher Oberfläche)

keit des Daseins daraus klingt in die feuchte, dunkle Nacht. Da liege ich
still, allein, gewickelt in diese vielfachen schwarzen Tücher der Finsternis, Langeweile, Unfreiheit, des Winters – und dabei klopft mein Herz
von einer unbegreiflichen, unbekannten inneren Freude, wie wenn ich
im strahlenden Sonnenschein über eine blühende Wiese gehen würde.
Und ich lächle im Dunklen dem Leben, wie wenn ich irgendein zauberhaftes Geheimnis [45] wüßte, das alles Böse und Traurige Lügen straft
und in lauter Helligkeit und Glück wandelt. Und dabei suche ich selbst
nach einem Grund zu dieser Freude, finde nichts und muß wieder
lächeln – über mich selbst. Ich glaube, das Geheimnis ist nichts anderes
als das Leben selbst; die tiefe nächtliche Finsternis ist so schön und
weich wie Sammet [46], wenn man nur richtig schaut; und in dem Knir-
schen des feuchten Sandes unter den langsamen schweren Schritten
der Schildwache singt auch ein kleines schönes Lied vom Leben – wenn
man nur richtig zu hören weiß. (…)

aus: Rosa Luxemburg; Briefe aus dem Gefängnis, Dietz Verlag Berlin, 1987, S. 82–84

B

*Freiheit: Der Mensch ist dann frei, wenn er es gelernt hat, in jeder
schwierigen Situation allein zu handeln – sich nicht von anderen
beeinflussen zu lassen. Das lernt man am besten, wenn man seine
Grenzen kennen lernt, indem man sich extremen Situationen
aussetzt:*

Der Spinnenmann

Thomas Bubendorfer ist selbst Extremkletterern zu extrem – und zu
erfolgreich. Jetzt wagt der österreichische Kraxler [47] das Unmögliche:
die Ostwand des Mount McKinley in Alaska. Wie immer ganz allein
und ohne Seil.

Sein jüngster großer Alleingang führte ihn auf den Sattelkopf. Das war
am Vormittag des 18. Oktober vergangenen Jahres. 500 Meter hohe
Wände, schwarz und drohend, die sich aus der Senkrechten wegbiegen
und leicht überhängen. Griffe, schmal wie Fensterleisten. Darüber der
saubergefegte Tiroler Föhnhimmel. Mittendrin im Fels Thomas Bubendorfer. Ein monströser Kamin, den er hinaufspreizen musste. Bubendorfer, zwergenklein und verletzlich – in seiner weißen Kletterhose, dem
roten Pullover und am Gurt den Magnesiumbeutel. Die Füße in haut-
enge Spezialschuhe gezwängt. Kein Seil, kein Haken, kein Rucksack.
Thomas Bubendorfer, free solo.

500 Meter Wand. Ein Bergführer aus der Region sagte: „Es ist der
Wahnsinn. Aber wenn's einer kann, dann der Thomas."

Natürlich hat er es geschafft. Mit einer tänzerischen Leichtigkeit
ging Bubendorfer die Senkrechte hoch. Er hob einfach ab. Und hievte
sich eine dreiviertel Stunde später auf den schwindelsteilen Grat, als
sei das alles nichts gewesen. Nur beim Abstieg fror er zum Schluss ein
bisschen. Danach fiel Bubendorfer in ein tiefes Loch [48]. Alle Energie
hatte ihn verlassen, er wusste nicht, was er denn noch irgendwo zu
suchen habe. Er fühlte sich unendlich träge. Diesen Zustand kennt
er. Wenn er ein großes Vorhaben verwirklicht hat, folgt erst mal die
große Leere. Alles hat seinen Preis.

47 -r Kraxler (süddeutsch): -r Bergsteiger

48 er fiel in ein tiefes Loch (hier: ein
symbolischer Sturz):
in ihm war eine Leere, er war etwas
depressiv

Thomas Bubendorfer aus dem österreichischen Sankt Johann im Pongau ist ein ungeliebter Star in der deutschsprachigen Szene der Extremkletterer. Die Kollegen mögen ihn nicht, weil er sich blendend verkauft – und weil er sich nicht mit ihnen gemein macht[49]. Sie spüren, dass Bubendorfer ihnen bei seinem (auch gegen sich selbst) rücksichtslosen Alleingang ein ganzes Stück enteilt ist. Da geht es nicht mehr nur ums Klettern. Als er sein neues Buch „Senkrecht gegen die Zeit" vorstellte, haben die Kameraden aus der Zunft vor Zorn geschäumt. Es passt ihnen nicht, dass er Philosophie mit Sport verbindet. Sie empfinden seinen Anspruch an sich selbst als vermessen und können es nicht verwinden, dass er nicht zu ihnen gehören will. „Mir geht es nicht um die Kletterei als solche. Dass ich das mache, ist eher ein Zufall. Ich könnte ebenso gut als Schriftsteller oder Pianist meine Grenzen suchen."

„Der Mensch ist allein", sagt er. „Das Risiko liegt in mir, ich muss mich dem stellen. Mein Urzustand ist doch der eines Solisten. Alle schwierigen Entscheidungen muss ich selbst treffen. Letztlich hilft da auch der beste Freund nicht. Treffe ich die falsche Wahl, habe ich die falsche Frau am Hals und den falschen Job. Also muss ich die Verantwortung voll übernehmen."

Er will nichts mit den Leuten zu tun haben, die „sich dieser Erkenntnis verschließen. Die nicht mehr allein leben können und sich in Zerstreuung flüchtigen". Bubendorfer bereitet sich auf die Einsamkeit ohne Netz und doppelten Boden vor, indem er die Zivilisation flieht. Gerade hat er sich wieder einen Monat lang in eine Hütte bei Sankt Moritz zurückgezogen. Er trainierte, ernährte sich von Tee, Obst und Vollkornbrot – er ließ keinen Menschen an sich ran, las und las und las. Und dachte an sein nächstes großes Solo.

Diesmal will er in Alaska die Ostwand des 6187 Meter hohen Mount McKinley überwinden. Free solo. Das hat vor ihm noch niemand gemacht, wahrscheinlich noch nicht einmal daran gedacht. Er wird sich in der Eiskälte dieses gefürchteten Berges „höllisch schnell" fortbewegen müssen. Natürlich ist der Versuch lebensgefährlich, aber Bubendorfer verarbeitet Zweifel mit Logik. „Ich kenne meine Fähigkeiten und schaffe die angemessene Logik für den Gipfelversuch. Manchmal fragen mich Leute, ob ich denn keine Angst habe loszulassen. Schmarrn[50]: Warum sollte ich? Ein Autofahrer lässt bei 180 auf der Autobahn das Lenkrad auch nicht los."

Seine Mutter meint, es sei langsam genug. Schließlich ist er schon 32, hat alle wichtigen alpinen Wände im Alleingang bestiegen und sich dadurch Wohlstand und Ruhm in der Branche geschaffen. Einmal ist er bei einem Sturz dem Tod von der Schippe gehüpft und eine Scheidung hat ihm die Kletterei auch schon eingebracht. Ob der Bub denn nicht irgendwann mal halblang machen könne[51]?

Ach, Mutti, sagt er dann und zeigt ihr ein Foto von der Ostwand, durch die er sich in diesen Tagen mühen will. „Ist das nicht ein herrlicher Berg? Verstehst du nicht, dass ich da 'nauf[52] muss? Ich kann nicht anders." Und dann zieht er los. Free solo.

Detlef Vetten, ZEITmagazin

49 weil er sich nicht mit ihnen gemein macht: weil er nichts mit ihnen zu tun haben will

50 -r Schmarrn: -r Quatsch

51 mal halblang machen (ugs.): etwas ruhiger leben, weniger aktiv sein

52 'nauf = hinauf

„Es geht nicht" geht nicht!

1 Ein Thema vorbesprechen

1.1

Setzen Sie sich in kleinen Gruppen (3–4 Schüler) zusammen und sprechen Sie über die folgenden Fragen – dabei soll jeder Gruppenteilnehmer über seine Erfahrungen berichten. Machen Sie sich Gesprächsnotizen, damit Sie anschließend den anderen Mitschülern über Ihre Gespräche berichten können.

a. Waren Sie einmal wütend, weil Menschen gegen offensichtliches Unrecht nichts getan haben?

b. Haben Sie erlebt, dass Menschen politisch etwas erreicht haben, womit man vorher nicht rechnen konnte?

c. Haben Sie selbst – vielleicht zusammen mit anderen – etwas bewegt (verändert) – z. B. in Schule, Beruf, in einer Initiative?

d. Zitat aus einem Buch von und über die Umweltschutzorganisation Greenpeace:

Und ob das geht!
In der Hitliste der dümmsten Sprüche, die wir seit 15 Jahren immer wieder zu hören bekommen, steht das „es geht nicht" ganz oben. „Es geht nicht", aus der Chlorchemie auszusteigen, „es geht nicht", einen ökologisch einwandfreien Kühlschrank[1] zu bauen, „es geht nicht", ein Sparmobil[2] zu bauen … das ist alles Quatsch. Sie wollen nicht! Sie wollen nicht Rücksicht nehmen, sie wollen nicht umdenken und sie wollen sich nicht in Bewegung setzen. Hunderte Mal, auf dem Papier und in der Praxis, haben wir bewiesen, dass es geht. Jede Aktion ist ein Schlag gegen die Denkfaulheit und Bequemlichkeit der „es geht nicht"-Protagonisten.

Wer ist in diesem Zitat mit „sie" („Sie wollen nicht.") gemeint? Haben auch Sie den Satz „Es geht nicht" hören müssen, wenn etwas verändert / verbessert werden sollte? In welchem Zusammenhang?

1 ein ökologisch einwandfreier Kühlschrank:
   Ein Kühlschrank, der ohne ein die Ozonschicht gefährdendes Kühlsystem funktioniert
   – setzt sich z. B. in Deutschland seit Mitte der 90er Jahre durch.

2 -s Sparmobil (Sparautomobil):
   Auto mit geringem Treibstoffverbrauch (unter 4 Liter auf 100 Kilometer)

1.2

Was wissen Sie über so genannte „Non-Governmental Organizations (NGO)" (Organisationen, die nicht staatlich sind) wie zum Beispiel „Greenpeace", „Amnesty International" oder andere solcher Organisationen, die z. B. für die Menschenrechte und / oder den Umweltschutz eintreten?

Führen Sie ein „Brainstorming" durch und notieren Sie das Gesagte in Stichwörtern / Kurzsätzen auf einer Folie oder einem Poster. (Sie sollten diese Stichwörter später noch verwenden.)

1.3

Welche der folgenden Behauptungen sprechen für eine Berechtigung der Arbeit dieser Organisationen (NGOs), welche wenden sich gegen diese Organisationen?

a. „Wenn Recht zu Unrecht wird, ist Widerstand deine Pflicht!"

b. Ohne „zivilen Ungehorsam" (Formen des Widerstands wie Demonstrieren, Boykottieren, an Sitzblockaden teilnehmen usw.) gäbe es heute in vielen Ländern weniger Demokratie.

c. Der Staat sollte „Herr im eigenen Hause" bleiben – sonst geht vieles drunter und drüber.

d. Der Bürger in den meisten Staaten hat heute die Möglichkeit seine Volksvertreter ins Parlament zu wählen. Dabei hat er – in vielen Demokratien – die Wahl zwischen liberalen, „grünen", konservativen, sozialistischen, sozialdemokratischen und rechts- / linksorientierten Parteien. Von daher könnte man in diesen Staaten auf NGOs verzichten.

e. Auch demokratische Staaten brauchen Impulse / Denkanstöße von außen.

f. NGOs helfen Reformen und Verbesserungen zum Wohle der Allgemeinheit durchzusetzen. Sie dienen dazu, aus einem Kessel mit kochendem Wasser Dampf abzulassen, damit der Deckel nicht vom Topf fliegt.

g. Steter Tropfen höhlt den Stein. (Sprichwort)

2 Mit Wörtern arbeiten

Welche dieser Begriffe lassen sich der Arbeit einer Umweltschutzorganisation, welche einer Menschenrechtsorganisation, welche einer
medizinischen Hilfsorganisation und welche mehreren (oder allen)
beziehungsweise keiner dieser Organisationen zuordnen?

-r Träumer ◆ Spenden sammeln ◆ einen Skandal aufdecken ◆
-r Abenteurer ◆ -r Treibhauseffekt ◆ Arbeit in Krisengebieten ◆
Gefangenen helfen ◆ fachliche Kompetenz ◆ -e Folter ◆ -e Teamfähigkeit ◆ -e Gedankenfreiheit ◆ -e Flexibilität ◆ -e Religionsfreiheit
◆ rund um die Uhr beschäftigt sein ◆ -r Kampf gegen die Todesstrafe ◆
sich wehren gegen jmdn./etwas ◆ Gewalt anwenden ◆ -r unentgelt-
liche Hilfsdienst ◆ -r Optimismus ◆ -r Arbeit in Elendsgebieten ◆
Unterschriftensammlungen durchführen ◆ Protestbriefe schreiben ◆
-r Weltverbesserer ◆ kämpfen gegen jmdn./etwas ◆ -r Idealismus ◆
dem technischen Fortschritt misstrauen ◆ Epidemien bekämpfen ◆
vom Aussterben bedrohte Tiere schützen ◆ motiviert sein anderen zu
helfen ◆ sich um die Trinkwasserversorgung kümmern ◆ -e Gefährdung
(des Trinkwassers) ◆ eine Herausforderung annehmen ◆ eine Kampagne
gegen jmdn. führen ◆ keine Regierung der Welt fürchten ◆ Widerstand
leisten gegen etwas/jmdn. ◆ aufbegehren gegen jmdn.

Menschenrechtsorganisation	Umweltschutzorganisation	Medizinische Hilfsorganisation

3 Mit Texten arbeiten: Einen Text vorstellen

3.1

Bilden Sie Arbeitsgruppen mit 3–5 Mitlernern. Wählen Sie einen der
Texte A, B, C. Lesen Sie gemeinsam in Ihrer Gruppe den Text.

Achten Sie beim Lesen auf folgende Leitfragen:
- Welche Fakten (Zahlen, statistische Angaben) über die Organisation
  stehen im Text?
- Wie arbeiten diese Gruppen? Wie sehen ihre Strategien aus?
- Über welche Beispiele von Aktionen dieser Organisationen wird
  berichtet?

Unterstreichen Sie beim Lesen mit drei unterschiedlichen Farbstiften Textstellen, in denen Sie Angaben zu den drei Fragen finden.

Text A

Helfer, die gebraucht werden: Ärzte für die Dritte Welt
(Christopher Schwarz, FAZ-Magazin, Heft 715, 12. 11. 1993)
(…)

Sechs Wochen unentgeltlicher Hilfsdienst bei den „Ärzten für die Dritte Welt" im Slum von Shibpur, mitten in Howrah, dem größten Elendsgebiet der Zwölfmillionenstadt Kalkutta. Warum der Professor der Chirurgie seinen Jahresurlaub lieber in Kalkutta verbringt als im Club Méditerranée? Abenteuerlust ist es nicht, erst recht kein Dritteweltverbessertum[3]. Eher schon der Wunsch, dem Kranken auf andere Weise zu begegnen, den einzelnen Menschen wieder zu finden, den die Medizin hierzulande oft vor lauter Apparaten und Laborbefunden aus den Augen verliert. Der Klinikchef (…) misstraut dem technischen Fortschritt in der Heilkunst. Kalkutta – eine Gegenwelt zum täglichen Routine- und Reparaturdienst in der Klinik? Der Einsatz in den Slums eine Chance, zu den Wurzeln des ärztlichen Berufs zurückzukehren?

(…)

Shibpur ist einer von mehr als dreitausend Slums. Jeder dritte Einwohner Kalkuttas kann von Glück sagen, wenigstens ein Slumdach über dem Kopf zu haben. Hunderttausende leben – und sterben – auf der Straße. Nach der Abtrennung Ostbengalens, des heutigen Bangladesh, im Jahr 1947, strömten sechs Millionen Menschen in die westbengalische Metropole. Missernten, Überschwemmungen, Arbeitslosigkeit oder Enteignung trieben Massen von Landflüchtlingen in diese Stadt, die kaum noch die eigene Bevölkerung ernähren konnte, deren Kanalisation und Wasserversorgung gerade für eine Million Menschen gedacht waren und deren Straßen noch aus dem vergangenen Jahrhundert stammen. Millionen von Menschen, auf engstem Raum zusammengepfercht. Berge von Müll, die nicht nur Hunde, Kühe und hungernde Obdachlose anzogen, sondern auch Ungeziefer aller Art. Howrag wurde zur Brutstätte von Epidemien, Kalkutta zum Inbegriff einer sterbenden Stadt – und war doch nicht totzukriegen.

(…)

Wer hier krank wird, kann sich keinen Arztbesuch leisten, erst recht kein Bett im Krankenhaus. Die Armen drängen sich schon frühmorgens im schmalen Treppenhaus der German Doctors. Die meisten sind junge Mütter, sechzehn, siebzehn Jahre alt, zerbrechliche Wesen, die sich und ihrem Baby mit der Krankenkarte Luft zufächeln. (…) Daneben die Medikamentenausgabe: Schmerzmittel, Antibiotika, Magen-Darm-Präparate, Mittel gegen Pilzerkrankungen, Vitamine, Lebensmittelpakete, Milchersatz – das Wichtigste steht bereit.

Hinter der Trennwand ein Tisch mit einer Waage. Die meisten Säuglinge sind fehl- oder unterernährt. Vitaminmangel und parasitäre Erkrankungen, die viele Ärzte in Deutschland nur noch aus dem Lehrbuch kennen, begegnen den German Doctors in Kalkutta zuhauf.

(…)

Husten, Asthma, Bronchitis – die Atemwege erkranken unweigerlich, wo die Abgase schwer über der Stadt liegen. Lungenentzündung und Tuberkulose lauern.

(…)

3 -s Drittweltverbesserertum:
   bereits der Begriff „Dritte Welt" ist
   umstritten – gemeint sind die ärmsten
   Länder der Erde, wobei die „Degra-
   dierung" zur Dritten Welt eine sehr
   negative Bewertung ist;
   Weltverbesserer:
   Menschen, die zu wissen meinen,
   wie andere Länder ihre Politik gestalten
   sollten

Eine Mutter, anämisch, fiebriger Blick, sie wiegt gerade achtundzwanzig Kilo, kann sich auf der Liege nicht mehr halten und kippt zur Seite.

(…)

Die kranke Stadt am Seitenarm des Ganges, die zu ersticken droht an ihrem Gestank, strotzt zugleich vor Leben[4]. An der G. T. Road tobt am frühen Morgen der Verkehr: Busse, Taxis, Handkarren, Rikschas, die immer dann auftauchen, wenn der Fußgänger nicht mit ihnen rechnet, die Fahrer mit der Hand auf der Hupe, ein unentwegter[5] Waren-, Menschen- und Maschinenstrom. Kinderhände, die sich dem Fremden entgegenstrecken, nicht um ein paar Rupien zu ergattern[6], sondern einfach um ihn zu berühren oder ein bißchen zu foppen[7]. Immer wieder: How are you? What's your name?[8] Junge Mädchen, die scheu und zugleich neugierig herüberschauen, die zurücklachen und die Köpfe zusammenstecken, wenn man sie anlacht. Junge Männer, fast noch Kinder, die auf der Baustelle Zement anrühren für das nächste Stockwerk.

4 Kalkutta strotzt vor Leben:
   Kalkutta ist „übervoll" mit Leben / Kalkutta ist eine sehr lebendige, kraftvolle, pulsierende Stadt
5 unentwegt: unaufhörlich, pausenlos, endlos
6 Rupien:
   indische Münzen (Hargeld)
   Rupien ergattern; hier:
   um ein paar Rupien betteln
7 jmdn. foppen:
   jmdn. ein bisschen ärgern, an der Nase herumführen
8 How are you? (engl.): Wie geht's?

Die Menschen hinter Ärzte ohne Grenzen

Jährlich entscheiden sich mehr als 2.500 Menschen aus 45 Nationen in einem Projekt von Ärzte ohne Grenzen zu arbeiten. Ihre Motivation ist dabei eher unterschiedlich, doch eines ist sicher: Für Träumer und Abenteurer ist bei Ärzte ohne Grenzen kein Platz, denn die Arbeit in Krisengebieten erfordert neben fachlicher Kompetenz, Teamfähigkeit und Flexibilität auch einen gesunden Menschenverstand. Wir haben unsere Mitarbeiter/innen gefragt, warum sie sich für Ärzte ohne Grenzen engagieren und welche Erfahrungen sie gemacht haben.

Dr. Maria Overbeck, 40 Jahre, Anästhesistin
Einsatz in Sri Lanka

Das Krankenhaus in Kilinochchi, im Norden Sri Lankas, war das einzige im Rebellengebiet. Während meines Einsatzes war die Situation sehr angespannt. Kilinochchi wurde selbst zwar nicht bombardiert, aber wir hatten jede Woche mehrere schwer verletzte Zivilisten aus der unmittelbaren Umgebung. Nach solchen Angriffen waren wir rund um die Uhr beschäftigt. Ansonsten haben wir überwiegend „normale" Patienten versorgt: Kinder, die aus Mangobäumen fallen und sich dabei die Arme brechen, Erwachsene, die sich verletzen sowie viele geburtshilfliche Operationen. Trotz der starken Belastung haben wir uns im Team sehr gut verstanden.

Andreas Bünder, 27 Jahre, Logistiker
Projekte im Südsudan und Uganda

Sudan: Angefangen hat alles vor zwei Jahren, als ich während einer Asienreise Mitarbeiter von Ärzte ohne Grenzen in Tibet kennen lernte. Ich war von ihrer Arbeit begeistert und habe mich nach meiner Rückkehr sofort beworben. Nach einem Vorbereitungskurs erhielt ich dann das Angebot, für acht Monate als Logistiker im Südsudan zu arbeiten. Das kleine Dorf Duar, am oberen westlichen Nil, hat normalerweise nur rund 800 Einwohner, aber je nach Jahreszeit kommen zusätzlich zwischen 500 und 3000 Patienten mit ihren Familien hierher. Viele leiden an Kala-Azar – eine bei uns fast unbekannte Parasitenkrankheit, die von Sandfliegen übertragen wird und ohne Behandlung sehr schnell zum Tod führt. Als Handwerker war ich für alle nicht-medizinischen

Dinge verantwortlich, wie z. B. für den Bau von kleinen Kliniken und Unterkünften sowie für die Trinkwasserversorgung. Die Menschen, die in Duar leben, haben mich immer wieder erstaunt: Jeder Einwohner hat mehr als die Hälfte seiner Freunde und Familie durch die Kala-Azar-Epidemie verloren, und trotzdem haben sie ihren Lebensmut nicht verloren. Die Arbeit mit ihnen und meinem kleinen internationalen Team – irgendwo „in the middle of nowhere", war in jeder Hinsicht eine Herausforderung und eine Erfahrung, die ich nicht missen möchte.

Text B

Greenpeace International

Anfänge. Als der kanadische Sozialarbeiter Bill Darnell 1971 den Namen Greenpeace kreierte, konnten weder er noch seine Mitstreiter ahnen, dass sie den Grundstein für eine internationale Organisation legten, die 25 Jahre später über Büros in 32 Ländern verfügt, fast 100 hauptamtliche Mitarbeiterinnen und Mitarbeiter beschäftigt und weltweit von mehr als 5 Millionen Spendern finanziell unterstützt wird.

Internationale Probleme waren von Anfang an das Thema von Greenpeace. Die erste Greenpeace-Aktion, im Herbst 1971, richtete sich gegen US-amerikanische Atomtests vor der Küste Alaskas. Die Protestfahrt der Greenpeace-Gruppe mit der *Phyllis Cormack*, einem gecharterten Fischkutter, litt unter vielen Widrigkeiten: Es gab Probleme mit der Technik des Schiffes, Unklarheiten über den Zeitpunkt des angekündigten Atomtests, heftige Stürme sowie schließlich die Beschlagnahme des Schiffes. Als die Bombe am 6. November 1971 gezündet wurde, war die Greenpeace-Gruppe mit dem damals eilends beschafften Ersatzschiff *Greenpeace Too* noch über 1.000 Kilometer vom Tatort entfernt. Aber der Greenpeace-Initiative war es gelungen, sich innerhalb der Protestbewegung gegen die Atomtests mit einer eigenen Stimme bemerkbar zu machen. Der politische Erfolg des Proteststurms war beachtlich: Die USA stellten die Atomtest-Serie vor den Aleuten für immer ein.

1972 lernte die Greenpeace-Gruppe aus Vancouver über eine Zeitungsanzeige David McTaggart kennen, der mit seiner Yacht *Vega* vor Neuseeland lag. McTaggart bot den Greenpeacern an, gemeinsam in das Gebiet des Moruroa-Atolls zu fahren, in dem das französische Militär eine Reihe oberirdischer Atombombentests durchführen wollte. Die Aktion der *Vega* brachte für das französische Militär unangenehme Verzögerungen der Atomversuche.

Die zweite Protestfahrt der *Vega* zum Moruroa-Atoll machte die Greenpeace-Gruppe 1973 weltweit bekannt. Ein Sonderkommando der französischen Kriegsmarine überfiel im Schutz des französischen Minenräumers *La Dunkerquoise* die Greenpeacer, schlug sie brutal zusammen und warf ihre Kameras über Bord – Aufnahmen dieser Gewalttat, die Ann-Marie Horne heimlich gemacht hatte, erschienen später in der internationalen Presse. Auch dieser Greenpeace-Einsatz führte zu einem wichtigen Teilerfolg: 1974 gab Frankreich bekannt Atombombentests in Zukunft nur noch unterirdisch durchzuführen.

1974 entschied die Greenpeace-Gruppe in Vancouver nach hartem internen Ringen, sich neben dem Kampf gegen die Atomversuche auch dem Schutz der Wale zu widmen. Ein Jahr später liefen die *Phyllis Cormack* und die *Vega* aus, um unter großem Beifall der Öffentlichkeit vor der kalifornischen Küste gegen sowjetische Walfänger zu protes-

tieren. Bilder von Greenpeacern in Schlauchbooten, die sich zwischen
Harpunenkanonen und Wale stellten, gingen um die Welt.

Greenpeace Deutschland

Die erste selbstgesteuerte Kampagne startete Greenpeace Deutschland
ein gutes halbes Jahr nach der Blockade des Säureschiffes von Norden-
ham, bei der die Holländer sich noch an der Vorbereitung und Ausführung beteiligt hatten.

(...)

Fast ein halbes Jahr intensivster Beratungen und harten Trainings lag
hinter ihnen, als die Greenpeacer am Morgen des 24. Juni 1981 in einem
harmlos wirkenden VW-Pritschenwagen vor dem Werkstor der Chemie-
firma Boehringer in Hamburg anhielten. „Guten Morgen", wünschte der
Fahrer dem Pförtner und zeigte ihm kurz einen Lieferschein durch das
heruntergekurbelte Seitenfenster.

Der Wachmann warf einen Blick darauf und las den Namen der Firma,
die den Zettel ausgestellt hatte. „Friedmann Grün" hieß der obskure[9]
Lieferant. Der Pförtner winkte das Fahrzeug durch und die chemische
Fabrik erhielt die wohl merkwürdigste Anlieferung ihrer Firmengeschich-
te. Der Transporter steuerte zielsicher durch das Gelände und parkte vor
dem rund dreißig Meter hohen Schornstein.

Zwei Männer, in Ölanzügen verpackt und mit Gasmasken, Hand-
schuhen und Messgeräten ausgerüstet, begannen den Schlot zu er-
klimmen[10]. Die Schornsteinbesteiger, es waren Harald Zindler und Peter
Krichel, entnahmen aus dem Rauchgas Proben. Von unten wurden
sie dabei nicht nur von dem inzwischen herbeigeeilten Werkschutz beobachtet. Fotografen und schreibende Journalisten waren auf der ver-
deckten Pritsche[11] mitgefahren sowie zwei Kamerateams vom Nord-
deutschen Rundfunk (NDR) und vom Zweiten Deutschen Fernsehen
(ZDF).

Harald und Peter richteten sich in der luftigen Höhe ein. Mit Kara-
binerhaken, wie sie von Bergsteigern benutzt werden, sicherten sie sich
gegen einen Absturz. Die Hängematte, in der sie übernachten wollten,
riss entzwei. Umsichtigerweise hatten die beiden aber Bretter mit nach
oben genommen. Die Bohlen legten sie auf die Bügel, die im Abstand
von wenigen Metern die Schornsteinleiter überspannten, und besäßen
so zwei schmale Plattformen, auf denen es sich aushalten ließ.

Nach der Probeentnahme hatten die Greenpeacer ein langes Trans-
parent entrollt mit der Botschaft nordamerikanischer Indianer an den
weißen Mann: „Erst wenn der letzte Baum gerodet, der letzte Fluss vergiftet, der letzte Fisch gefangen, werdet ihr feststellen, dass man Geld
nicht essen kann."

(...)

Im Umweltbereich – insgesamt ein kleines Segment des Spenden-
marktes – ist Greenpeace die mit Abstand finanzkräftigste Organisation.
1994 wurden in Deutschland 67 Millionen DM an Greenpeace gespendet. Das ist für sich genommen eine große Summe – im Verhältnis
zur Finanzkraft und zu den Werbeetats umweltschädigender Industrie-
zweige, z. B. Autoindustrie, erscheint sie allerdings als recht gering.

(...)

Vier- bis fünfmal im Jahr wendet Greenpeace sich mit einem „Aktionsbrief" an die Förderer sowie interessierte und potentielle Unterstützer,
im Jahr 1995 ca. 700.000 Menschen. In diesen Briefen, auch Mailings
genannt, werden die Angeschriebenen:

9 *obskur: merkwürdig, seltsam*

10 *-r Schlot:*
    sehr hoher Schornstein (z. B. einer Fabrik)
    einen Schlot erklimmen:
    auf einen Schlot hinaufklettern
11 *-e Pritsche:*
    Ladefläche eines Autos (eines Lastkraftwa-
    gens)

–   über ein Umweltthema und eine Greenpeace-Kampagne, z. B. die Gefährdung des Trinkwassers, informiert – aus Umfragen ist bekannt, dass ca. 60 – 70 Prozent der angeschriebenen Personen, ein vergleichsweise hoher Anteil, die Texte tatsächlich auch lesen;

–   aufgefordert in der präsentierten Frage (z. B. mit Postkarten oder Telefonanrufen) aktiv zu werden und die Greenpeace-Forderungen zu unterstützen;

–   gebeten (jedem Aktionsbrief liegt ein Zahlschein bei) Greenpeace finanziell zu unterstützen, um die Durchschlagskraft von Kampagnen zu erhöhen.

Text C

amnesty:
Die größte internationale Menschenrechtsorganisation

ai, *amnesty international*, was ist das? Wer spricht den Mann auf der Straße an genauso wie den mächtigen König und fürchtet auch keine Regierung eines Militärstaates, wenn es um die Menschenrechte geht? Die Gefangenenhilfsorganisation amnesty international ist die größte private Vereinigung, die für die Sicherung von Menschenrechten kämpft. Nach ihrer Satzung will die Organisation „ohne Rücksicht auf politische Erwägungen sowie frei von politischen und ideologischen Bindungen für die Freilassung und für die Unterstützung von Menschen arbeiten, die unter Missachtung der Menschenrechtsdeklaration der Vereinten Nationen verhaftet, gefangen, auf andere Weise physischem Zwang ausgesetzt oder Freiheitsbeschränkungen unterworfen sind".

Artikel 5: Niemand darf der Folter oder grausamer, unmenschlicher oder erniedrigender Behandlung oder Strafe unterworfen werden.

Artikel 9: Niemand darf willkürlich festgenommen, in Haft gehalten oder des Landes verwiesen werden.

Artikel 18: Jeder Mensch hat Anspruch auf Gedankenfreiheit, Gewissensfreiheit und Religionsfreiheit.

Freilich, diese „Allgemeine Erklärung der Menschenrechte" ist kein Gesetz, sondern nur eine Empfehlung der Vereinten Nationen an alle Länder der Welt. Die UNO kann keine Gesetze erlassen. Ob aber der Mensch damit rechnen kann, dass seine Rechte beachtet werden, hängt ganz von dem Staat ab, in dem er lebt.

(...)

Die Schwerpunkte der Arbeit von ai:

1. Gefangenenarbeit
2. Kampf gegen die Folter
3. Kampf gegen die Todesstrafe

In ihrer Arbeit für Gefangene bemüht sich ai um die so genannten politischen Gefangenen. Darunter versteht man Menschen, die ihrer Freiheit beraubt wurden, weil sie kein anderes Verbrechen begangen haben, als eine Überzeugung zu vertreten oder eine Meinung zu äußern, die nicht die offizielle im Staate ist. Voraussetzung für eine Betreuung ist aber, dass der Verhaftete Gewalt „weder angewendet noch befürwortet hat".

Aber, so fragt man sich, wie kann eine Gruppe das erreichen, wie kann sich eine Hand voll von Menschen durchsetzen gegen eine Regierung? Die Antwort ist so einfach, dass sie auf den ersten Blick kaum Erfolg verspricht.

Die Gruppe schreibt Briefe an die Behörden des Landes, in dem der betreute Häftling im Gefängnis sitzt, an das Staatsoberhaupt, an Minister, Botschafter, Polizeipräsidenten, Richter, Gefängnisdirektoren. Sachliche, höfliche Briefe ohne Entrüstung, ohne Vorwürfe und Drohungen, in denen meist nur um einen fairen Prozess vor einem ordentlichen Gericht mit echten Verteidigungschancen oder aber um Entlassung aus der Haft, Hafterleichterung oder Haftverkürzung gebeten wird, vor allem auch immer darum, dass der Gefangene nicht gefoltert wird.

Erscheint es nicht vermessen anzunehmen, dass Regierungen auf diese Briefe reagieren, gehört nicht eine gute Portion Optimismus und Idealismus dazu, an einen Erfolg zu glauben? „Damit der Erfolg so groß wie möglich ist, muss der Druck, den wir auf die Regierungen ausüben, so groß wie möglich sein." sagt ai. Und Briefe, immer wieder Briefe, das bedeutet Druck. Der Regierungschef, der Minister, der Polizeipräsident oder an wen sonst die Briefe gerichtet sind, wird immer wieder an den Gefangenen, an die Verletzung der Menschenrechte erinnert. Wenn sich die Briefe häufen, kann er nicht mehr darüber hinwegsehen. Er weiß, ai steht dahinter. Das schadet dem Ansehen seines Landes, seine Regierung gerät in Verruf. Der Dorn sitzt im Fleisch.

(…)

Ein Beispiel:

Julio de Penez Valdar, ein Gewerkschaftsführer, der in der Dominikanischen Republik nackt in einen Kerker gesperrt worden war, beschrieb Jahre später, was passierte, als Amnesty-Mitglieder begannen, Briefe an seine Gefängniswärter zu schreiben:

„Als die ersten zweihundert Briefe kamen, gaben die Wachen mir meine Kleider zurück. Dann kamen die nächsten zweihundert Briefe und der Gefängnisdirektor wollte mich sehen. Als der nächste Stoß Briefe ankam, setzte sich der Direktor mit seinem Vorgesetzten in Verbindung. Immer mehr und immer mehr Briefe trafen ein: dreitausend. Der Präsident wurde informiert. Noch mehr Briefe kamen und der Präsident rief im Gefängnis an, sie sollten mich gehen lassen. Nachdem man mich freigelassen hatte, rief mich der Präsident in sein Büro zu einem persönlichen Gespräch. Er fragte: ‚Wie kommt es, dass ein Gewerkschaftsführer wie Sie so viele Freunde auf der ganzen Welt hat?' Er zeigte mir eine riesige Kiste voller Briefe, die er bekommen hatte, und als wir auseinander gingen, schenkte er sie mir. Ich habe sie heute noch."

Eine außerordentliche Aktion und ein anderes, typisches Beispiel für die Arbeitsweise von ai ist die Aktion für die „Gefangenen des Monats". Es ist eine Postkartenkampagne, ein diskreter, aber doch energischer Protest. Drei Gefangene, drei besonders schwer wiegende Fälle werden ausgewählt: Das Internationale Sekretariat in London teilt sie den Sektionen in aller Welt mit. Und schon trifft bei den Regierungen der Länder, in den Gefängnissen eine Lawine von Postkarten aus allen Teilen der Welt ein, auf denen höflich und sachlich zu lesen ist: Wir kennen den Mann, wir kennen die Frau, wir wissen, wie es ihnen ergeht. Wir protestieren im Namen der Menschenrechte.

Heute ist ai in fast 100 Ländern vertreten. Über 2.000 Gruppen arbeiteten im Jahre 1977 für 4.500 Gefangene in 116 Ländern.

3.2

– Notieren Sie stichwortartig die statistischen Angaben zu der
   Organisation.
– Notieren Sie Stichwörter zur Arbeitsweise der Organisation.
– Notieren Sie Stichwörter zu einer der Aktionen.

3.3

Nehmen Sie anschließend an einer „Informationsmesse" zum Thema
„Non-Governmental Organizations" teil: Jeweils eines Ihrer Gruppenmitglieder bleibt an seinem „Messestand" und stellt anderen Mitschülern „seine" Organisation vor.
Gehen Sie zu den anderen „Messeständen" und lassen Sie sich die
beiden anderen Organisationen vorstellen.

3.4

Diskutieren Sie nun mit der ganzen Lernergruppe die Frage:
Welche dieser Organisationen ist wohl die wichtigste?

4 Mit Wörtern arbeiten

4.1

Nennen Sie synonyme Begriffe:

a. kein Dach über dem Kopf haben
b. eine *Hand voll* von Menschen
c. sich keinen Arztbesuch *leisten* können
d. Den Ärzten *begegnen* auch sehr seltene Krankheiten.
e. Niemand darf *willkürlich* festgenommen werden.
f. Drei besonders *schwer wiegende* Fälle werden ausgewählt.
h. Greenpeace wollte sich mit dieser Aktion innerhalb der Protest-
    bewegung *bemerkbar machen*.
i. Die Bilder *gingen um die Welt*.
j. rund um die Uhr beschäftigt sein
k. Im Team haben wir uns sehr gut *verstanden*.
l. Straßen, die noch aus dem vergangenen Jahrhundert *stammen*.
m. Medikamente, Vitamine, Nahrungsmittel – *das Wichtigste
    steht bereit*.
n. Sechs Million Menschen *strömten* nach Kalkutta.

4.2

Ergänzen Sie die „Wortfamilien" – *Achtung:* Nicht immer gehört zu einer
Wortfamilie ein Substantiv und ein Adjektiv und ein Verb!

Beispiel:
kämpfen für etwas – der Kämpfer / die Kämpferin – der Kampf –
kämpferisch

a.   sich engagieren   _____
b.   der Einsatz   _____
c.   begeistert   _____
d.   das Erstaunen   _____
e.   verlieren   _____
f.   die Unterstützung   _____
g.   empfehlen   _____
h.   gefangen   _____

4.3

Ergänzen Sie die fehlenden Präpositionen:

a.   etwas stammt _____ dem vergangenen Jahrhundert
b.   eine Regierung ist _____ Verruf geraten
c.   _____ etwas hinwegsehen
d.   sich _____ einen anderen Menschen einsetzen
e.   eine Aktion, die sich _____ Atomtests richtet
f.   sich dem Kampf _____ Atomversuche widmen
g.   einen Brief _____ eine Regierung richten
h.   _____ etwas begeistert sein
i.   Anspruch haben _____ etwas
j.   _____ der Haft entlassen werden
k.   bitten _____ etwas
l.   _____ jemanden Druck ausüben
m.   sich _____ jemanden einsetzen
n.   _____ einem Projekt mitarbeiten
o.   ein Dorf _____ Nil
p.   sie hatten Probleme _____ diesem Schiff

4.4

Verbinden Sie Nomen und Verb:

Gewalt	ausüben auf jemanden
Patienten	vertreten
ein Gesetz	äußern
eine Meinung	versorgen
in Verruf	anwenden
einen Anspruch	an jemanden richten
Briefe	reagieren
auf einen Brief	haben auf etwas
seine Überzeugung	geraten
an den Erfolg	erlassen
Druck	glauben

a. „Erst wenn der letzte Baum gerodet, der letzte Fluss vergiftet, der letzte Fisch gefangen, werdet ihr feststellen, dass man Geld nicht essen kann."

Was halten Sie von diesem Satz?

Hilfen beim Diskutieren:
– Da ist etwas Wahres dran …
– Hier sind Probleme sehr vereinfacht dargestellt …
– Dieser Spruch gefällt mir sehr / überhaupt nicht – und zwar deshalb weil …

b. *„Erst holten sie die Juden und ich habe nichts gesagt – weil ich kein Jude war.*
Dann holten sie die Kommunisten und ich habe nichts gesagt – weil ich kein Kommunist war.
Dann holten sie die Gewerkschafter und ich habe nichts gesagt – weil ich kein Gewerkschafter war.
Dann holten sie mich – und es war keiner mehr da, der für mich hätte sprechen können."

Wer könnte dies gesagt haben – in welcher Situation?
Zu welcher Zeit? In welchem Land?

c. Die Partei der „Grünen" fordert in Deutschland eine drastische Erhöhung der Mineralölsteuer, so dass ein Liter Benzin mindestens 5–10 DM, vielleicht sogar 20 DM kosten würde.

Wie finden Sie diesen Vorschlag? Was spricht für ihn, was gegen ihn? Wofür könnte dieses zusätzliche Geld sinnvoll eingesetzt werden? Für wen hätte die Erhöhung der Mineralölsteuer die unangenehmsten Folgen?

Hilfen beim Diskutieren:
– Ich finde diesen Vorschlag unangemessen / unvernünftig / dumm / berechtigt / gerechtfertigt / unüberlegt / sinnvoll, denn …
– Ich sehe bei diesem Vorschlag einige Gefahren / Probleme: Erstens …; außerdem …; und was man auch beachten sollte: …
– Ich sehe bei diesem Vorschlag einige sehr positive Aspekte: …

d. Diskutieren Sie zunächst in Kleingruppen:
Welche der folgenden Widerstandshandlungen werden Ihrer Meinung nach zu Recht durchgeführt? Welche Handlungen sind

übertrieben oder sind Ihrer Meinung nach nicht rechtens?
Notieren Sie die Begründung Ihrer Meinung stichwortartig in die
rechte Spalte der Tabelle.

Aktionsart	Recht	Unrecht	Begründung
Tierbefreiung: Tierschützer befreien Tiere aus Versuchslaboratorien medizinischer Institute, um sie vor Tierversuchen zwecks Erprobung neuer Medikamente zu schützen.			
Eisenbahnschienen blockieren: Gegner der Atomenergie setzen sich auf Eisenbahnschienen, um Transporte von Atommüll aus Kernkraftwerken zu so genannten Zwischen- oder Endlagern, wo der Atommüll mehrere tausend Jahre lagern soll, bis seine Strahlung nachlässt, zu verhindern.			
Den Führerschein „schützen": Autofahrer ärgern sich, wenn die Polizei sie mit Radarüberwachung beim Übertreten der Geschwindigkeitsgrenze erwischt, denn dies hat unangenehme Folgen wie hohe Geldstrafen oder auch Führerscheinentzug. Ein Geschäftsmann bietet Geräte an, die eine Radarkontrolle verhindern. Dieser Geschäftsmann wirbt für sein Gerät mit dem Slogan „Freie Fahrt für freie Bürger".			
Fangnetze zerstören: Fischer beuten mit riesigen – fußballfeldgroßen – Netzen die Meere aus; die Folge: immer mehr Fischarten sterben aus. Für die Fischer ist es die einzige Möglichkeit, ihre Existenz zu sichern. Einigen Meeresschützern gelingt es, die Netze unter großen Gefahren zu beschädigen und den Fang zu verhindern.			

e. Tierschützer wollen verhindern, dass z. B. junge Robben auf grausame Weise getötet werden, damit Pelzhändler mit ihren Fellen viel Geld verdienen können.
Die Tierschützer …
–   … sammeln Unterschriften für ein Verbot von Kleidung, die aus Fellen hergestellt wird.
–   … beschimpfen Menschen, die Felle tragen.
–   … suchen Personen, die einen Pelzmantel tragen und besprühen dann den Pelzmantel mit Farbe.
–   … verwüsten Pelzgeschäfte.

Können Sie sich vorstellen, bei einer dieser Aktionen mitzumachen?

Jeweils ein Sprecher der Gruppe trägt die Gruppenmeinung zum ersten Fallbeispiel vor (später zum dritten, vierten usw.). Anschließend diskutieren Sie über die unterschiedlichen Meinungen und Argumente. Verwenden Sie dabei einige der folgenden Begriffe und Strukturen:

Unrecht:
– Das geht mir / uns zu weit.
– Dafür habe ich kein Verständnis.
– Das ist kriminell.
– Das ist übertrieben, denn …
– Diese Leute gehen zu weit.
– Dafür habe ich kein Verständnis, denn …
– Dieses Verhalten ist nicht gerechtfertigt, denn …

Recht
– Dafür habe ich volles / größtes Verständnis, denn …
– So zu handeln ist vollkommen berechtigt, …
– Das ist absolut richtig / gerechtfertigt, denn …
– Ich kann dieses Verhalten nur befürworten, denn …

„Unentschieden"
– Man kann dafür sicherlich Verständnis haben, aber …
– Ich bewundere diese Leute, aber …
– Vieles spricht dafür – einiges aber dagegen: …
– Wir konnten uns nicht auf eine einheitliche Meinung einigen. Die einen meinten …, die anderen …

6 Mit Wörtern arbeiten

6.1

Welche der folgenden Adjektive treffen Ihrer Meinung nach zu? Welche nicht? Ordnen Sie die Adjektive den Personen zu, die unter **5** genannt wurden:

„Tierbefreier"

- -

„Netzsaboteur"

- -

„Radarfallenkiller"

- -

„Pelzsprayer"

bewundernswert ◆ mutig ◆ leichtsinnig ◆ kriminell ◆ fanatisch ◆ rücksichtslos ◆ verrückt ◆ idealistisch ◆ unverschämt ◆ gemein ◆ vorbildlich ◆ egoistisch ◆ sympathisch ◆ …

Ursache und Folge

Bilden Sie Sätze nach folgendem Muster:
- Die meisten Menschen lehnen sich nicht gegen Unrecht auf.
  Dies kann eine Demokratie gefährden.
- Die meisten Menschen lehnen sich nicht gegen Unrecht auf, was
  eine Gefährdung einer Demokratie zur Folge haben kann.
- Wenn sich niemand gegen Unrecht auflehnt, hat dies eine Gefähr-
  dung einer Demokratie zur Folge.

a. Viele Menschen lernen nicht aus den Fehlern, die in der Vergangenheit gemacht wurden. Dies gefährdet eine friedliche Zukunft.

b. Die Menschen verschwenden die Ressourcen der Natur. Dies bringt
   das natürliche Gleichgewicht in Gefahr.

c. Im Jahre 1947 strömten sechs Millionen Menschen nach Kalkutta.
   Kanalisation und Wasserversorgung in der Stadt waren hoffnungslos
   überfordert.
   (Beginnen Sie den zweiten Satz mit „Als im Jahre 1947 …;
   das Substantiv zu „überfordern": -e Überforderung)

d. Millionen von Menschen mussten auf engstem Raum leben.
   Epidemien brachen aus.
   (Beginnen Sie den zweiten Satz mit „Weil Millionen …";
   Substantiv zu „ausbrechen": -r Ausbruch)

7 Rollenspiel: Redaktionssitzung

Der Fall:
Der dreißigjährige Jens F. – er selbst bezeichnet sich als militanter Tierschützer – ist in ein Tierversuchslabor einer Firma eingebrochen, die
an Affen neue Kosmetika, aber auch neue Medikamente testet. Die Affen
werden zum Teil dort grausam gequält: Beispielsweise erblindeten acht
Affen, nachdem bei ihnen die Verträglichkeit einer neuen Kontaktlinsen-
reinigungsflüssigkeit getestet wurde.

Jens wurde bei diesem Einbruch von der Polizei festgenommen;
die Polizei war durch eine Alarmanlage auf den Einbruch aufmerksam
geworden.

Zwei Freunde, die ebenfalls bei diesem Einbruch mitmachten, konnten
unerkannt entkommen. Jens hat ihre Namen der Polizei nicht mitgeteilt.
Die drei jungen Leute hatten vor, 14 Affen aus diesem Labor zu „ent-
führen" und bei Freunden in einer anderen Stadt, die ein Bauernhaus
mit einem sehr großen Grundstück besitzen, unterzubringen.

Acht Monate später steht Jens vor Gericht.

Führen Sie nun die Redaktionssitzung zur „Berichterstattung" über die Gerichtsverhandlung durch.
Bereiten Sie sich darauf folgendermaßen vor:

a. Entscheiden Sie sich in dieser Sitzung, aus wessen Sicht Sie Ihren Artikel schreiben wollen und warum.
   – Jens
   – Besitzer der Firma
   – Verteidiger
   – Staatsanwalt
   – Medizinischer Gutachter
   – Journalist

b. Überlegen Sie gemeinsam, wer welche Argumente anführen könnte und wie sie aus der Sicht der gewählten Personen formuliert werden sollten.

Nach der Gerichtsverhandlung: Diskutieren Sie, ob – und wenn ja, wie – Jens bestraft werden soll.

8 Rollenspiel: Eine Aktion planen

1. **Die Situation:** In der Nähe Ihrer Heimatstadt möchte eine Automobilfirma eine Teststrecke bauen – mitten in einem Erholungsgebiet. Die Verantwortlichen in Ihrer Stadt haben dies gestattet, unter anderem deshalb, weil sie sich neue Arbeitsplätze und höhere Steuereinnahmen versprechen.

2. Sie haben sich einer Umweltschutzgruppe angeschlossen, die den Bau verhindern möchte.

3. Auf einem Treffen geht es um die Frage: Wie kann der Bau gestoppt werden?
   Es gibt keine juristische Möglichkeit mehr, den bereits begonnenen Bau zu stoppen.

Ihre Aufgabe:
Einigen Sie sich auf diesem Treffen auf *eine* Vorgehensweise.

Die Rollen:

a. *Der „Ängstliche":* Er / Sie fürchtet mit dem Gesetz in Konflikt zu kommen und möchte nur sehr zurückhaltend handeln: z. B. Unterschriftensammlungen organisieren.

b. *Der „Draufgänger":* Er / Sie möchte Aktionen starten, die Aufsehen erregen, damit möglichst viele Menschen auf das Problem aufmerksam werden: z. B. Großdemonstrationen, das Büro des Autokonzerns besetzen …

c. *Der Saboteur:* Er / Sie sieht als letzten Ausweg die Möglichkeit, mit
Gewalt den Bau zu verhindern; der Konzern soll durch den Widerstand abgeschreckt werden; seine / ihre Vorschläge: z. B. nachts Bau-
fahrzeuge in Brand stecken, den Konzernchefs anonyme Drohbriefe
schicken …

Schreiben

Wählen Sie eines der folgenden Themen aus:

a. Das meiner Meinung nach schlimmste Vergehen des Menschen
   gegen die Umwelt
b. Was jeder Einzelne tun könnte, um einen kleinen Beitrag zum
   Umweltschutz zu leisten
c. Umweltschutz – ein Hindernis für eine freie Entwicklung der
   Wirtschaft unseres Landes?
d. Umweltschutz – ein Thema, über das zu wenig nachgedacht wird
e. Umweltschutz – ein Problem, das viel zu negativ gesehen wird
f. Muss denn jeder Erwachsene ein Auto fahren?
g. Umweltschutz beginnt zu Hause …
h. Umweltschutz – ein geeignetes Unterrichtsfach?

Schreiben Sie eine Stellungnahme von ca. 200 – 400 Wörtern.
Gehen Sie dabei so vor:

a. Schreiben Sie Ihre Gedanken spontan auf ein Blatt.

b. Wählen Sie daraus das Wichtigste aus.

c. – Schreiben Sie in der Einleitung kurz, warum Sie dieses Thema
     gewählt haben (z. B. weil Sie es für besonders interessant /
     ärgerlich / wichtig … halten).
   – Machen Sie Ihre Position zu diesem Thema deutlich.

d. Schreiben Sie im Hauptteil Thesen / Argumente und belegen Sie
   diese mit Beispielen. Beginnen und beenden Sie den Hauptteil mit
   einem sehr wichtigen Argument / mit einem sehr anschaulichen
   Beispiel.

e. Möglichkeiten, den Schlussteil zu gestalten:
   – Fassen Sie noch einmal in zwei bis drei Sätzen das Wesentliche
     des Hauptteils zusammen.
   – Zeigen Sie mögliche Vorschläge, wie man das dargestellte
     Problem lösen könnte.
   – Werfen Sie einen Blick in die Zukunft: Wie wird sich die
     Problematik weiterentwickeln?

Hilfreiche Begriffe und Redewendungen:

Einleitung

Ich habe dieses Thema ausgewählt / Ich habe mich mit diesem Thema beschäftigt, …
– weil es meiner Meinung nach von großer Bedeutung ist.
– weil mich das / diese Thematik schon lange interessiert.
– weil es von großer Aktualität ist.
– Ich vertrete hier die Ansicht, dass … / Ich bin durchaus der Meinung, dass …
– Dies möchte ich mit einigen Argumenten und Beispielen deutlich machen / zeigen / veranschaulichen.

Hauptteil

– Zunächst einmal …
– Weiterhin …
– Außerdem …
– Auch …
– Hinzukommt, dass …
– Auch muss man beachten, dass …
– Nicht zu vergessen …

Schluss

– Zum Abschluss möchte ich noch einen Blick in die Zukunft werfen.

10 Ein Projekt

Interessiert Sie die Arbeit von NGOs? Und möchten Sie deutschsprachige Texte über diese Organisationen lesen – eventuell um mit einem Kurzreferat diese Informationen vorzustellen? Dann fordern Sie bei einer (oder mehreren dieser Adressen) Info-Materialien an:

Greenpeace e. V.
Große Elbstraße 39
22767 Hamburg
T.   040 / 3 06 18-0
Fax 040 / 3 06 18-100*

Robin Wood e. V.
Langemarckstraße 210
28199 Bremen
PA: PF. 102122, PLZ 28021
T.   02 28 / 35 90 05
Fax 02 28 / 25 90 96

Ärzte ohne Grenzen
Lievelingsweg 102
53113 Bonn
T.   02 28 / 5 59 50-0
Fax 02 28 /5 59 50-11
E-Mail: do@bonn.msf.org

*   aus dem Ausland:
0049 / Ortsnetzkennzahl ohne die Null / Rufnummer

amnesty international
Sektion der Bundesrepublik Deutschland e. V.
Heerstraße 178
53111 Bonn
PA: Briefpost, PLZ 53108
T.   02 28 / 9 83 73-0
Fax 02 28 / 63 00 36

Gesellschaft für bedrohte Völker e. V.
Düstere Straße 20 a
37073 Göttingen
PA: PF. 2024, PLZ 37010
T.   05 51 / 4 99 06-0
Fax 05 51 / 45 80 28

Ein Brief an eine dieser Organisationen könnte so aussehen:

eigene Anschrift   **Datum**

Anschrift der Organisation

Thema des Briefes
(*Beispiel:* Bestellung von Informationsmaterialien über Ihre Arbeit)

Sehr geehrte Damen und Herren,
Sehr geehrte Dame, sehr geehrter Herr,
Liebe Mitarbeiter von z. B. Greenpeace

Grund für das Schreiben
Beispiele:
a. ich habe die Aufgabe, in den nächsten Wochen ein kurzes Referat über
    die Tätigkeiten Ihrer Organisation zu halten. Dafür benötige ich noch
    Informationsmaterialien in deutscher Sprache: Broschüren, Flugblätter,
    Poster und Ähnliches.
b. ich habe im Unterricht an der Schule (an der Universität, im Fernsehen,
    in der Zeitung usw.) etwas über die Arbeit Ihrer Organisation erfahren
    und würde mich sehr gern anhand von deutschsprachigen Informations-
    materialien über die Tätigkeiten Ihrer Organisation informieren. Könnten
    Sie mir vielleicht Info-Materialien wie Broschüren, Zeitschriften, Poster,
    Faltblätter oder Ähnliches zuschicken?
Darüber würde ich mich sehr freuen.

Dank
a. Herzlichen / Vielen Dank im Voraus!
b. Für Ihre Bemühungen herzlichen / vielen Dank!

Schlussformel
a. Mit freundlichen Grüßen und den besten Wünschen für Ihre Arbeit
    (Unterschrift)
b. Der Arbeit Ihrer Organisation viel Erfolg!
    Mit den besten / Mit freundlichen Grüßen aus X
    (Unterschrift)

a. Mit welchen Aktionen, die in dieser Lektion erwähnt wurden,
könnten diese Bilder zu tun haben?
Geben Sie den Bildern Überschriften.

b. *zu Bild 1:*
— Aus welchem Grund könnten die jungen Leute auf den
Schienen sitzen?
— Warum hat sich die junge Frau an einen Mast angekettet?

zu Bild 2:
— Beschreiben Sie die Gesten der Männer.
— Was könnte sich hinter dem Stacheldrahtzaun verbergen?

Rachel Elboim-Dror[12]

Rettet die Wölfe, aber vergesst die Menschen nicht

12 Rachel Elboim-Dror ist Professorin für Bildungspolitik an der Hebräischen Universität in Jerusalem.

Immer wenn ich Schulen in der ganzen Welt besuche, frage ich die Kinder: „Was ist das wichtigste Problem, dem unsere Welt heute gegenübersteht?" Die fast universelle Antwort lautet: „Die Umwelt und vom Aussterben bedrohte Tiere zu schützen." Kein Zweifel, in vielen Ländern werden heute erfolgreiche Kampagnen geführt, um die Wölfe und Wale zu retten.

Für eine Vegetarierin wie mich, eine moralische Esserin, ist dies eine sehr beruhigende Erkenntnis. Es ist ermutigend zu sehen, wie die Botschaft vom Schutz der Umwelt in der ganzen Welt an Millionen von Kindern herangetragen wird. (…)

Ich unterstütze die Ziele der Umweltschützer von ganzem Herzen. Dennoch beunruhigt mich, dass den jungen Menschen zwar bewegende Filme über gefährdete Tiere gezeigt werden, dass sie aber auf bedrohte Kinder und menschliches Leiden nur selten aufmerksam gemacht werden. (…)

Kinder in geordneten Familienverhältnissen und in ordentlichen Schulen wissen nichts vom Elend und von den lebensbedrohenden Umständen, in denen andere Kinder leben müssen. Bei Millionen von ihnen führt Jodmangel in der täglichen Nahrung zu geistigen Schäden, obwohl diese Mangelerscheinung mit dem Einsatz von etwa zehn Cent pro Kind und Jahr behoben werden könnte. Jedes Jahr sterben elf Millionen Kinder an Krankheiten wie Polio und Diarrhöe. Mindestens 130 Millionen, die meisten davon Mädchen, besuchen keine Grundschule, und viele sind der Sklaverei und Prostitution ausgesetzt. Diesen tragischen Realitäten widmen Schulen zu wenig Aufmerksamkeit. Das Ergebnis ist: Die junge Generation macht sich weit weniger Sorgen über aktuelle menschliche Leiden als über die Bedrohungen der Umwelt. (…)

Es provoziert ja auch bedeutend weniger Streit, über Umweltverschmutzung und bedrohte Tiere zu reden als über die Bedrohung der menschlichen Wesen. Gleichzeitig nimmt dieses Ausklammern auch noch die Verantwortung für soziale Missstände von unseren Schultern.

Solange Umwelt und Tiere das moralische Empfinden der jungen Generation vereinnahmen, wird sie auch sicher nicht gegen soziale und wirtschaftliche Übel aufbegehren. Eine solche Erziehung unserer Kinder am Ende des 20. Jahrhunderts verweigert ihnen die Herausforderung, eine bessere Welt zu erstreben, nicht nur für Bäume und Wölfe, sondern auch für die Menschen.

Kunst

1 Ein Thema vorbesprechen

1.1

Kunst Kunst Kunst

a. Welche Wörter fallen Ihnen dazu ein?
Denken Sie z. B. an Künstler, Kunstrichtungen, Kunstwerke …
Setzen Sie sich mit zwei Mitschülern zusammen und notieren
Sie innerhalb von 4 Minuten so viele Begriffe wie möglich –
mindestens 40.

b. Wie könnte man diese Menge an Wörtern sortieren?
Finden Sie einige Oberbegriffe, schreiben Sie sie an die Tafel
oder auf einen sehr großen Papierbogen (z. B. Rückseite eines
Posters) auf; ordnen Sie Ihre Wörter diesen Oberbegriffen zu.
Unterstreichen Sie die Begriffe, die man Ihrer Meinung nach
kennen sollte, wenn man sich über Kunst – insbesondere über
bildende Kunst (Malerei, Bildhauerei, Aktionskunst u. a.) –
unterhalten möchte.

1.2

Haben Sie in Aufgabe **1.1** auch die folgenden Begriffe genannt?
Ordnen Sie die Erklärungen den Begriffen zu und ordnen Sie diese
Begriffe Ihren Oberbegriffen zu.

a. *Stillleben*   Kunst, die auf die Abbildung von Gegenständen verzichtet und sich
ganz darauf konzentriert, Wirkung mit Hilfe von Farben und Formen zu
gewinnen.

b. *Performance*   Dieser Bestandteil der zeitgenössischen Kunst gilt als Nachfolger der
„Happenings" der 60er-Jahre: der Künstler stellt ein Kunstwerk dar /
inszeniert es.

c. *abstrakte Kunst*   Kunstrichtung (seit etwa 1960), die Musik, Theater, Malerei und andere
Kunstformen zusammenwirken lässt.

d. *Fluxus*   Bild, das leblose oder unbewegte Gegenstände zeigt.

1.3

Kunst oder nicht Kunst?

- ein Maler malt Porträts von Touristen
- ein Werbespot
- Piktogramme
- ein Menü mit sieben Gängen
- ein neues Sportstadion wird gebaut
- Pantomime in der Fußgängerzone
- der Pullover, den Ihnen Ihre Mutter gestrickt hat
- Synchronschwimmen / Wasserballett

1.4

Für welchen Bereich der darstellenden und / oder bildenden Kunst
haben Sie eine Vorliebe entdeckt? Wie gehen Sie dieser Vorliebe nach?
Besuchen Sie Ausstellungen? Musizieren Sie? Sammeln Sie Kunstpostkarten? …

Bildende Künste:
Malerei, Bildhauerei, Grafik (Holzschnitt, Kupferstich, Radierung,
Lithographie), Architektur (Baukunst), Kunsthandwerk (Volkskunst),
Videokunst

Darstellende Künste:
Literatur, Musik, Tanz (Ballett), Schauspielkunst / Schauspielerei
(Theater, Film, Pantomimik)

2 Diskutieren

2.1

Sehen Sie sich diese Bilder zusammen mit einem Mitschüler an.
Stellen Sie sich vor, Sie und Ihr Mitlerner wären Direktoren eines
Museums in Ihrer Heimatstadt. Ein vermögender Kunstfreund
würde Ihnen die finanziellen Mittel zur Verfügung stellen, eines
dieser Werke anzuschaffen. Für welches würden Sie sich
entscheiden? Einigen Sie sich auf *ein* Kunstwerk.
Nennen Sie anschließend Ihren Mitschülern Gründe für Ihre
Entscheidung.

2.2

1 auf einer Wellenlänge liegen (ugs.): den gleichen Geschmack haben; hier: ähnlich über Kunst denken

Suchen Sie einen Mitschüler, der beim Thema Kunst „mit Ihnen auf einer Wellenlänge[1] liegt" –
indem Sie Ihren Mitschülern einige Fragen stellen – wie z. B.:

— Welches der Kunstwerke auf Seite 171 gefällt dir am besten?

— Magst du das Fach Kunst / Malen / Zeichnen in der Schule? / Hast du dieses Fach gemocht?

— Welche Ausstellung hast du zuletzt besucht? Wie hat sie dir gefallen? Warst du schon einmal von einer Ausstellung hellauf begeistert? Oder enttäuscht? Hat dich mal ein Kunstwerk entsetzt?

— Von welchem dieser Künstler würdest du dir gern eine Kopie eines ihrer Werke in dein Zimmer stellen / in deinem Zimmer aufhängen?

van Gogh ◆ Andy Warhol ◆ Picasso ◆ Leonardo da Vinci ◆ W. Kandinsky ◆ Uecker ◆ Renoir ◆ Chagall ◆ Rubens ◆ Dürer ◆ Rembrandt ◆ Dali ◆ Kiefer ◆ …

— Hast du zu Hause ein Kunstposter, ein Bild, Fotos an den Wänden, eine Skulptur?

3 Mit Texten arbeiten: Prüfungen kennen lernen

3.1

Ein Kunststudent interessiert sich für die Aktion „7000 Eichen" des Künstlers Joseph Beuys. Der Student sammelt Materialien, um ein Referat zu diesem Thema vorbereiten zu können.

In welchem Text / welchen Texten (Seite 173 ff.) findet er Informationen zu folgenden Aspekten? Zu welchem Aspekt / welchen Aspekten findet er keine Informationen?

a. zu Problemen, die die gepflanzten Bäume Autofahrern bereitet haben: _____

b. zu Störungen seiner Aktion: _____

c. zum Kunstbegriff Joseph Beuys': _____

d. zu Möglichkeiten, die Free International University finanziell zu unterstützen: _____

e. zu Vorschlägen, wie sich die Teilnehmer eventuell an dieser Aktion finanziell beteiligen könnten: _____

f. zur Symbolik seiner Aktion: _____

g. zu einer Kritik an seiner Aktion: _____

h. zu Problemen bei der Vorbereitung der Aktion: _____

i. zu dem, was von dieser Aktion bis heute geblieben ist: _____

j. zu Personen, die an seiner Aktion teilgenommen haben: _____

Joseph Beuys:
7000 Eichen – anlässlich der Dokumenta VII in Kassel 1982

RUNDBRIEF

Joseph Beuys' Beitrag für die documenta 7 1982 wird die Pflanzung
von 7000 Eichen im Stadtgebiet von Kassel sein, diese Aktion wird
ein erster Schritt sein, die künstlerische Aufgabenstellung der Erde in
ihrer gegenwärtigen Notlage anzugehen. Neben jeder Eiche steht
eine ca. 1,20 m hohe Stele aus Säulenbasalt[2].

Jeder kann sich durch die Übernahme der Kosten eines Baumes (oder
mehrerer) und des dazugehörigen Steins an dem Vorgang beteiligen.
Die Kosten pro Baum (= Eiche, Basaltstein, Transport, Pflanz- und Auf-
bauarbeit) betragen DM 500,–.

Die Stadt Kassel ist mit den verantwortlichen Dienststellen an der
Realisierung des Projekts beteiligt. Die Vorfinanzierung und ein wesent-
licher Anteil an den Gesamtkosten wird von der Dia Art Foundation
getragen.

Das Projekt soll in die Liste der Bodendenkmäler eingetragen werden.

Die Spender erhalten eine Spendenbestätigung und ein mit dem
Stempel der Free International University versehenes, von Joseph Beuys
handschriftlich unterzeichnetes BAUM-DIPLOM, auf welchem der Name
des Spenders und die Anzahl der gespendeten Bäume aufgeführt sind.

*Die Freie internationale Hochschule für Kreativität und interdisziplinäre
Forschung e. V. hat für diese Aktion ein Sonderkonto – Stichwort BAUM
eingerichtet, Dresdner Bank …*
Spenden sind steuerabzugsfähig.

> 2 -e Stele:
>   *Pfeiler (häufig als Gedenk- oder Grabstein*
>   *verwendet)*
>   -r Säulenbasalt:
>   *schwarzes säulenförmiges Vulkangestein*

Die Realität *(7000 Eichen – Joseph Beuys)*
7000 Bäume und Steine stehen nun in Kassel als Alleen, Haine, als
Friedensbäume, Freundschaftsbäume, „Vernunftbäume", auf Schul-
höfen, Kindergärten, in umgebauten Straßen, Plätzen, sogar im
Gefängnis. Sie wurden gespendet und gepflanzt von Kindern für Kinder,
dem Andenken Verstorbener gewidmet, von ehemaligen Kasselern für
Kassel gespendet, als Nachbarschaftsbäume von Nachbarn gepflanzt,
als Poesiebaum gepflanzt, sie ergänzen als junge Bäume die Lücken alter
Alleen, spenden Schatten an Spazierwegen, wachsen an Altersheimen,
Kirchen, Hauptverkehrsstraßen, ehemaligen Dorfangern[3], im Zentrum
der Stadt, am Stadtrand, an den Stadteingängen, inmitten von Hoch-
haussiedlungen, Vorgärten, Mietergärten, Hinterhöfen, von Asphalt be-
freiten Gehwegen und Parkplätzen, auf Leitungen, Friedhöfen, Ver-
waltungsgebäuden, in gänzlich „verwaldeten" Gebieten.

> 3 *Dorfanger: freies Feld im Dorf*

Joseph Beuys 1982

„Ich sage also, wenn ihr einverstanden seid, dass ich mit meinem Projekt erscheine, das in den Lebensräumen der Menschen für die Verbesserung ihrer urbanen Lebensqualität sorgen kann, werde ich etwas ganz Einfaches tun: ich werde ‚7000 Eichen' pflanzen. Zu diesen ‚7000 Eichen' werde ich aber je einen Stein setzen, damit der historische Zeitpunkt für alle Zeiten: d. h. mindestens für eine Epoche, für die Lebensspanne einer Eiche – und die beträgt bekanntlich bis zu 800 Jahren – festgehalten wird."

„Es ist natürlich nicht damit getan, dass ein Mensch mit den paar Mitteln, oder irgend ein anderer, ‚7000 Eichen' pflanzt. Man muss schon mit dieser Aktion und mit diesem Stein als symbolischer Handlung und mit diesem Lebewesen Baum die geeigneten Ideenbilder verbinden, von diesen Ideenbildern sprechen wir ja."

„Also ist ‚7ooo Eichen' eine Plastik, die sich auf das Leben der Menschen bezieht, auf ihre alltägliche Arbeit. Das ist mein Kunstbegriff, den ich den ‚Erweiterten Kunstbegriff' oder die ‚Soziale Skulptur' nenne."

Norbert Scholz, 43, Landschaftsplaner

Ich kam 1982 als frisch gebackener Diplomingenieur zum Planungsteam für „7000 Eichen". Ich war überrascht, welche Pflanzenkenntnisse Beuys hatte. Von ihm habe ich viel gelernt, über Bäume und Menschen, vor allem: auch scheinbar Unmögliches zu versuchen. Hier in der Bodelschwinghstraße haben wir Robinien[4] gepflanzt. Riechen Sie, wie die Blüten duften? Die Fahrbahn wurde zurückgebaut, neben dem Gehweg ein Baumstreifen angelegt. Die Lebensqualität hat sich hier deutlich verbessert. Es sind neue Stadtbilder gewachsen. Auch Beuys war klar, dass „7000 Eichen" nicht als starres Korsett aufgefasst werden kann. Eine Stadt verändert sich, es gibt Neubauten. Wie geht man da mit den Bäumen um? Das ist eine gewisse Gratwanderung. Was Beuys mit dem Baumprojekt verband, ist ein Stück Utopie, sicher groß gedacht. Man kann für sich selbst nur im Kleinen versuchen daran zu arbeiten. Hätte Beuys noch diese politischen Veränderungen erlebt, er wäre sicher der Erste gewesen, der in Russland angefangen hätte, Ost-West-Alleen zu pflanzen. „7000 Eichen" ist eines seiner größten Kunstwerke. Keiner kann sich die Bäume ins Wohnzimmer hängen, im Gegenteil, sie verursachen Kosten. Umso mehr könnte man erwarten, dass die, die als Sammler von ihm profitiert haben, sich jetzt für dieses Werk einsetzen.

4 -e Robinie:
Strauch mit weißen, duftenden Blüten

Der Wald in der Stadt:
Avantgarde und Ökologie bei Joseph Beuys

... 7000 Eichen war sein Beitrag zur documenta 7 im Jahr 1982. Bei
der alle vier bis fünf Jahre in Kassel stattfindenden wichtigsten deutschen Ausstellung aktueller Kunst nahm die sich über mehrere Jahre er-
streckende Aktion der „Stadtverwaldung" ihren Anfang. Beuys ließ im
Zentrum der Stadt, auf dem Friedrichsplatz, 7000 Basaltsteine zu einem
keilförmigen Dreieck aufbauen. An dessen Spitze pflanzte der Künstler
den ersten Baum: den ersten von 7000, die Beuys' Konzept zufolge im
Stadtgebiet von Kassel eine ebenso reale wie ideelle Skulptur bilden
sollten. Neben jedem neu gepflanzten Baum sollte eine der Basaltstelen
aufgestellt werden. So wurde der Stein gleichsam zum „Geburtshelfer"
des Baums, ein Hinweis auf die erdgeschichtliche Entwicklung von der
unbelebten zur belebten Natur (...)

... Es gab auch Fälle von Baumfrevel: Frisch gepflanzte Bäume
wurden zerstört, herausgerissen oder mit Pflanzenvernichtungsmitteln
besprüht. Zwischenzeitlich drohte die Aktion wegen Geldmangel zu
scheitern.

Am 12. Juni 1987 wurde dennoch der letzte der 7000 Bäume gepflanzt. Beuys selbst erlebte den Abschluss der Aktion nicht mehr: er
war am 23. Januar 1986 gestorben.

Protest gegen Beuys-Bäume

Kassel. Krach um die Pflanzung von Beuys-Bäumen in der Kasseler
Nordstadt: Die Anwohner der hufeisenförmigen Siedlung Quellhof-
straße 38 bis 56 haben gegen zehn Linden und sechs Rotdornbäume,
die hier in einem Innenhof die Wohnqualität verbessern sollen, protes-
tiert. Helmut Röse, Geschäftsführer der Gemeinnützigen Wohnungs-
baugesellschaft der Stadt Kassel, der die Häuser gehören, findet das
„sehr, sehr traurig".

(...) Röder hatte, wie er sagt, eigentlich Dankesbriefe der Mieter der
32 Wohnungen erhofft. Doch das Gegenteil war der Fall.

Mit einer langen Unterschriftenliste wandten sich die Mieter in einem
Schreiben an die GWG gegen die Bäume. Begründung: „Die Baumpflan-
zung würde die Parkmöglichkeiten erheblich verringern. (...) Außerdem
ist durch die Bepflanzung mit einer unnötigen Verschmutzung der
Straße und Autos zu rechnen (herabfallendes Laub, Vogeldreck, Harz
usw.) Unser Parkplatz ist in einem einwandfreien Zustand und erfüllt
voll seinen Zweck. Wir haben uns gegen die Bepflanzung entschieden,
weil dies so bleiben soll." (...)

a. Fassen Sie die Informationen, die Ihnen diese Texte zu der Aktion „7000 Eichen" bieten, stichwortartig zusammen:

WER ist Joseph Beuys?	
WANN und WO fand die Aktion statt?	
WIE sah die Aktion aus?	
WER hat sich beteiligt?	
WAS wollte Beuys mit dieser Aktion erreichen?	
WELCHER Kunstbegriff steht hinter seiner Aktion?	
Ihre MEINUNG zu dieser Aktion	

b. Halten Sie Ihrem Tischnachbarn mit Hilfe Ihrer Stichwörter einen Kurzvortrag (maximal 2–4 Minuten) zum Thema „Joseph Beuys' Aktion 7000 Eichen". Ihr „Zuhörer" kann Ihnen sicherlich weiterhelfen, wenn Sie bei Ihrem Vortrag „ins Stocken geraten"; er kann Sie natürlich auch mit Zwischenfragen unterbrechen.
Tragen Sie am Ende vor, was Sie von dieser Aktion Beuys' halten. Ist Ihr Zuhörer gleicher Meinung?

4 Diskutieren

a. Was könnte folgendes Zitat aus einem Gespräch mit Beuys mit seiner Aktion „7000 Eichen" zu tun haben?

Beuys: „… Ich brauche nicht so gerne das Wort Hoffnung, weil ich meine, es müsste auch ohne Hoffnung gehen, weil es die Möglichkeit ja jeden Tag gibt, etwas Vernünftiges zu tun.

Man braucht ja nicht gerade die Hoffnung zu bemühen, denn jeder Mensch hat jeden Tag die Möglichkeit, etwas Vernünftiges zu tun. Wenn er immer nur hofft, verschiebt er ja die Sache auf irgendeinen oder verlegt quasi die Verantwortung auf einen Helfer von außerhalb.

Also, jeder Mensch hat jeden Tag die Möglichkeit, etwas Positives zu tun. Da braucht er gar nicht die Hoffnung, sondern er kann einfach nur seine Wahrnehmung betätigen. Dann wird er sehen, wie viel Vernünftiges er tun kann. …"

b. Der Beginn der Aktion „7000 Eichen" im Jahr 1982 fand zu einem Zeitpunkt statt, als in Deutschland die Umweltschutzbewegung (u. a. Anti-Atomkraft-Bewegung) immer mehr Anhänger fand. Beuys wollte seine Kunst in den Dienst am Umweltschutz stellen. Haben Sie in Ihrer Heimat oder auch woanders Künstler / Kunstwerke mit dieser Zielsetzung kennen gelernt? Glauben Sie, dass sich Kunst mit solchen Problemen befassen sollte? Könnte Kunst Ihrer Meinung nach auf diesem Gebiet etwas bewirken?

c. Stimmen Sie diesen Aussagen zu?
Was für eine Vorstellung von Kunst steht hinter den Aussagen? Könnte einer dieser Sätze auf die Abbildungen (Seite 171) oder auf die Kunst Beuys' zutreffen?
Machen Sie sich zu mindestens drei Aussagen Notizen, die Sie anschließend vortragen.

   a.   Was Kunst ist und was nicht, muss jeder selbst entscheiden. Es gibt keine Kriterien, mit denen man festlegen kann, was Kunst ist.

   b.   Wirkliche Kunst ist die Kunst des Genies.

   c.   Kunst ist der höchste Ausdruck menschlicher Erkenntnis.

   d.   Jeder Mensch ist ein Künstler. (J. Beuys)

   e.   Die Kunst ist keine Dienerin der Menge. (A. v. Platen)

   f.   Künstler haben gewöhnlich die Meinung von uns, die wir von ihren Werken haben. (G. C. Lichtenberg)

   g.   Auch ist der Mann von Geschmack noch lange kein Kunstrichter. (G. E. Lessing)

   h.   Kunst gehört ins Wohnzimmer.

d. Überlegen Sie sich zusammen mit 3–4 Lernpartnern:
Wie könnte ein Umweltschutz-Kunstwerk oder eine künstlerische Umweltschutzaktion aussehen, die in Ihrer Heimat durchgeführt werden könnte?

5 Diskutieren

5.1

Der Begriff „Kunst" hatte ursprünglich die Bedeutung „Wissen",
„Weisheit", „Kenntnis", auch „Fertigkeit"; welche der folgenden
Begriffe lassen sich Ihrer Meinung nach außerdem dem Begriff
„Kunst" zuordnen?

*Geschicklichkeit ◆ Weitblick ◆ Fantasie ◆ Emotionalität ◆
Schaffenskraft (Kreativität) ◆ Durchhaltevermögen ◆
positive Lebenseinstellung ◆ Professionalität, …*

Finden Sie weitere Begriffe.

5.2

Was man so über Bilder sagen kann …

Tragen Sie in die rechte Spalte Begriffe ein, die – verglichen mit den
Begriffen in der ersten Spalte – etwas Gegensätzliches aussagen.

*lebendig ◆ kühne Farben ◆ kontrastierende Farben ◆ lebhafte Pinsel-
striche ◆ dunkle Atmosphäre ◆ jubilierende Farbigkeit ◆ zarte Töne ◆
tiefe blau-grüne Grundtöne ◆ Leichtigkeit ◆ Schwarztöne ◆ abstrakt ◆
Hintergrund ◆ wagemutig*

nüchtern, streng, kalt	
ruhige Farbflächen	
Wucht und Schwere der Farben, dunkel-schwer	
hell, Licht	
Vordergrund	
geometrische Formen, streng geordnet	
detailgenaue Wiedergabe	

5.3

Kennen Sie die Bedeutung dieser Redensarten?

– Das ist doch brotlose Kunst! (ugs.)
– Jetzt bin ich mit meiner Kunst am Ende. (ugs.)
– Das ist doch kein Kunststück! (ugs.)
– Reg dich doch nicht künstlich auf! (ugs.)

Formen Sie die Sätze so um, dass die Bedeutung erhalten bleibt.

a. *Viele Bäume wurden gespendet und gepflanzt von Kindern für
    Kinder.*
    Kinder _____ .

b. *Bei der alle vier bis fünf Jahre stattfindenden documenta nahm
    diese Aktion im Jahre 1982 ihren Lauf.*
    Bei der documenta, _____ .

c. *Beuys ließ im Zentrum Kassels 7000 Basaltsteine zu einem riesigen
    Dreieck aufbauen.*
    Beuys veranlasste, _____ .

d. *Frisch gepflanzte Bäume wurden von Unbekannten herausgerissen.*
    Unbekannte _____ .

e. *Hätte Beuys noch diese politischen Veränderungen erlebt, hätte er
    sicherlich Ost-West-Alleen gepflanzt.*
    Wenn _____ .

f. *„7000 Eichen" ist eine Plastik, die sich auf das alltägliche Leben
    des Menschen bezieht.*
    „7000 Eichen" ist eine sich _____ Plastik.

g. *Das Projekt soll in die Liste der Bodendenkmäler eingetragen
    werden.*
    Es ist beabsichtigt, _____ lassen.

h. *Die Vorfinanzierung des Projekts wird von der Dia Art Foundation
    getragen.*
    Die Dia Art Foundation _____ .

i. *Jeder kann sich durch die Übernahme der Kosten eines Baumes und
    des dazugehörigen Steins an der Aktion beteiligen.*
    Jeder kann sich an der Aktion beteiligen, indem _____ .

j. *Spenden sind steuerabzugsfähig.*
    Spenden können von der Steuer _____ .

Setzen Sie die fehlenden Präpositionen ein:

Viele der 7000 Bäume stehen _____ Plätzen und _____ Straßen,
wachsen _____ Stadtrand oder mitten _____ Zentrum, spenden
_____ Gärten Schatten oder _____ Parks, stehen inmitten _____
Wohnsiedlungen, _____ Industrieparks oder _____ Friedhöfen.

5.6

Geben Sie die stichwortartigen Angaben zur Biografie Joseph Beuys' mit Sätzen wieder, gebrauchen Sie dabei folgende temporale Angaben:

nachdem ◆ mit xx Jahren ◆ im Alter von ... anschließend ◆
nach (z. B.: der Ernennung zum Professor) ◆ im Jahre ◆ schließlich

Joseph BEUYS – Bildhauer, Maler, Grafiker, Aktionskünstler

1921	in Krefeld geboren
1941	verlässt das Gymnasium
1942	Ausbildung zum Kampfflieger (2. Weltkrieg), wird mehrmals verwundet
1943	wird über der Krim abgeschossen und gerät in britische Gefangenschaft (bis 1946)
1947–1952	Studium der Bildhauerei an der Staatlichen Kunstakademie Düsseldorf
1959	Heirat mit Eva Wurmbach, Geburt der Kinder Wenzel (1961) und Jessyka (1964)
1961	Ernennung zum Professor für Bildhauerei an der Staatlichen Kunstakademie Düsseldorf
von 1964 an	vertreten auf allen documenta-Ausstellungen (Kassel) mit Aufsehen erregenden Exponaten
1972	Entlassung als Hochschullehrer wegen Widerstandes gegen Zulassungsbeschränkungen an dieser Akademie – Vorwurf: Hausfriedensbruch
1973	Beuys gründet die „Freie Internationale Hochschule für Kreativität und Interdisziplinäre Forschung"
seit 1970	Mitbegründer der ökologischen Bewegung in Deutschland, kandidierte bei einer Bundestagswahl für „Die Grünen"
ab 1978	Gastlehrer an der Kunsthochschule Wien.
1986	Beuys stirbt in Düsseldorf

Wichtige Werke befinden sich heute u. a. in Museen in Basel, Darmstadt, Eindhoven, Kassel, Krefeld, Wien.

6 Diskutieren: Das Bürgerforum

Nehmen wir einmal an: Eine Firma (ein Energiekonzern) möchte das kulturelle Leben in Ihrer Heimatstadt fördern und stellt umgerechnet 25.000 DM zur Verfügung. Der Bürgermeister hat zu einer Diskussionsrunde ins Rathaus eingeladen. Er möchte verschiedene Meinungen zum Verteilen dieses Geldes sammeln.
Nehmen Sie an der Anhörung teil.

a. Wählen Sie eine der Rollen, die in der ersten Spalte genannt werden.

b. Setzen Sie sich mit Mitschülern zusammen, die dieselbe Rolle ausgewählt haben und sammeln Sie Ideen zur Frage „Wie können wir den Bürgermeister davon überzeugen, dass er uns das Geld zur Verfügung stellt?"

Rolle	Beispiele für Argumente / Vorschläge
Vertreter/in der Sponsorfirma	– Ziel: Sympathien in der Bevölkerung gewinnen – –
junge(r) Künstler/in	– Gelder sollen für Stipendien im Ausland eingesetzt werden, evtl. „Künstleraustauschprogramm"
Vertreter/in des Fremdenverkehrsamtes	– eine Attraktion schaffen, die den Ruf der Stadt fördert (z. B. ein Musikfestival) – –
Vertreter/in des Schulamtes	– Geld einsetzen für Ausstattung der Schulen: Keramiköfen, Videokameras usw. – –
Vertreter/in eines ortsansässigen Künstlervereins	– einen Skulpturenpark anlegen (Werke von Künstlern dieser Stadt) – Motto: Kunst soll die Freizeitgestaltung der Bürger verschönern – Kontakt Künstler–Bürger fördern – Motivation für den Nachwuchs –
Stadtverordnete(r)	– Renovierung zweier Museen – – – –

c. Führen Sie die Diskussionsrunde durch mit dem Ziel einen Kompromiss bei der Verteilung der Gelder zu finden. Verwenden Sie u. a. die Redemittel auf Seite 182 – kennzeichnen Sie mit einem „K" in den Klammern die Redemittel, die sich für das Schließen eines Kompromisses eignen könnten.

Interessensvertreter:
- *Ich spreche hier für … (   )*
- *Mit diesem Vorschlag können wir nicht zufrieden sein. (   )*
- *Diesen Vorschlag können wir nicht akzeptieren. (   )*
- *Diesen Vorschlag könnten wir akzeptieren, wenn … (   )*
- *Das ist nicht das, was wir uns vorgestellt haben, aber … (   )*
- *Wären Sie denn bereit, uns wenigstens noch das kleine Zugeständnis zu machen, … (   )*

Diskussionsleiter / Redemittel des Nachfragens:
- *Könnten Sie Ihre Vorstellungen / Pläne nicht etwas konkreter darstellen? (   )*
- *Was Sie da vorgetragen / vorgeschlagen haben, hört sich ja ganz gut an – aber wie soll das dann in der Realität aussehen? (   )*

Redemittel des Zurückweisens:
- *Ist das nicht etwas egoistisch gedacht, was Sie da vorschlagen? (   )*
- *Denken Sie doch bitte nicht nur an Ihre eigenen Interessen. (   )*
- *Ich gebe Ihnen da vollkommen Recht. Aber wir haben leider nun mal keine Millionen zur Verfügung. Ich fürchte, da müssen Sie sich mit weniger zufrieden geben. (   )*

7 Schreiben: Gedanken zu einem Bild

7.1

a. Ordnen Sie dem Text die folgenden Kriterien einer Bildbeschreibung zu – tragen Sie dazu folgende Stichwörter in die rechte Spalte ein:

grobe Beschreibung des Werkes:
Größe, Materialien, Arbeitstechniken
Interpretationsversuche:
Assoziationen / Eindrücke, die das Werk beim Betrachter hervorruft – Einordnen dieses Werkes in das Gesamtwerk des Künstlers – Informationen über den Künstler

b. Vervollständigen Sie diesen Text: Beschreiben Sie die zweite Figur aus Ihrer Sicht und schreiben Sie etwas über das Verhältnis der beiden Personen zueinander.

Widerstand – Denkbilder für die Zukunft, Haus der Kunst München 11. 12. 1993 – 20. 2. 1994,
Ausstellung der Stiftung Haus der Kunst und der Bayerischen Staatsgemäldesammlungen, Staats-
galerie moderner Kunst München, Text S. 60, Abb.: S. 62–63

Unheilige Geister, 1993

… Für diesen Ort nun hat der in Großbritannien geborene, seit vielen
Jahren in Deutschland lebende Bildhauer Tony Cragg zwei riesenhafte,
sechs Meter hohe Figuren entworfen, die sich auf zwei Wänden in
rund fünfzehn Metern Abstand gegenüberstehen. Beide Figuren setzen
sich aus Teilen zusammen, die technisch auf dieselbe Art und Weise
hergestellt sind: Auf eine starke Trägerplatte aus Holz hat Cragg jeweils
Gegenstände montiert. Es sind Fundstücke (…): Kanister, Bretter,
Gitter, Trichter, Dosen, Röhren und Räder. Sämtliche Teile (…) sind mit
einer weißlichen Wachsschicht überzogen, die sie wie vereist wirken
lässt.

Bei näherer Betrachtung lassen sich den beiden Figuren gegen-
sätzliche Charaktere zuordnen. Die eine Figur ist als ein Mann zu iden-
tifizieren, mit kahl geschorenem Schädel und martialischen Stiefeln.
Seine wiegende Haltung wirkt lauernd. In ihm könnte man sich einen
Menschen vorstellen, dem es Freude bereitet, während eines Fußballspiels oder eines Popkonzerts Randale zu stiften, und dem ein ho-
hes Potential an angestauter Aggression zusammen mit einem ebenso
hohen Alkoholpegel den notwendigen Mut verschafft, sich in einer
großen Menschenansammlung mit Gewalt zu exponieren. Vielleicht
handelt es sich um den Störenfried einer Ordnung, die er als lähmend
empfindet, aus der er keinen anderen Ausweg weiß als den aggres-
siven Akt? Die zweite …

(…)

Mit der speziell für das Haus der Kunst geschaffenen doppelfigurigen
Installation knüpft Cragg an seine seit den frühen achtziger Jahren
entstehenden Objektsilhouetten an, die dem Künstler weltweite An-
erkennung verschafft haben. Bei dieser Werkgruppe handelt es sich um
vielteilige und überlebensgroße Neuformungen der menschlichen
Gestalt – der eigenen Person, eines Soldaten oder eines Polizisten. In
manchen Arbeiten formieren sich diese Einzelfiguren zu miteinander
agierenden Gruppen, als Menschenmenge oder im Straßenkampf.
Ausgangspunkt ist die Befragung und Erfahrung des menschlichen Körpers, seines Maßes, seiner Beziehungen, seines Kraftpotentials. Wer
kennt nicht jenes Gefühl der Irritation, das einen befällt, wenn einem
eine bislang nur durch die Medien vertraute „große" Persönlichkeit
des öffentlichen Lebens, ein Politiker oder ein Filmstar, plötzlich und un-
vermittelt leibhaftig gegenübertritt? Hatten wir uns diese Person nicht
eigentlich viel größer vorgestellt? Wie konnte es zu dieser Täuschung
kommen? Wie konstituiert sich unsere Vorstellung vom Körper, inwieweit ist sie real begründet und glaubwürdig, inwieweit ist sie nur Projek-
tion des Erwarteten? …

7.2

Haben Sie zu Hause ein paar Kunstpostkarten? Bringen Sie sie mit, verteilen Sie die Karten an Ihre Mitschüler, die zu diesen Bildern einen kurzen Text (100–200 Wörter) schreiben.
Befestigen Sie die Kunstkarten anschließend an der Wand.
Aufgabe ist es,
a.   die Texte den Karten zuzuordnen und
b.   den Ihrer Meinung nach „treffendsten" oder interessantesten Text auszuwählen.

Vielleicht lädt Ihr Deutschlehrer Ihre Lerngruppe zu einem Rundgang in einem Museum oder zu einem Ausstellungsbesuch ein?

7.3

Schreiben Sie einen Brief an die Organisatoren der documenta.
Fragen Sie
–   nach dem Beginn der nächsten Ausstellung
–   ob es Informationsmaterial zu dieser Ausstellung gibt
–   ob die Veranstalter Informationen über preisgünstige Unterkünfte für eine Gruppe von 15–18 Personen hätten
–   ob Sie / wie Sie per Post Bücher / Bildbände über ältere Ausstellungen bestellen könnten – Sie möchten sich im Kunstunterricht mit der documenta beschäftigen

■Weiterlesen

Patrick Süskind:
Der Zwang zur Tiefe

Eine junge Frau aus Stuttgart, die schön zeichnete, bekam bei ihrer ersten Ausstellung von einem Kritiker, der nichts Böses meinte und sie fördern wollte, gesagt: „Es ist begabt und ansprechend, was Sie machen, aber Sie haben noch zu wenig Tiefe."

Die junge Frau verstand nicht, was der Kritiker meinte, und hatte seine Bemerkung bald vergessen. Aber am übernächsten Tag stand in der Zeitung eine Besprechung desselben Kritikers, in der es hieß: „Die junge Künstlerin besitzt viel Talent, und ihre Arbeiten finden auf den ersten Blick großes Gefallen; leider allerdings mangelt es ihnen an Tiefe."

Da begann die junge Frau nachzudenken. Sie schaute ihre Zeichnungen an und kramte in alten Mappen. Sie schaute alle ihre Zeichnungen an und auch die, die sie gerade in Arbeit hatte. Dann schraubte sie die Tuschgläser zu, wischte die Federn ab und ging spazieren.

Am selben Abend war sie eingeladen. Die Leute schienen die Kritik auswendig gelernt zu haben und sprachen immer wieder von dem vielen Talent und dem großen Gefallen, das die Bilder schon auf den ersten Blick erweckten. Aber aus dem Gemurmel des Hintergrunds und von jenen, die mit dem Rücken zu ihr standen, konnte die junge Frau, wenn sie genau hinhörte, vernehmen: „Tiefe hat sie keine. Das ist es. Sie ist nicht schlecht, aber leider hat sie keine Tiefe."

In der ganzen folgenden Woche zeichnete die junge Frau nicht. Sie saß stumm in ihrer Wohnung, brütete vor sich hin und hatte immer nur einen einzigen Gedanken im Kopf, der alle übrigen Gedanken wie eine Tiefseekrake umklammerte und verschlang: „Warum habe ich keine Tiefe?"

In der zweiten Woche versuchte die Frau wieder zu zeichnen, aber über ungeschickte Entwürfe kam sie nicht hinaus. Manchmal gelang ihr nicht einmal ein Strich. Zuletzt zitterte sie so sehr, daß sie die Feder nicht mehr in das Tuscheglas tauchen konnte. Da begann sie zu weinen und rief: „Ja, es stimmt, ich habe keine Tiefe!"

In der dritten Woche fing sie an, Kunstbände zu betrachten, die Werke anderer Zeichner zu studieren, Galerien und Museen zu durchwandern. Sie las kunsthistorische Bücher. Sie ging in eine Buchhandlung und verlangte vom Verkäufer das tiefste Buch, das er auf Lager habe. Sie erhielt ein Werk von einem gewissen Wittgenstein und konnte nichts damit anfangen.

Bei einer Ausstellung im Stadtmuseum „500 Jahre europäische Zeichnung" schloß sie sich einer Schulklasse an, die von ihrem Kunsterzieher geführt wurde. Plötzlich, bei einem Blatte Leonardo da Vincis, trat sie vor und fragte: „Verzeihen Sie – können Sie mir sagen, ob diese Zeichnung Tiefe besitzt?" Der Kunsterzieher grinste sie an und sagte: „Wenn Sie sich über mich lustig machen wollen, dann müssen Sie früher aufstehen, gnädige Frau!", und die Klasse lachte herzlich. Die junge Frau aber ging nach Hause und weinte bitterlich.

Die junge Frau wurde nun immer sonderbarer. Sie verließ kaum noch ihr Arbeitszimmer und konnte doch nicht arbeiten. Sie nahm Tabletten, um wach zu bleiben, und wußte nicht, wozu sie wach bleiben sollte. Und wenn sie müde wurde, dann schlief sie in ihrem Stuhl, denn sie fürchtete sich, ins Bett zu gehen, aus Angst vor der Tiefe des Schlafes. Sie begann auch zu trinken und ließ die ganze Nacht das Licht brennen. Sie zeichnete nicht mehr. Als ein Kunsthändler aus Berlin anrief und um einige Blätter bat, schrie sie ins Telefon: „Lassen Sie mich zufrieden! Ich habe keine Tiefe!" Gelegentlich knetete sie Plastilin, aber nichts Bestimmtes. Sie vergrub nur ihre Fingerkuppen darin oder formte kleine Knödel. Äußerlich verwahrloste sie. Sie achtete nicht mehr auf ihre Kleidung und ließ die Wohnung verkommen.

Ihre Freunde sorgten sich. Sie sagten: „Man muß sich um sie kümmern, sie steckt in der Krise. Entweder ist die Krise menschlicher Art, oder sie ist künstlerischer Art; oder die Krise ist finanziell. Im ersten Fall kann man nichts machen, im zweiten Fall muß sie da durch, und im dritten Fall könnten wir eine Sammlung für sie veranstalten, aber das wäre ihr womöglich peinlich." So beschränkte man sich darauf, sie einzuladen, zum Essen oder auf Partys. Sie sagte immer ab mit der Begründung, sie müsse arbeiten. Sie arbeitete aber nie, sondern saß nur in ihrem Zimmer, schaute vor sich hin und knetete Plastilin.

Einmal war sie so verzweifelt mit sich selbst, daß sie doch eine Einladung annahm. Ein junger Mann, dem sie gefiel, wollte sie danach nach Hause bringen, um mit ihr zu schlafen. Sie sagte, das könne er gerne tun, denn auch er gefalle ihr; allerdings müsse er sich darauf gefaßt machen, daß sie keine Tiefe besitze. Der junge Mann nahm daraufhin Abstand.

Die junge Frau, die einst so schön gezeichnet hatte, verfiel nun zusehends. Sie ging nicht mehr aus, sie empfing nicht mehr, durch den Bewegungsmangel wurde sie dick, durch den Alkohol und die Tabletten alterte sie überschnell. Ihre Wohnung fing zu modern an, sie selbst roch sauer.

Sie hatte 30.000 Mark geerbt. Davon lebte sie drei Jahre lang. Einmal in dieser Zeit machte sie eine Reise nach Neapel, kein Mensch weiß, unter welchen Umständen. Wer sie ansprach, bekam nur ein unverständliches Gebrabbel zur Antwort.

Als das Geld verbraucht war, zerschnitt und durchlöcherte die Frau alle ihre Zeichnungen, fuhr auf den Fernsehturm und sprang 139 Meter weit in die Tiefe. Weil an diesem Tag aber ein starker Wind wehte, zerschellte sie nicht auf dem geteerten Platz unter dem Turm, sondern wurde über ein ganzes Haferfeld hinweg bis zum Waldrand getragen, wo sie in den Tannen niederging. Sie war trotzdem sofort tot.

Den Fall griff die Boulevardpresse dankbar auf. Der Selbstmord an und für sich, die interessante Flugbahn, die Tatsache, daß es sich um eine einst verheißungsvolle Künstlerin handelte, die obendrein noch hübsch gewesen war, hatten einen hohen Informationswert. Der Zustand ihrer Wohnung erschien so katastrophal, dass man pittoreske Fotos davon machen konnte: Tausende von geleerten Flaschen, Zeichen der Zerstörung überall, zerfetzte Bilder, an den Wänden Plastilinklumpen, ja sogar Exkremente in den Zimmerecken! Man riskierte einen zweiten Aufmacher und noch einen Bericht auf drei Seiten.

Im Feuilleton schrieb der eingangs erwähnte Kritiker eine Notiz, in der er seine Betroffenheit darüber zum Ausdruck brachte, daß die junge Frau so scheußlich hatte enden müssen. „Immer wieder", schrieb er, „ist es für uns Zurückbleibende ein erschütterndes Ereignis, mit ansehen zu müssen, daß ein junger talentierter Mensch nicht die Kraft findet, sich in der Szene zu behaupten. Mit staatlicher Förderung und privater Initiative allein ist es da nicht getan, wo es vorrangig um Zugewandtheit im menschlichen Bereich und um ein verständiges Begleiten im künstlerischen Sektor ginge. Allerdings scheint zuletzt doch im Individuellen der Keim zu jenem tragischen Ende angelegt. Denn spricht nicht schon aus ihren ersten, noch scheinbar naiven Arbeiten jene erschreckende Zerrissenheit, ablesbar schon an der eigenwilligen, der Botschaft dienlichen Mischtechnik, jene hineinverdrehte, spiralförmig sich verbohrende und zugleich hoch emotionsbeladene, offensichtlich vergebliche, Auflehnung der Kreatur gegen das eigene Selbst? Jener verhängnisvolle, fast möchte ich sagen: gnadenlose Zwang zur Tiefe?"

Bühne

1 Ein Thema vorbesprechen

1.1

Erarbeiten Sie Ihr „Theaterprofil". Beantworten Sie in der Marginalspalte ganz spontan die Fragen. Tauschen Sie dann Ihre Erfahrungen aus:

A

Haben Sie oder einer Ihrer Mitschüler schon einmal in einem Theaterstück (z. B. in der Schule) mitgewirkt?
Wenn ja: In welcher Rolle? Oder mit welcher Aufgabe – z. B. als *Bühnenbildner, Regisseur, Maskenbildner, Tontechniker, Beleuchter* …?

B

Wie haben Sie sich auf Ihre Aufgabe vorbereitet? Wie verliefen die Proben? Wie verlief die Premiere? Wie waren die Reaktionen der Zuschauer?

C

Wenn Sie auf der Bühne standen: Haben Sie unter „Lampenfieber" gelitten? Können Sie noch heute einen Teil des Textes auswendig vortragen?

D

Sind Sie ein regelmäßiger Theaterbesucher? Oder eher ein seltener Gast des Theaters?

E

Was für Theaterstücke mögen Sie – Komödien, historische Theaterstücke, zeitgenössisches Theater, Tragödien, modernes Theater …?

F

Warum gehen Sie ins Theater? Um unterhalten zu werden? Der Bildung wegen? Um „abzuschalten"? Um nachzudenken oder zum Nachdenken angeregt zu werden? Um jemandem einen Gefallen zu tun, indem Sie sie / ihn begleiten?

G

Gibt es ein Theaterstück oder mehrere Stücke an das / die Sie sich gut erinnern können? Welche(s)?

1.2

Wenn Sie eine andere Stadt besuchen und Ihnen angeboten wird, an einem der folgenden Angebote teilzunehmen – für welches würden Sie sich entscheiden? Warum?

Besuch eines Schauspiels ◆ *einer Ballettaufführung* ◆ *einer Oper* ◆ *einer Operette* ◆ *eines Musicals* ◆ *einer Lesung*

1.3

Wessen Leistung schätzen Sie mehr – die eines Filmschauspielers oder die eines Theaterschauspielers?

1.4

Man bietet Ihnen an, eine Rolle in einer Theatergruppe zu übernehmen – welche der folgenden Rollen würden Sie am ehesten annehmen, welche würden Sie ganz sicher ablehnen?

Die Rolle eines „Schurken" ◆ *eines Frauenheldes* ◆ *eines Clowns* ◆ *eines sehr alten Menschen* ◆ *eines sehr jungen Menschen* ◆ *eines Mannes, der eine Frau spielt* ◆ *einer Frau, die einen Mann spielt* ◆ *eines Schauspielers, der einen hohen Sprechanteil hat* ◆ *eines „strahlenden Helden"* ◆ *eines tragischen Helden* ◆ *eines Statisten* ◆ *…?*

1.5

Gibt es in Ihrer Heimat deutschsprachige Theateraufführungen? Haben Sie einmal eine solche Aufführung besucht? Können Sie einen deutschen Fernsehsender empfangen, der Theaterstücke zeigt (z. B. „3sat")? Haben Sie zumindest teilweise den gesprochenen Text verstehen können?

2 Mit Wörtern arbeiten

2.1

Klären Sie – wenn nötig, mit Hilfe von Nachschlagewerken – die Bedeutungen folgender Begriffe und Redewendungen:
- Bretter, die die Welt bedeuten
- -s Lampenfieber
- „Mach doch nicht so ein Theater, nur weil du deinen Schlüssel verloren hast!"
- „Ich glaube ihm nicht. Er spielt wieder einmal Theater!"
- Der letzte Vorhang ist gefallen …
- im Rampenlicht stehen

Ein Theaterstück soll inszeniert werden – welche Arbeiten sind zu erledigen?

Bringen Sie die Begriffe in die richtige zeitliche Reihenfolge:
Rollenbesetzung ◆ *Statisterie-Proben* ◆ *Durchläufe (ganzes Stück im Ablauf)* ◆ *technische Einrichtung, Dekoration, Beleuchtung* ◆ *Hauptprobe* ◆ *ein Stück auswählen* ◆ *Premiere* ◆ *Beginn der Proben-arbeit* ◆ *Generalprobe* ◆ *Bühnenproben* ◆ *Konzeptionsgespräch (Teilnehmer: Dramaturg, Bühnenbildner, Regisseur)* ◆ *Endproben mit Schauspielmusik und Geräuschen*

1) _____   2) _____   3) _____
4) _____   5) _____   6) _____
7) _____   8) _____   9) _____
10) _____   11) _____   12) _____

2.3

a. Um welche Wortarten handelt es sich bei diesen temporalen Angaben?

anschließend ◆ *kaum dass* ◆ *zuvor* ◆ *zuletzt* ◆ *darauf* ◆ *zuerst* ◆ *anfangs* ◆ *wenn* ◆ *sobald* ◆ *nach* ◆ *vor* ◆ *nachdem* ◆ *danach* ◆ *bevor* ◆ *hinterher*

Adverbien	Konjunktionen	Präpositionen

b. Bilden Sie mit diesen temporalen Angaben Sätze, die die Begriffe, die Sie unter **2.2** finden, enthalten. Beachten Sie dabei die Satzstellung.
Hilfe: Verwenden Sie u. a. die Verben „durchführen" (z. B.: eine Probe durchführen) und „stattfinden" (z. B.: eine Premiere findet statt).

Beispiele:
Nach den Bühnenproben können die Endproben mit Schauspiel-musik und Geräuschen durchgeführt werden. ◆ *Wenn genügend Bühnenproben durchgeführt worden sind, kann mit den Endproben begonnen werden.* ◆ *Nun könnte schon die Premiere stattfinden; zuvor aber wird noch eine Generalprobe durchgeführt.*

2.4

Ordnen Sie die Tätigkeiten den entsprechenden Theatermitarbeitern zu:

Dramaturg	Er / Sie hat das Stück geschrieben.
Regisseur	Er / Sie wählt ein Stück aus.
Intendant	Er / Sie entscheidet, welcher Regisseur das Stück inszeniert und welcher Bühnenbildner mitwirken soll.
Souffleuse	Er / Sie inszeniert ein Stück: er / sie bereitet die Aufführung künstlerisch und technisch vor.
Autor	Er / Sie sagt während einer Aufführung den Text vor.

3 Mit Texten arbeiten

3.1

Klaus Maria Brandauer: Österreichischer Schauspieler, geboren am 22. 6. 1944 in Bad Aussee. Wurde einem internationalen Publikum auch als Filmschauspieler bekannt: u. a. spielte er mit in den Filmen „Mephisto", „Out of Africa" („Jenseits von Afrika") und in dem James-Bond-Film „Never say never again".

a. Was für eine Rolle könnte der Schauspieler Klaus Maria Brandauer hier spielen?

b. Schreiben Sie zusammen mit Ihrem Tischnachbarn einen kurzen Text zu den Abbildungen: Was könnte der Schauspieler in dieser Szene sagen?

Der folgende Text setzt sich aus Auszügen einer Autobiografie Klaus Maria Brandauers zusammen; bringen Sie die einzelnen Textteile in die richtige Reihenfolge – berücksichtigen Sie dabei die zeitlich chronologische Reihenfolge von Brandauers Erlebnissen. Geben Sie jedem Textabschnitt eine Überschrift.

Auszüge aus: Klaus Maria Brandauer,
Bleiben tu' ich mir nicht

A

Meine Mutter war von allem Anfang an über meinen Wunsch, Schauspieler zu werden, nicht erschrocken. Sie unterstützte jede Aktivität in diese Richtung, so gut sie konnte. Und so war es auch sie, die mir das Theaterabonnement zum 13. Geburtstag schenkte.

B

Unser Sohn Christian war bei der Hochzeit schon dabei, kam aber erst ein paar Monate später auf die Welt. Nicht einmal zwanzig Jahre alt hatte ich also schon eine Familie, eine Kleinfamilie, aber Gott sei Dank, eingebettet in eine fürsorgliche Großfamilie. Und das ganze auch noch in Altaussee. Was wollte ich eigentlich mehr?

Ja, Schauspieler wollte ich werden. An dem Tag, an dem Christian geboren wurde, unterschrieb ich den Vertrag für mein erstes Engagement am Tübinger Landestheater. Meine Lehr- und Wanderjahre begannen. Tübingen, Salzburg, Düsseldorf. Aber unser Hauptwohnsitz war Altaussee, wo wir im Haus meiner Schwiegereltern wohnten. Und wo Christian die meiste Zeit seiner Kindheit verbrachte. Dadurch war es uns möglich, unsere Jugend in vollen Zügen zu genießen und trotzdem eine Familie zu sein.

C

Der Caro Instant, der koffeinfreie Pulverkaffee, stand schon auf dem Tisch; auf dem Spirituskocher brodelte das Wasser. „Geh, hol uns eine Milch, Klaus!" rief meine Mutter. Mein Vater saß auf einem der drei Campingstühle. Genauer gesagt waren es Hocker ohne Lehne, denn die hatte es im Sonderangebot gegeben, alle drei für zwölf Mark fünfzig. Er studierte zum unzähligsten Male die Autokarte von Oberitalien, um die optimale Route von Lazise sul Garda nach Cortina d'Ampezzo festzulegen. In Wirklichkeit lag sie seit Monaten fest, denn mein Vater war ein Mann, der nichts dem Zufall überließ. Jedes Jahr, gleich nach Weihnachten, begann er sorgfältig mit dem Kartenstudium.

„Was heißt denn Milch auf Italienisch?" „Latte", sagte mein Vater ohne aufzublicken. Meine Mutter drückte mir einen Tausendlireschein in die Hand. „Das reicht für eine Dose", sagte sie noch. Ich flitzte los. Vorbei an den Duschen und an der Anmeldestelle mit den vielen bunten Wimpeln zum Kiosk. Dort bekam man eigentlich alles.

Was hieß noch gleich „Milch" auf Italienisch? Vergessen. Kein Problem. Ich wußte mir zu helfen. Ich zeichnete mit den Fingern eine Dose in die Luft und untermalte dieses Luftbild mit einem kräftigen „Muuhhh". Ich bekam eine Dose mit dem Bild einer Kuh und das Retourgeld. Mein Vater machte, wie üblich, zwei Löcher in die Dose. Heraus kam nichts. Denn drin war Corned Beef. „Kerle, Kerle", sagte mein Vater, „net wisse, was Milch heißt, aber in d'Oper fahre wolle!" Die Oper hieß „Tosca". Tausende Kerzen leuchteten in der Arena von Verona. Wir saßen ganz weit oben, fast im Himmel. Ich war zwölf, zum ersten Mal in der Oper, und dann gleich Verona, Tosca und Franco Corelli. (…)

Sehr oft, wenn ich meine Streifzüge über den abendlichen Campingplatz machte, (…) hörte ich dann, ob in Jesolo, Biarritz oder Saint Tropez – Campingplatz Saint Tropez wohlgemerkt –, die glockenhelle Stimme meiner Mutter über die Zelte klingen: „Wenn ich die fröhlichen Nächte addier …" oder auch „Draußen in Sievering blüht schon der Flieder …" Da wusste ich, die beiden Lampions leuchteten über unserem Zelt, und viele Nachbarn hatten sich eingefunden, lehnten sich gemütlich in ihre mitgebrachten Campingsessel, brauchten kein Kino und keine Oper, lauschten dem Gesang meiner Mutter, die, beflügelt durch den Applaus der Zuschauer, mit Zugaben nicht geizte.

D

Ernst Haeussermann lernte ich kennen durch seine Frau, Susi Nicoletti. Sie besuchte im Spätherbst 1964 die Aufführung von Shakespeares „Wie es euch gefällt" am Salzburger Landestheater. Ihre früheren Schülerinnen Gabriele Jacoby und Lore Müller spielten Rosalinde und Celia. Ich war der Orlando.

Frau Professor Nicoletti, Lehrerin am Reinhardt-Seminar in Wien und berühmte Burgschauspielerin, besuchte ihre beiden Schützlinge nach der Vorstellung in der Garderobe. Ich stand rein zufällig ziemlich auffällig am Gang. Sie ging an mir vorbei, lächelte, sagte aber kein Wort. Ich war enttäuscht. Am nächsten Tag händigte mir der Portier des Landestheaters drei Telegramme aus:

erbitten kontaktaufnahme mit professor oskar fritz schuh. generalintendanz schauspielhaus hamburg	generalintendant professor stroux möchte sie kennen lernen. melden sie sich. horn sekretariat schauspielhaus düsseldorf	rufen sie mich an. ernst haeussermann

Susi Nicoletti hatte also nicht nur freundlich gelächelt, sie sorgte auch dafür, daß es sich sofort herumsprach, daß da in Salzburg einer wäre, den man engagieren sollte.
…

E

Ich wollte Schauspieler werden und hatte schon ganz konkrete Rollenvorstellungen. Als ich in Avignon „Prinz von Homburg" sah, wollte ich natürlich den Prinzen spielen. Nach einem „Faust" im Badischen Staatstheater in Karlsruhe wollte ich weder Faust noch Mephisto sein, sondern Gretchens Bruder Valentin. Und nach einer „Jedermann"-Aufführung

mit Will Quadflieg in Salzburg sagte ich zu meinen Eltern: „Den spiel'
ich auch einmal!" Mein Vater antwortete enerviert mit seinem „Langsam, langsam, Kerle", um nichts Unfreundliches zu sagen, aber meine
Mutter nickte und meinte ganz selbstverständlich „Ja, sicher", als stün-
de ich schon kurz vor Vertragsabschluß. Fünfundzwanzig Jahre später
saßen beide in der Premiere auf dem Domplatz. Auch die Omam war da.
Sie hatte ja schließlich zwei Buben auf der Bühne. Mich und ihren Sohn
Hansi, meinen Onkel.

F

Skandale, Zerwürfnisse, Triumphe und Mißerfolge begleiteten seinen
Weg. Kortner ließ niemanden gleichgültig. Bei ihm kam das Blut in
Wallung. Anekdoten, Geschichten und Geschichtchen über ihn schwirr-
ten durch alle Theaterkantinen. Ich konnte die genialen Apercus in ihrer
Fülle gar nicht glauben, bis ich selbst mit ihm zu tun bekam.

Es fing gleich gut an. Erste Probe Februar 1970. „Es ist kalt", sagte
Kortner nach einer halben Stunde und brach die Probe ab. Am nächsten
Tag waren mehrere Heizkörper aufgestellt. Es war warm, und die Probe
konnte beginnen. „Bissl laut ist es hier", sagte Kortner nach wenigen
Minuten. Sofort schaltete ein Beleuchter die leise summenden Heizstrah-
ler wieder ab. Nach einer Weile sagte Kortner: „Jetzt ist es wieder kalt!
Der Professor für das Heizwesen soll kommen!" Etwas genervt kam
Oberbeleuchter Pribil auf die Bühne. Er war schon ein junger Beleuchter
in der Josefstadt, als Kortner dort den Wurm in „Kabale und Liebe"
spielte. Also vor der Nazizeit. „Oba Hea Kuatna. Wia Se einekumman
san, woas do woam!" Darauf Kortner: „Ja, ja. Aber ich kann doch nicht
immer hereinkommen!"

Man weiß, daß Bühnentechniker, sei es beim Theater oder beim Film,
erstens um ihre Wichtigkeit genau Bescheid wissen und zweitens ungern dem Künstler das letzte Wort überlassen. Pribil, sowohl als Beleuch-
tungschef wie als Sprüchemacher ein großer Meister seines Faches,
war „schmähstad", das heißt, er wußte darauf keine Antwort. Ich weiß
nicht mehr, wie das Heizungsproblem gelöst wurde. Wir probierten
jedenfalls weiter.

G

Filmen heißt Warten, vor allem für die Schauspieler. Bevor die Klappe
für die Darsteller fällt, wird geleuchtet, gesägt, gesprüht, gehämmert,
geschrien. Und inmitten des chaotischen Trubels der Schauspieler, in
Kostüm und Maske wartend.

Man sitzt im Wohnwagen, im Aufenthaltsraum oder in der Garderobe.
Man sitzt sozusagen auf Abruf, jeden Moment kann es losgehen, und
dann muß man „gut" sein.

Zwar sind die Wohnwagen meist exklusiv ausgestattet, mit Kühlschrank, Telefon, TV, Video, Couch, WC, Dusche, Radio. Das erleich-
tert das lange Warten, aber nach einer gewissen Zeit wird es immer
schwieriger, Spiellust, Konzentration und Intensität am Kochen zu
halten. Eine Intensität, die sich meist nur in wenigen Minuten, oft
sogar nur in Sekunden, vor der Kamera entladen muß. Danach heißt
es wieder warten. (…)

Wieder einmal sitze ich mit meinem Mitarbeiter Burt Weinshanker
im Wohnwagen. Burt ist mein Dialogue Coach. Beim Sport trainiert der

Coach die Muskeln, beim Film die Sprache. Im amerikanischen Film ist der Dialogue Coach ein eigener Beruf. Er hört Texte ab, kontrolliert die Aussprache, was vor allem bei fremdsprachigen Schauspielern wichtig ist. Es gilt, den unvermeidlichen Akzent zu vermindern oder aber auch einen besonderen Akzent einzustudieren. So mußte zum Beispiel Meryl Streeps Englisch in „Out of Africa" dänisch klingen. (...)
Beim Film ist nichts unmöglich, sagen die Filmleute – besonders in Hollywood. Es muß schneien und es wird schneien. Also warten wir wieder – jetzt auf Schneemaschinen aus Los Angeles, weil der richtige Schnee nicht kommen will, und das nicht in Tirol und nicht in der Schweiz, sondern in Alaska. Mitten im Februar. Kein Schnee in Alaska, keine Sonne auf den Bahamas. Beim James-Bond-Film „Never say Never Again" wartete ein Filmteam von 250 Menschen auf die Karibiksonne. Drei Wochen lang schien sie nur sporadisch. Fünf Minuten Sonne, fünf Minuten Regen – täglich dasselbe Schauspiel. „Kein Wunder, jetzt ist ja Regenzeit", sagten die Einheimischen. Seither habe ich leise Zweifel an der vielgerühmten Effizienz Hollywoodscher Planung.

H

Turbulenzen seit dem Start der Maschine vom Kennedy Airport in New York. Ohne diese Turbolenzen – das ahnte ich bereits, als mein Nachbar sich neben mich setzte – hätte mich die Frage schon viel früher ereilt. Und während ich, um mich abzulenken, damit beschäftigt war, herauszufinden, ob er Arzt, Manager oder einfach nur reich ist, ob er aus Nürnberg, Flensburg oder Berlin kommt, wartete er ungeduldig auf das Ende des Sturms, um endlich die obligate Frage loszuwerden: „Herr Brandauer, meine Frau und ich, wissen Sie, wir lieben das Theater. Aber wir zerbrechen uns immer wieder den Kopf, wie kann man sich bloß so viel Text merken? Kommt man mit den Rollen nicht durcheinander? Und wie lange behalten Sie den Text, den Sie auswendig lernen?"

Die Turbulenzen haben sich gelegt, die Stewardess serviert Getränke – ich entgehe der Beantwortung dieser Frage nicht.

Das, was die meisten Menschen für das Schwere am Schauspielerberuf halten, ist eigentlich das Leichteste. Das Textlernen. Merkwürdigerweise ist es auch nicht so schwer, mehrere Rollen gleichzeitig im Kopf abrufbar gespeichert zu haben.

Jeder kennt das von der Schule. Hat man aufgepaßt, kontinuierlich mitgearbeitet, sich systematisch vorbereitet, dann wird einem nicht nur die Prüfung leicht fallen, man merkt sich auch den Stoff. Wenn man hingegen am Tag vor der Prüfung und meist auch noch die Nacht davor schnell das Wissen in sich hineinzustopfen versucht, hat man nach der Prüfung alles wieder vergessen. Ersteres wäre der Idealfall, letzteres ist die Regel – zumindest in der Schule.

Nicht so beim Theater. Die Beschäftigung mit einer Rolle, will man sie wirklich in allen Facetten kennenlernen und sich zu Eigen machen, ist ein langwieriger Vorgang. Dabei ist das „Auswendiglernen" des Textes ein kleiner Teilbereich. Es schafft einem die Möglichkeit, Herz, Hirn, Auge und Hand freizubekommen, um sich eine Figur spielerisch zu erobern. Spielerisch – das Wort täuscht. Es steht hier für einen ernsthaften Arbeitsprozess im Sinne von Ausprobieren, Prüfen und Werten. Ein Prozeß, dem sich eigentlich jeder schon vor Probenbeginn unterziehen sollte, so weit man das für sich alleine kann. Aber was man sich im stillen Kämmerchen ausgedacht, gefunden hat, darf einen nicht so weit

einengen, daß es die eigentliche Arbeit auf der Probe blockiert.
Erst bei den Proben entsteht, was man eine Inszenierung nennt. In der Auseinandersetzung, im Ausprobieren der verschiedenen Ideen, in der Aktion und Reaktion, im Finden eines gemeinsamen roten Fadens erarbeitet man sich eine Rolle, bis sie zur Figur wird, die einem immer näher kommt, und die einen auch begleitet, wenn man die Proben verläßt.

Sie geht neben mir durch den Park nach Hause, schaut mir im Kaffeehaus, wenn ich Zeitung lese, über die Schulter, verwickelt mich in ein Gespräch, lacht mich aus, verschwindet plötzlich und wacht neben mir im Bett wieder auf. …

Der Idealfall ist, mit einer Figur zu verschmelzen, sodaß man glaubt, derjenige zu sein, den man spielt. Das passiert einem äußerst selten. Und wenn es passiert, ist es kaum zu erklären. Es gehört in den Bereich Kult, Mythos, Mystik; dorthin, wo die Wurzeln des Theaters liegen. Und das ist es auch, was mich bewußt-unbewußt zum Theater gezogen hat und was mich bis heute dort hält. (…)

„Und wenn Sie dann einen Text gelernt haben, wie lange behalten Sie ihn?" (…) Also, wenn ich einmal einen Text kann, eine Figur sozusagen intus habe, dann ist sie auf Jahre hinaus abrufbar, mit allem, was dazu gehört. Text, Pausen, Gänge und Gesten. Nein, nicht mit allem, denn abrufbar ist nur der äußere Ablauf. Wirlich zum Leben erweckt man eine Figur erst im Zusammenspiel mit dem Publikum. Hätten wir kein Publikum, keine Zuschauer als Partner, gäbe es das Theater nicht. Denn für den Schauspieler ist das Publikum der wichtigste Bezugspartner. Ein Dichter ohne Publikum bleibt immer noch ein Dichter. Lesen ihn seine Zeitgenossen nicht, kann er immer noch auf die Nachwelt hoffen. Ebenso ein Komponist, ein Maler.

Für einen Interpreten ist es schwieriger. Die optimale Ausübung des Berufes findet für mich in der Einmaligkeit des jeweiligen Theaterabends statt. Wenn es dunkel wird und das brodelnde Gemurmel aufhört, weiß keiner im Theater – weder auf der Bühne noch im Zuschauerrraum –, wie das gemeinsame Abenteuer ausgehen wird. Das hoffentlich gemeinsame Abenteuer. Denn manchmal kommt es auch vor, daß Bühne und Zuschauerraum getrennte Welten bleiben. Daß ein Publikum gespannt und neugierig bereit ist, sich einzulassen, daß auf der Bühne aber Unwesen Unwesentliches treiben. Oder aber, daß der Zuschauerraum voll ist und doch keiner da ist.

3.3

Fragen zum Text:

a. Was erfährt der Leser über die Herkunft Brandauers?

b. Wer / Was hat seine Schauspielerkarriere beeinflusst? Ist es Ihrer Meinung nach Zufall, dass er Schauspieler geworden ist?

c. Schauspielerei – ein Beruf wie viele andere? Oder eher ein ganz besonderer Beruf?
Belegen Sie Ihre Meinung mit Zitaten aus dem Text.

d. Was würde Sie davon abhalten oder was würde Sie dazu ermutigen, Schauspieler zu werden? Beziehen Sie sich bei der Antwort auf den Text.

3.4

Geben Sie folgende Textstellen mit Ihren Worten wieder:

a. Seine Mutter unterstützte jede Aktivität in diese Richtung.
b. Sie genossen ihre Jugend in vollen Zügen.
c. Sein Vater war ein Mann, der nichts dem Zufall überließ.
d. Die Schauspieler sitzen in ihren Wohnwagen auf Abruf.
e. Er wollte endlich seine Frage loswerden.
f. Die beiden zerbrechen sich immer wieder darüber den Kopf, wie man so viel Text behalten kann.

3.5

Erklären Sie folgende Sätze:

a. Ich stand rein zufällig ziemlich auffällig am Gang.
b. Bühnenbildner sind Menschen, die nur ungern dem Künstler das letzte Wort überlassen.
c. Der Schauspieler muss sich seine Rolle erobern.
d. Die Figur, die der Schauspieler spielt, geht neben ihm durch den Park nach Hause, schaut ihm im Kaffeehaus, wenn er Zeitung liest, über die Schulter, verwickelt ihn in ein Gespräch, lacht ihn aus, verschwindet plötzlich und wacht neben ihm im Bett wieder auf. …

3.6

Entwerfen Sie eine „Persönlichkeitskarte" zu Klaus Maria Brandauer – eine „Mindmap" mit Informationen aus dem Text, zu seiner Jugend, zu seinen Rollen usw.

Klaus Maria Brandauer

4.1

Was könnte alles beim Auftritt einer Musikband schief gehen?

4.2

Lesen Sie den Text „Warten auf den Auftritt" und vergleichen Sie Ihre Überlegungen (4.1) mit dem, was tatsächlich beim ersten Auftritt des Verfassers dieses Textes geschah.

Warten auf den Auftritt

„Ich kann nicht genau sagen, was das peinlichste Erlebnis in meinem bisherigen Leben war. Da fallen mir zu viele Geschichten auf einmal ein. Die meisten davon haben etwas mit Musik zu tun. Ich kann mich noch ziemlich gut an einen der allerersten Auftritte meiner Band erinnern – ein Schulfest. Ich hatte wochenlang mein Angeber-Klaviersolo im dritten Song geübt und fühlte mich bestens vorbereitet. Als wir endlich spielten und der dritte Song begann, setzte ich mich lässig ans E-Piano[1]. Sofort spürte ich einen leichten Widerstand an meinem Bein, der mich irritierte. Es war das Netzkabel des Pianos. Ich hatte dummerweise den Stecker gezogen. Am Ende des dritten Stücks lag ich immer noch unter dem Klavier und versuchte an die verdammte[2] Steckdose heranzukommen. Ich weiß noch, dass ich nach dem Konzert lange allein herumsaß. (…)

Das ist ziemlich lange her, aber man muss all das wissen, um zu verstehen, was mir vor Auftritten so durch den Kopf geht. Meine jetzige Band heißt ‚Monostar', und während ich das hier schreibe, stehen wir kurz vor unserem ersten größeren Auftritt auf einem Open-Air-Konzert[3]. Als Newcomer[4] unter mehreren bekannten Bands sind wir natürlich nur die erste Vorgruppe. Trotzdem werden uns vermutlich so viele Leute zuhören wie nie zuvor.

Vor einem Auftritt verbringe ich viel Zeit damit, mir auszumalen, was alles schief gehen könnte. Werde ich wieder blöde Bewegungen machen, ohne es zu merken? Segeln wieder meine wichtigen Notizen weg, wenn ich sie brauche? Dann versuche ich alle Unsicherheitsfaktoren zu beseitigen. Ich klebe meine Notizen mit Isolierband superfest auf den Verstärker. Aber ein paar Unsicherheiten und Fragen bleiben trotzdem übrig, vor allem die wichtige Frage: Sind wir überhaupt gut?

Größere Rätsel gibt uns auch unser eigenes Equipment[5] auf. Mein Lieblingssynthesizer ist schon fast zwanzig Jahre alt. Er klingt toll, aber während seiner langen Lebensdauer hat er irgendwie ein eigenes Bewusstsein entwickelt. Bei besonders traurigen Liedern, wenn Norbert, unser Sänger, über Einsamkeit und Schmerz singt, macht er manchmal lustige Quakgeräusche[6]. Wird es auch diesmal passieren? Der Gedanke, von einem undurchsichtigen schwarzen Kasten abhängig zu sein, ist ein wenig beängstigend.

1 -s E-Piano, das elektronische Piano / Klavier

2 verdammt, die verdammte Steckdose; hier: ein Fluch / ein Schimpfen auf die Steckdose

3 -s Open-air-Konzert, engl., ein Konzert „unter freiem Himmel"
4 -r Newcomer, engl., eine Musikgruppe, ein(e) Sänger/in, die / der gerade / seit kurzem sehr berühmt ist

5 -s Equipment, engl., die Ausrüstung, hier die technische Ausrüstung der Band
6 -s Quakgeräusch, „Quak" kann nicht übersetzt werden; sprechen Sie fünfmal hintereinander „Quak", dann wissen Sie, welches Syntesizer-Geräusch gemeint ist

Trotz all der Unsicherheiten muss ich sagen: Das Gefühl vor einem Auftritt ist vor allem ein ungeheuer schönes Gefühl. Gerade die leichte Spannung und Ungewissheit gefällt mir. Ich möchte gar kein Routinier sein. Routiniers hocken vor dem Auftritt stundenlang herum und warten stumpf. Wir dagegen werfen eine Stunde vor dem Auftritt unser gesamtes Programm über den Haufen[7], schreiben Texte, ändern unseren Bandnamen oder diskutieren über die Möglichkeiten, einfach abzuhauen[8]. Dabei werden wir oft richtig kreativ …"

7 etwas über den Haufen werfen, hier:
   etwas, was man geplant hat, aufgeben
8 abhauen, weggehen, weglaufen

4.3

Wählen Sie eine der beiden Schreibaufgaben:

a. Sie sind Journalist und haben diesen Auftritt miterlebt. Schreiben Sie einen Artikel über das erste Konzert dieses Musikers.

b. Haben auch Sie einmal ähnliche Pannen erlebt? Schildern Sie ein solches unglückliche Erlebnis.

5
Sich auf Prüfungen vorbereiten

5.1

a. Setzen Sie von den folgenden Wörtern die passenden Wörter in die Textlücken ein:

weil ◆ wegen ◆ wer ◆ nur ◆ wenn ◆ zum ◆ nach

Agnes Baltsa
Jeden Abend Angst
_____ (1) sie die Bühne betritt, verwandelt sich jede Opernszene in eine Arena: _____ (2) noch Totaleinsatz rückhaltlos ausgespielter Emotionen zählt. Leidenschaft und Sinnlichkeit, Künstlerstolz und Widerspruchsgeist - _____ (3) Agnes Baltsa zu sehr in die Nähe kommt, könnte sich verbrennen. Zum 30-Jahr-Bühnenjubiläum ein Gespräch mit der griechischen Mezzosopranistin.

Werner Pfister & Andrea Meuli

b. Jeweils zwei der angegebenen Vorschläge können das kursiv gedruckte Wort ersetzen:

(4) außerdem ◆ vor allem ◆ besonders
(5) allein ◆ nur ◆ lediglich
(6) auch ◆ zudem ◆ danach

M&T: „Die goldenen Zeiten der Baltsa sind tempi passati" hat vor geraumer Zeit ein Kritiker geschrieben. Keine schmeichelhafte Bilanz zum 30-Jahr-Bühnenjubiläum. Agnes Baltsa, lesen Sie überhaupt Kritiken?

AGNES BALTSA: Ja

M&T: Was erwarten Sie von einem Kritiker?

BALTSA: (4) In erster Linie, dass er sich selbst respektiert. Das Werk soll er genau kennen und nicht nur aus dem Programmheft. Und am Abend soll er mit seinen Gedanken (5) ausschließlich bei der Aufführung sein. Auch wenn diese drei Stunden dauert. (6) Zudem wünsche ich dem Kritiker, dass er bei guter Laune ist; dass er grundsätzlich nicht denkt: Meine Karriere läuft irgendwie schief; eigentlich wollte ich selbst Sänger werden; was mache ich eigentlich hier?; ich würde viel lieber essen gehen … Ich erwarte, dass er eine sachliche Kritik schreibt, eine gute oder schlechte – beides kann Ansporn sein, kann uns zu etwas animieren.

c. Jeweils eines der drei Wörter passt:

(7) bringt ◆ trägt ◆ führt
(8) finden ◆ erwecken ◆ rufen
(9) enorme ◆ kräftige ◆ geringe
(10) besuchen ◆ teilnehmen ◆ kommen

M&T: Haben Sie auf ungerechtfertigte Kritik auch schon mit einem Leserbrief geantwortet?

BALTSA: Nein, nie! Kritik, die persönliche Aggressionen zum Ausdruck (7) _____, kann man nicht ernst nehmen. Zudem: Die Kritiker interessieren mich nicht; die Kritiker sind ja nicht das Publikum. Ich singe für das Publikum. Genauer gesagt: Der Mensch, der hinter der Sängerin steckt, versucht, die Musik zum Leben zu (8) _____ und möglichst viele Menschen daran teilhaben zu lassen. Wenn der Vorhang aufgeht, vergesse ich alles. Auch bösartige Gefühle …

(…)

Ich respektiere das Publikum! Ich habe eine (9) _____ Verantwortung – für das Haus, das mich engagiert hat, und für die Menschen, die in eine Vorstellung (10) _____. Das ist wie eine erotische Beziehung.

d. Setzen ein sinngemäß passendes Wort ein.

(11) _____   (12) _____
(13) _____   (14) _____

M&T: Zuweilen sieht das sogar nach einer Kampfansage ans Publikum aus.

BALTSA: Oh nein! Nichts von Kampf! Dazu habe ich zu viele Ängste, wenn ich auf die Bühne komme.

M&T: Angst? Nach dreißig Jahren Karriere?

BALTSA: Ja, Angst! Ich gehe am (11) _____ ja nicht einfach in ein Opernhaus, ziehe eine Schublade (12) _____ und hole beispielsweise die „Carmen" (13) _____. Ich habe jedes Mal Angst, bin aufgeregt. Ich weiß nie, was kommt – wie mein Körper, mein Hirn, meine Stimme, meine Konstellation, wie der Mensch und wie die Sängerin, wie die tragische Frau und die lustige Frau an diesem Abend funktionieren. Angst? Natürlich! Ich bin kein (14) _____, ich bin ein Mensch! Mit allen positiven und negativen Eigenschaften. Zudem ist es ja jeden Abend ein anderes Publikum, und das ist das Hochinteressante.

M&T: Standen Sie am Schluss einer Aufführung auch schon mal inmitten eines Buh-Gewitters?

BALTSA: Bislang ist mir das noch nie passiert. Aber was nicht war, kann ja noch kommen.

„Der erste Auftritt" und Agnes Baltsa? Kreuzen Sie entsprechend an. Achten Sie darauf, dass sich in dieser Tabelle einige Ängste „eingeschlichen" haben, von denen in den beiden Texten nicht berichtet wird.

Ängste vor … / davor …	Agnes Baltsa	Marc
den Text zu vergessen		
auf der Bühne über Kabel oder Musikinstrumente zu stolpern		
auf der Bühne das Noten- oder Textblatt zu verlieren		
von der Technik abhängig zu sein		
unsachlicher Kritik		
dem Publikum		
wie der eigene Körper auf der Bühne reagieren wird		
Buh-Rufen		
dem Dirigenten		
der Zukunft		

6 Diskutieren: Jemanden überzeugen

Stellen Sie sich vor: Sie halten sich einige Tage im Ruhrgebiet auf – und möchten auch etwas vom kulturellen Leben dort kennen lernen; wählen Sie eines der angebotenen Programme und versuchen Sie, einen Begleiter unter Ihren Lernpartnern zu finden. Überzeugen Sie ihn, mit Ihnen zusammen einen Abend zu verbringen.

Verwenden Sie dabei u. a. folgende Redemittel:
– *Was hältst du davon, wenn wir ...*
– *Wie wäre es, wenn wir ...*
– *Das wäre doch einmal etwas anderes ...*
– *Ich glaube, das wird auch dir großen Spaß machen, denn ...*

A

Gelsenkirchen
Orientalische Tänze. Alitza und Samra
Revierpark Nienhausen, 20h

B

Essen
Ballettabend. Der Widerspenstigen Zähmung. Nach Shakespeare
Choreographie: John Cranko. Musik: Kurt Heinz Stolze nach D. Scarlatti.
Musikalische Leitung: Davor Kmjak
Aalto-Theater, 19.30h

C

Dortmund
Sinfoniekonzert. Mendelssohn Bartholdy: Sinfonie Nr.4 A-Dur op 90
„Italienische". Berlioz: „Harold in Italien" op 16. Roman Nowicki, Viola.
Philharmonie Dortmund. Dirigent: Andras Ligeti. Opernhaus Dortmund,
20h

D

Essen
Songs & Poetry. O Moon of Alabama. Zu Brechts Geburtstag.
Musikalische Leitung: Alfons Nowacki. Grillo-Theater, Café Central, 20h

E

Essen
Flamenco. Maria del Mar con su grupo. Satiricon-Theater, 20h

F

Marl
Kammerkonzert: Werke von Beethoven, Brahms, Lutoslawski, K. Meyer.
Axel Strauß, Violine. David Satyabrata, Klavier. Theater Marl, 20h

G

Bochum

Andrew L. Webber: Musical „Starlight Express". Starlight-Halle, 20h

H

Duisburg

Giuseppe Verdi: Aida. Deutsche Oper am Rhein. Musikalische Leitung: John Darlington. Regie und Ausstattung: Pet Halmen. Theater Duisburg, 19.30h

I

Essen

Georg-Melches-Stadion, Fußballfreundschaftsspiel: Rot-Weiß-Essen gegen Borussia Dortmund, 19.30h

J

Bochum

Friedrich Schiller: Kabale und Liebe. Regie: Jürgen Kruse. Ausstattung: Franz Koppendorfer, Caritas de Wit. Schauspielhaus Bochum, 19h

K

Herten

Erich Kästner am Nachmittag. Karl-Heinz Bendorf, Rezitation. Glashaus, 15 h

L

Lünen

Jack Jaquine: Lust auf Mord. Tourneetheater. Heinz-Hilpert-Theater, 20h

M

Bochum

Close Up – Zauberei. Der Zauberkasten, 20.30h

N

Mülheim

Wodo Puppenspiel: Die Bremer Stadtmusikanten. Stadthalle, 15h

O

Essen

The Deftones – Tour '98. Metal-, Hardcore- und Punk-Sound. Zeche Carl, 20h

P

Essen

José Carreras & Orchester. Auf dem Gelände Schloss Borbeck, 20h

Mit Wörtern arbeiten

7.1

Bilden Sie mit den substantivierten Verben Nebensätze – bilden Sie aus Nebensätzen Substantivierungen. Aus einem Faltblatt des „Essener Theaterrings":

Vorteile einer Mitgliedschaft im „Essener Theaterring":

substantivierte Verben	Nebensätze
Beispiel: Erheblich verbilligte Preise gegenüber dem *Kauf* von Einzelkarten	Wenn Sie Einzelkarten _____, zahlen _____.
Teilnahmemöglichkeiten an interessanten Fahrten zu bedeutenden Theater- und Kulturstädten	Es besteht die Möglichkeit, _____.
Kein Schlangestehen an der Theaterkasse	Es _____ nötig, _____.
Kein Ärger über das Besetztzeichen beim Anruf zur Kartenvorbestellung	Sie brauchen _____, wenn Sie _____.
Einladung zu interessanten Gesprächsabenden mit Künstlern des Theaters	Sie werden _____.

7.2

Fertigen Sie für Ihre Mitschüler ein Silbenrätsel mit Begriffen aus der Welt des Theaters an.

7.3

Schreiben Sie mindestens 20 Begriffe zum Thema dieser Lektion heraus, finden Sie Oberbegriffe zu diesen Begriffen.

Er will eine silberglänzende Flugmaschine gesehen haben ... Teil 1: Der objektive Gebrauch

1 Grammatik systematisieren

1.1

In der Übersicht zu den Modalverben (S. 208–211) finden Sie Beispiel-sätze zu den einzelnen Modalverben, Hinweise zur Negation und alter-native Ausdrücke. Ihre Aufgabe: Tragen Sie die in folgenden Sätzen angegebenen Bedeutungen (Aussageabsichten) der Modalverben in die linke Spalte der Übersicht ein.

- *eine (Auf)Forderung, etwas zu tun*
- *eine (Auf)Forderung / einen Wunsch / einen Befehl / einen Auftrag einer Person an eine andere Person weitergeben*
- *es besteht eine Notwendigkeit / Verpflichtung, etwas zu tun*
- *den Spaß an einer Sache ausdrücken*
- *einen Willen / eine Absicht äußern*
- *bedingungen nennen – (wenn ... sollte)*
- *einen Ratschlag / eine Empfehlung erteilen – unter Verwendung des Konjunktiv II*
- *etwas erlauben (2 x)*
- *einen Wunsch äußern*
- *unsicherheit ausdrücken – zumeist in Fragesätzen*
- *eine Möglichkeit, etwas zu tun (zu erfahren / zu erleben) nennen*
- *in Erzählungen / Romanen etwas ankündigen, was später eintreten wird*
- *die Notwendigkeit einer Handlung ausdrücken*

A müssen

Bedeutung	Beispiel	Besonderheiten bei der Negation	Alternativen
(1)	– Wenn er nach Frankreich reisen möchte, *muss* er sich ein Visum besorgen.	– Wenn er nach F. reisen möchte, *braucht* er sich *kein* Visum *zu* besorgen. – Wenn er nach Frankreich reisen möchte, *muss* er sich *nicht unbedingt* ein Visum besorgen. – Er *darf* nicht nach Frankreich reisen, *ohne* sich ein Visum besorgt *zu* haben. – Er *kann nicht* ohne Visum nach Frankreich reisen.	– Wenn er nach Frankreich reisen möchte, ist es *notwendig / erforderlich / unumgänglich / unerlässlich / (unbedingt) nötig, dass* er sich vorher ein Visum besorgt. – Wenn er nach Frankreich reisen möchte, *bleibt ihm nichts anderes übrig, als* sich vorher ein Visum *zu* besorgen. – Er ist *gezwungen* sich ein Visum *zu* besorgen, wenn er nach Frankreich reisen möchte. – Wenn er nach Frankreich reisen möchte, *hat er sich* ein Visum *zu* besorgen.
(2)	– Du *musst* sparsamer leben!	– Du *brauchst nicht* sparsamer *zu* leben. – Es ist n*icht notwendig, dass* du sparsamer lebst.	– Du *solltest* unbedingt sparsamer leben!

B sollen

Bedeutung	Beispiel	Besonderheiten bei der Negation	Alternativen
(1)	– Du *sollst* noch heute Herrn Krause in Mailand anrufen.	– Du *brauchst* Herrn Krause heute *nicht* mehr an*zu*rufen. – Du *sollst* heute Herrn Krause nicht mehr anrufen.	– Sie *haben den Auftrag / die Anweisung / Aufgabe,* noch heute Herrn Krause in Mailand an*zu*rufen. – Sie *haben* noch heute Herrn Krause (…) an*zu*rufen. – Der Chef *will / möchte, dass* Sie noch heute Herrn Krause in Mailand anrufen.
(2)	– Sie *sollten* morgens früher aufstehen!	– Sie *sollten* morgens *nicht* früher aufstehen. – *Es ist nicht nötig,* morgens früher auf*zu*stehen. – *Es ist nicht nötig, dass* Sie morgens früher aufstehen. – *Es besteht keine Veranlassung / kein Grund,* morgens früher auf*zu*stehen.	– *Es wäre besser, wenn* Sie morgens früher aufstehen *würden.*
(3)	– *Soll / Sollte* ich eine Krawatte tragen?		– *Ist es nötig, dass* ich eine Krawatte trage?
(4)	– Wir *sollten* ihn nie wieder sehen. (Zitat aus einem Kriminalroman)		
(5)	– Wenn er bis 6 Uhr nicht angerufen haben *sollte,* werden wir ohne ihn losfahren.		

C wollen

Bedeutung	Beispiel	Besonderheiten bei der Negation	Alternativen
(1)	– Wir *wollen* morgen mit den Renovierungs-arbeiten beginnen.		– Wir *beabsichtigen / haben uns ent-schlossen / haben vor / haben die Ab-sicht* morgen mit den Renovierungsar-beiten zu beginnen.
(2)	– Diese Blume *will* gut gepflegt sein. – So ein Brief *will* vorsichtig formuliert sein.		

D mögen (möchten)

Bedeutung	Beispiel	Besonderheiten bei der Negation	Alternativen
(1)	– Sie *möchte* ihren nächsten Urlaub allein verbringen.	– Sie *möchte* ihren nächsten Urlaub *nicht* allein ver-bringen. – Sie *mag* ihren nächsten Urlaub *nicht* allein ver-bringen.	– Sie *hat das Bedürf-nis* ihren nächsten Urlaub allein *zu* ver-bringen.
(2)	– Auch wenn es viele Proteste geben *mag*, werden (dennoch) die Rationalisie-rungsmaßnahmen durchgeführt. – *Mag* es auch noch so viele Proteste ge-ben, die Rationali-sierungsmaßnahmen werden (dennoch) durchgeführt wer-den.		
(3)	– Ich *mag* gern ins Theater gehen.		

E können

Bedeutung	Beispiel	Besonderheiten bei der Negation	Alternativen
(1)	– Sie *kann* sehr gut Geige spielen.		– Sie *hat die Fähigkeit / ist in der Lage* sehr gut Geige *zu* spielen.
(2)	– Wir *können* uns nach dem Seminar treffen.		– *Es besteht die Möglichkeit, dass* wir uns nach dem Seminar treffen.
(3)	– „Sie *können / dürfen* heute etwas früher nach Hause gehen."		– „Ich *gestatte / erlaube* Ihnen, heute etwas früher nach Hause *zu* gehen."

F dürfen

Bedeutung	Beispiel	Besonderheiten bei der Negation	Alternativen
(1)	– Jeder *darf* hier frei seine Meinung äußern.		– Jedem *ist* es hier *erlaubt / gestattet*, frei seine Meinung *zu* äußern. – Jeder *hat* hier *die Möglichkeit* frei seine Meinung *zu* äußern.
(2)	– Nun, da die Prüfung bestanden ist, *dürfen* wir erst einmal in Ruhe Urlaub machen.		
(3)	– Erst im fortgeschrittenen Alter *durfte* sie erfahren, was es bedeutet, glücklich zu sein.		– Erst im fortgeschrittenen Alter *konnte* sie erfahren / *hatte* sie die *Möglichkeit zu* erfahren, was es bedeutet, glücklich zu sein.
(4)	– Wir *dürfen* nicht vergessen uns zu bedanken.		– Es *ist notwendig, dass* wir uns bedanken.

2.1

a. Bilden Sie allein oder mit einem Lernpartner zusammen Beispielsätze, bei denen Sie die modalen Hilfsverben *müssen, sollen,
   wollen, mögen, können, dürfen* verwenden. Schreiben Sie diese
   Sätze auf ein Blatt.

b. Lesen Sie Ihre Beispielsätze vor, Ihre Mitschüler haben die Aufgabe
   die Bedeutung des modalen Hilfsverbs in diesem Satz zu nennen.

c. Geben Sie das Blatt mit Ihren Beispielsätzen einem anderen Schüler /
   anderen Schülern. Aufgabe ist es nun, diese Sätze zu negieren und –
   wenn möglich – mit Alternativkonstruktionen umzubilden.

2.2

Erklären Sie die Bedeutungsunterschiede:

a. *„Sie sollen morgen früh eine halbe Stunde vor Konferenzbeginn
   da sein."*
   *„Sie sollten morgen früh eine halbe Stunde vor Konferenzbeginn
   da sein."*

b. *„Wenn ihr am Samstag nicht kommen könnt, solltet ihr Lisa
   anrufen."*
   „Wenn ihr am Samstag nicht kommen könnt, sollt ihr Lisa anrufen."

c. *„Frau Kramer soll bei Herrn Lipinsky vorbeischauen – aber nicht
   vor 15 Uhr."*
   *„Frau Kramer sollte bei Herrn Lipinsky vorbeischauen – aber nicht
   vor 15 Uhr!"*

2.3

Welche zwei Bedeutungen stehen hinter folgenden Beispielsätzen?

a. „Soll ich diese Datei auf dem Computer löschen?"

b. „Soll ich die Blumen täglich gießen – oder besser nur jeden zweiten
   oder dritten Tag?"

c. „Sollten wir die Heizung ganz ausschalten oder auf Stufe 1
   einstellen?"

2.4

Wie sollte sich ein Staatspräsident verhalten?

Beispiel:
(Minderheitenverbände / sich auch für die Probleme von Minderheiten interessieren)
– Minderheitenverbände fordern: „Er sollte sich auch für die Probleme von Minderheiten interessieren."
– Nach dem Wunsch von Minderheitenverbänden soll er sich auch für die Probleme von Minderheiten interessieren.

a. (Lehrer / oft mit jungen Leuten diskutieren)
b. (Arbeitslose / sich für die Schaffung neuer Arbeitsplätze einsetzen)
c. (Gewerkschaftsführer / gute Beziehungen zu den Gewerkschaften haben)
d. (Wissenschaftler / sich für Zukunftstechnologien einsetzen)
e. (Arbeitgeberverbände / sich für niedrige Steuern einsetzen)
f. (Journalisten / sich medienfreundlich verhalten)
g. (Generäle / die Arbeit der Armee positiv in der Öffentlichkeit darstellen)
h. (Künstler / sich für die Unterstützung junger Künstler einsetzen)
i. (Bildungspolitiker / sich für den Jugendaustausch mit anderen Nationen engagieren)

2.5

Ersetzen Sie „müssen" durch alternative Umschreibungen.

a. Um dieses Verbrechen aufklären zu können, musste die Polizei 756 Hinweisen aus der Bevölkerung nachgehen.

b. Wenn die Regierung dieses Gesetz verabschieden will, muss sie wegen der erforderlichen Zweidrittelmehrheit mindestens 39 Stimmen der Opposition für sich gewinnen.

c. Wenn du sein Herz gewinnen möchtest, musst du dich auch für seine Hobbys interessieren.

d. Du musst die Wände noch einmal streichen.

e. Wenn du wieder ganz gesund werden möchtest, musst du sofort das Rauchen aufgeben.

2.6

Schreiben Sie die Sätze zu Ende – unter Verwendung von „müssen"
oder einer alternativen Umschreibung:

a. Wenn Sie andere Menschen kennen lernen möchten, …
b. „Wenn dein Nachbar wieder etwas von dir leihen möchte und du
sicher bist, dass er es wie immer nicht zurückgeben wird, …
c. Wenn du aussehen möchtest wie ein Model, dann …

2.7

Heben Sie den Zwang auf:

Beispiel:
Du musst dich verkleiden, wenn du den Maskenball im Hotel besuchen
willst.

– Du brauchst dich nicht zu verkleiden, wenn du den Maskenball im
Hotel besuchen willst.
– Du musst dich nicht unbedingt verkleiden, wenn du den Maskenball
im Hotel besuchen willst.
– Du darfst / kannst den Maskenball auch ohne Verkleidung
(ohne dich zu verkleiden) besuchen.

a. Sie müssen alle Tapeten abreißen, bevor sie aus der Wohnung
ausziehen.
(Hilfe: dürfen / können – an der Wand lassen)
b. Man muss diese Vorspeise warm servieren.
c. Diese Oper muss in prächtigen farbenfrohen Kostümen gespielt
werden.
d. Sie müssen die Rechnung mit DM oder US-Dollar bezahlen.
(Hilfe: dürfen / können – mit einer anderen Währung)
e. Sie müssen den Wagen reparieren lassen.
f. Sie müssen den Fahrschein vor der Fahrt lösen.
(Hilfe: können / dürfen: beim Schaffner während der Fahrt)
g. Wir müssen uns diesen Film bis zum Ende ansehen.
h. Wir müssen die Fenster schließen.
i. Wir müssen den Streik für die Lohnerhöhung abbrechen.
j. Die Regierung muss ein neues Gesetz zur Verbrechensbekämpfung
verabschieden.
(Hilfe: können – auf eine Änderung des … verzichten)

2.8

Beispiele:
Diese Blume will gut gepflegt sein. So ein Brief will vorsichtig
formuliert sein.

Ergänzen Sie die Sätze:

a. _____ will gelernt sein.

b. So ein süßes Mäuschen will _____

c. Auch eine Zimmerpflanze will _____

2.9

Ersetzen Sie „möchten / wollen" durch einen alternativen Ausdruck
(Sie hat den Wunsch, … / Sie hat das Bedürfnis, … / Sie möchte (nicht)
darauf verzichten, …).

a. Sie möchte einige Jahre in einem Kloster leben.

b. Er will nie mehr ein Schiff betreten.

c. Der Parlamentsabgeordnete Köstner möchte in seinen
   ursprünglichen Beruf zurückkehren.

d. Er möchte nun doch keine Geschirrspülmaschine kaufen.

e. Sie will in Zukunft kein Spielkasino mehr betreten.

f. Er will einen Beruf ergreifen, bei dem er nicht mit Menschen
   zu tun hat.

2.10

Der neue Kultur- und Freizeitpark

Stellen Sie die neue Freizeitanlage vor. Ersetzen Sie dabei „können"
durch alternative Formen *(möglich sein / es besteht die Möglichkeit … / die Möglichkeit haben …)*.

Dieser Kultur- und Freizeitpark verfügt über ein reichhaltiges Angebot:
Beispiel:
– Auf der „kulinarischen Meile" kann man ein reichhaltiges Angebot
  internationaler Küche genießen.
– Es besteht die Möglichkeit, internationale Gerichte zu genießen.

a. Man kann ein riesiges Aquarium mit Meeresfischen und auch mit
   Delphinen besichtigen.

b. Sportfreunde können sich im Fitnesscenter treffen.

c. Musikfreunde können sich jeden zweiten Sonntag im Monat auf
   ein Konzert der Extraklasse freuen.

d. Junge Leute können sich von Donnerstag bis Samstag, jeweils von
   21 Uhr bis früh um 4 Uhr, in der Diskothek „Highlife" austoben.

e. Menschen mit Alkohol- und Drogenproblemen können in der
   Drogenberatungsstelle der evangelischen Kirche ein offenes Ohr
   bei 8 Sozialarbeitern finden.

f. Sie können auch im Sommer eine Abkühlung in der Eislaufhalle
   genießen.

2.11

Bauen Sie in die Sätze ein modales Hilfsverb – je nach angegebener Aussageabsicht – ein.

Beispiel:
- Ich gehe nach Hause. (Auftrag)
- Ich soll nach Hause gehen.

a. Ich übersetze den Brief nicht. (Fähigkeit)
b. Besuchen Sie diese Ausstellung! (Empfehlung)
c. Ich bereite das Dessert zu. (Erlaubnis)
d. Sven geht mit Claudia aus. (Möglichkeit)
e. Bert nimmt an einer Talkshow im Fernsehen teil. (Absicht)
f. Entschuldige dich bei Christina! (Aufforderung)
g. Simone reitet. (Freude)
h. Sie setzt bei der Behandlung Akupunkturnadeln ein. (Möglichkeit)

2.12

müssen – sein + Infinitiv mit „zu"

Beispiel:
- Bei Abschluss eines Mietvertrages sind unbedingt zwei Exemplare auszufüllen und beide von Vermieter und Mieter zu unterschreiben.
- Bei Abschluss eines Mietvertrages müssen unbedingt zwei Exemplare ausgefüllt und beide von Vermieter und Mieter unterschrieben werden.

Auszüge aus einem Mietvertrag
Formulieren Sie die Sätze um, indem Sie die angegebenen Verben / Modalverben einsetzen.

a. Jeder Hausbewohner *ist verpflichtet* den zu seiner Wohnung führenden Teil des Flures und der Treppe wenigstens zweimal wöchentlich gründlich zu reinigen. (sein + zu)

b. § 28 Betreten der Mieträume
Der Vermieter *ist berechtigt* in angemessenen Abständen oder aus besonderem Anlass die Mieträume an Werktagen in der Zeit zwischen 10 und 13 Uhr und 15 und 19 Uhr nach vorheriger Vereinbarung zu betreten. (dürfen)

c. Hausordnung
(1) Die Rücksichtnahme der Hausbewohner aufeinander *erfordert* es zu vermeiden:
   a. jedes störende Geräusch, insbesondere das starke Türenwerfen und das lärmende Treppenlaufen …
   (etwas nötig machen, … zu)

d. *Zu unterlassen sind*
    –   das Musizieren in der Zeit von 22 bis 8 Uhr und von 13 bis
        15 Uhr, Ton- und Fernsehrundfunk- und Phonogeräte sind nur
        auf Zimmerlautstärke einzustellen. (nicht erlaubt sein)

e. *Es ist nicht gestattet,* von Fenstern und Balkonen aus Vögel zu
    füttern. (nicht dürfen)

f. § 17 Tierhaltung
    Tiere, auch Haustiere, mit Ausnahme nicht störender Kleintiere,
    z. B. Zierfische und Ziervögel, *dürfen nicht* gehalten werden.
    (nicht gestattet sein)

g. Kinderwagen *dürfen* nur vorübergehend (höchstens bis eine Stunde
    Dauer) im Flur abgestellt werden. (nicht gestattet sein)

Kennen Sie ähnliche Formulierungen in Ihrer Muttersprache?
Wenn ja, übersetzen Sie sie ins Deutsche.

Grammatik systematisieren

1.1

Vergleichen Sie die Texte in der linken Hälfte mit dem Kommentar von
Herrn Kannnichsein; unterstreichen Sie, mit welchen Konstruktionen und
Wörtern drückt Herr Kannnichsein seinen Zweifel aus?

Text	Und das meint Herr Kannnichsein zu seiner Frau ...
A **Ufo** Am 24. Juni 1947 sah ein Geschäftsmann aus Idaho, Keneth Arnold, eine Gruppe von silberglänzenden dreieckigen Flugmaschinen, die über den Mount Ranier im US-Staat Washington flogen. Arnold schätzte ihre Geschwindigkeit auf 1.700 Meilen pro Stunde – damals eine Geschwindigkeit, die die menschliche Technik nicht erreichen konnte. Als er Reportern seine Beobachtungen zu Protokoll gab, verglich er die Objekte mit Untertassen, die man übers Wasser schlittern lässt. Ein Reporter machte daraus die „fliegende Untertasse". Heute wird allgemein der Begriff Ufo benutzt, eine Abkürzung aus dem Jargon der amerikanischen Luftwaffe, die „unidentified flying object" bedeutet.	„Hedwig, weißt du eigentlich, woher der Begriff ‚Ufo' stammt? Ein Amerikaner will 1947 eine drei-eckige silberglänzende Flugmaschine gesehen haben. Sie soll eine Geschwindigkeit von 1.700 Meilen pro Stunde gehabt haben. Und diese Flugmaschinen sol-len wie Untertassen ausgesehen haben. Die Presse hat darüber berichtet und seitdem gibt es den Begriff ‚fliegende Untertasse'."
B **Der ewige Traum von einer besseren Welt** Natürlich gibt es außerirdisches Leben. Allein die Milchstraße besteht aus etwa 200 Milliarden Ster-nen. Zehn- oder Hunderttausende dieser Sonnen werden von Planeten umkreist, die denen in unserem Sonnensystem ähnlich sind. Es gibt im Universum vermutlich Milliarden von Galaxien. Und da soll nur die kleine Erde Leben bergen? Das Problem: Die Entfernungen. Nach unserem Wissen zu groß für überirdische Begegnungen. Trotzdem existieren seit Jahrhunderten Berichte von Besuchern aus anderen Welten. Erklärung der Psychologen: Manche Men-schen projizieren ihre Träume und Wünsche in eine andere, bessere Welt. Sie hoffen auf die Erlösung von außen. Und „sehen" Aliens.	„Das ist ja Wahnsinn! Hör mal: Die Milchstraße muss wohl aus 200 Milliarden Sternen bestehen. Und von denen sollen Hunderttausende von Planeten umkreist werden, die mit unserem Sonnensystem Ähnlichkeit haben dürften. Aber auch die Entfernungen müssen riesig sein. Und was besonders interessant ist: es kann dort Lebewesen geben."

C

Nachts, wenn die Grauen kommen

Über Begegnungen der vierten Art und drei sehr merkwürdige Gespräche in Berlin

(…)

Nein, sie könne jetzt auf Anhieb nicht sagen[1], wie oft die Wesen zu ihr kommen, im Schnitt einmal im Jahr vielleicht, manchmal kämen sie mehrmals kurz hintereinander und dann jahrelang überhaupt nicht, aber angefangen habe es schon in ihrer Kindheit. Vier Jahre sei sie damals alt gewesen und sie erinnere sich noch ganz genau daran: Wie sie eines Nachts aufwacht und diese kleinen grauen Wesen mit den großen Augen an ihrem Bett stehen und sie beobachten, und wie sie dann barfuß durch einen unbekannten Wald geht und ein wunderschöner Hirsch sie zu einem großen silbernen Wohnwagen führt, in dessen Innerem alles nur viel größer ist als in einem wirklichen Wohnwagen, und wie sie dort eine große Wand mit lauter kleinen Monitoren sieht und sich gleich darüber wunderte, dass die vielen bewegten Bilder alle schon in Farbe sind, und im Fernseher zu Hause ist alles noch schwarzweiß. Das war 1962. (…)

Über das Aussehen der fremden Wesen erzählt auch Conny P. nur das, was in der einschlägigen Ufo-Literatur geschrieben steht: Dass es ganz verschiedene Arten von Wesen gibt, die kleinen Grauen mit den großen Augen vor allem und die großen Dunklen mit dem Schlapphut, dass sie ihre Opfer des Nachts in irgendwelche Raumschiffe verschleppen, in denen es zu verschiedenen Untersuchungen und Operationen kommt, und dass von diesen Eingriffen regelmäßig kleine Narben oder Wunden zurückbleiben, für die es beim Erwachen keine vernünftigen Erklärungen gibt. Auch sie habe nach solchen Nächten schon diverse Einstiche an ihrem Körper entdeckt. (…)

1 *etwas auf Anhieb sagen: etwas sofort auf eine Frage antworten*

„Hedwig, hör mal: Hier steht etwas über ein Gespräch mit einer Frau, die von fremden Wesen entführt worden sein will.

Die Frau soll des Öfteren von diesen ‚Aliens' besucht worden sein. Zum ersten Mal, als sie vier Jahre alt gewesen ist. Und daran will sich diese Frau noch ganz gut erinnern. Die muss wohl ein tolles Gedächtnis haben! Also, ich weiß nicht mehr, was ich so mit vier Jahren erlebt habe. Du vielleicht?

Oh je, dann soll sie von so kleinen grauen Wesen in einen Wald geschleppt worden sein. Und da will sie dann einen goldenen Hirschen gesehen haben. Das dürfte sie wohl alles geträumt haben.

Was sagst du? Wie diese Typen aussahen?

Angeblich klein und grau, große Augen – und auch noch einen Schlapphut. Und diese grauen Wesen sollen sie dann in irgendein Raumschiff gebracht haben. Wegen einiger Operationen und so etwas. Sie hat wohl sogar ein paar kleine Narben zurückbehalten. Na ja, das mag ja wirklich passiert sein, aber ich kann so etwas einfach nicht glauben."

↓ 1.2

Tragen Sie weitere Beispielsätze aus Herrn Kannichseins Kommentar in die Übersicht ein:

Bedeutung	Beispiel	Alternativen
eine Vermutung äußern – der Sprecher geht davon aus, dass die Annahme mit hoher Wahrscheinlichkeit zutrifft	– Die Entfernungen zu anderen Galaxien *müssen* riesig sein.	– Ich *bin überzeugt davon* / Ich *bin sicher, dass* die Entfernungen zu anderen Galaxien riesig sein müssen. – *Bestimmt / Sicher / Gewiss sind* die Entfernungen zu anderen Galaxien riesig.
eine Vermutung vorsichtig äußern – der Sprecher geht davon aus, dass die Annahme wahrscheinlich zutrifft	– Es gibt Planeten, die mit den Planeten in unserem Sonnensystem Ähnlichkeit haben *dürften*.	– Es *ist ziemlich sicher / wahrscheinlich, dass* es Planeten gibt, die mit den Planeten in unserem Sonnensystem Ähnlichkeit haben. – *Vieles spricht dafür / Vieles deutet darauf hin,* dass es Planeten gibt, die mit den Planeten in unserem Sonnensystem Ähnlichkeit haben.
eine Vermutung vorsichtig äußern – der Sprecher geht davon aus, dass diese Vermutung zutreffen könnte – allerdings sind auch andere Möglichkeiten denkbar	– Es *kann* auf anderen Planeten Lebewesen geben.	– Es *ist (durchaus) denkbar, dass* es auf anderen Planeten Lebewesen gibt. – Es *kann (durchaus) sein, dass* es auf anderen Planeten Lebewesen gibt.
Der Sprecher gibt wieder, was eine andere Person gesagt hat. Der Sprecher hat Zweifel am Wahrheitsgehalt dieser Aussage.	– Das Ufo *soll* eine Geschwindigkeit von 1.700 Meilen pro Stunde gehabt haben.	– *Man behauptet, dass* das Ufo eine Geschwindigkeit von 1.700 Meilen pro Stunde hatte.
Der Sprecher gibt wieder, was eine andere Person über sich selber gesagt hat. Der Sprecher hat Zweifel am Wahrheitsgehalt dieser Aussage.	– Ein Amerikaner *will* 1947 ein Ufo beobachtet haben.	– Ein Amerikaner *behauptet* von sich / *gibt an, dass* er 1947 ein Ufo gesehen hat.
Der Sprecher bezweifelt die Aussage einer anderen Person, indem er deren Aussage zwar als möglich darstellt, sie dann aber mit einem Folgesatz in Frage stellt.	– Das *mag* ja wirklich passiert sein, aber ich kann so etwas einfach nicht glauben.	– *Obwohl* so etwas ja wirklich *passiert sein kann / könnte,* kann ich so etwas einfach nicht glauben.

Grammatik üben und anwenden

2.1

„Kommentieren" Sie die Aussagen der Mediziner, die im Text unterstrichen sind. Gebrauchen Sie dafür die Modalverben, die in der Übersicht (1.2) angegeben wurden. Verwenden Sie diese Modalverben
je nachdem, wie sicher Ihnen die Erkenntnisse dieser Wissenschaftler
erscheinen.

A

Passivrauchen: Wie groß sind die Gefahren?

von Achim Metz

(…) Die Gefahren durch Passivrauchen – so wissenschaftliche
Studien – sind erheblich: „Das Risiko an Lungenkrebs zu erkranken
ist um 30 Prozent und mehr erhöht, wenn Menschen Tabakrauch
passiv ausgesetzt sind", heißt es im „British Medical Journal". Auch
das Herzinfarktrisiko nehme im selben Maße zu. „Damit gehört das
Passivrauchen zu den wichtigsten Umweltgefahren überhaupt",
urteilt Professor Ulrich Keil, Direktor des Instituts für Epidemiologie
an der Universität zu Münster.

*Die Gefahren durch Passivrauchen
müssen wohl erheblich sein.*

Der Frankfurter Kardiologe Professor Martin Kaltenbach geht
davon aus, dass die Folgen noch viel schlimmer sind. Er zitiert aus
einer britischen Langzeitstudie, wonach „nichtrauchende Frauen im
mittleren Alter nahezu doppelt so häufig einen Herzinfarkt erleiden,
wenn sie dem Passivrauchen regelmäßig ausgesetzt sind". Kaltenbachs
Schlussfolgerung: „Passivrauchen besitzt eine hohe Giftigkeit, auch
wenn nur ein Zehntel oder Zwanzigstel der Rauchdosis eines Aktivrau-
chers inhaliert wird."

(…)

Weltweit sterben jährlich rund drei Millionen Menschen an den
Folgen des Rauchens. „Das Inhalieren des blauen Dunstes[2] ist für 80 bis
90 Prozent der chronischen Atemwegs-, 80 bis 85 Prozent aller Lungen-
krebs- und 25 bis 43 Prozent der koronaren Herzerkrankungen verantwortlich", schätzt Drings. Allein 1985 wurden in Deutschland 108.000
frühzeitige Todesfälle durch Tabakkonsum verursacht. Raucher leben im
Durchschnitt 8 Jahre weniger. Insgesamt belasten solche Auswirkungen
die Weltwirtschaft mit jährlich 304 Milliarden Mark, so die Weltbank.

2 das Inhalieren (Einatmen) des blauen Dunstes
(Zigarettenqualm):
Umschreibung für rauchen

(…)

Der Verband der Zigarettenindustrie (vdc) in Bonn wiegelt jedoch ab[3]
– trotz der Expertisen. „Passivrauchen stellt zwar eine Belästigung dar,
aber eine Gefahr für die Gesundheit besteht deshalb noch lange nicht",
so vdc-Sprecherin Andrea Winkhardt. Die Tabakindustrie verweist ihrer-
seits auf zwei Studien: So kam das schwedische Karolinska-Institut
zu dem Ergebnis, dass sich für Nichtraucher, „die den ganzen Tag mit
einem rauchenden Partner zusammen sind, ein Belastungsäquivalent[4]
von 6 bis 9 selbstgerauchten Zigaretten im Jahr" ergibt.

3 abwiegeln:
einen Protest verharmlosen, einen Protest
zurückweisen

Folgen hin, Folgen her: Der Heidelberger Geschäftsmann Hans-Peter
Wild versucht zumindest, seinen Mitarbeitern zu helfen, der Sucht zu
entsagen[5] – mit einer Wette. Wild zahlt 1.000 Mark an rauchende Mit-

4 ein Belastungsäquivalent:
eine entsprechende / vergleichbare Belastung
5 der Sucht entsagen; hier:
mit dem Rauchen aufhören

arbeiter, die sechs Monate lang keine Zigarette anrühren. Raucht der Betreffende nicht, darf er das Geld behalten. Andernfalls muss er dem Chef 2.000 Mark zurückzahlen.

B
Die Welt (in: Presse und Sprache Nr.473, Juni 1996)
Hier wird nicht geschossen
Paderborn Mit der Aufforderung „Geld her oder ich schieße!" betrat ein 25–30jähriger Mann ein Kindermodengeschäft im westfälischen Paderborn. Seine in der Jackentasche vergrabene Hand[6] deutete dabei eine Waffe an. Doch die Verkäuferin des Geschäfts ließ sich keineswegs einschüchtern. Mit den Worten „Hier ist kein Geld vorhanden, und geschossen wird hier auch nicht", brachte die resolute Frau den Räuber zur Vernunft. Als schließlich auch noch zwei Kundinnen auf der Bildfläche erschienen[7], machte sich der gescheiterte Räuber schleunigst aus dem Staub.

C
Aliens[8] – Die Außerirdischen leben mitten unter uns
von Ingo Wibbeke
Die Erde jedenfalls ist der reinste Zweitwohnsitz für Wesen aus der Tiefe des Weltalls. Sie kommen von der Venus oder von noch weiter her. Sie haben menschliche Form angenommen und leben unerkannt mitten unter uns. Überall auf der Welt, unter Ozeanen und Wüsten, unterhalten sie geheime Basen[9]. Und nur wenigen Auserwählten unter den eingeborenen Erdenbürgern geben sie sich je zu erkennen. Diese Begegnungen der dritten Art hat der britische Ufo-Experte und Bestsellerautor Timothy Good in dem Buch „Alien Base" (Basis der Außerirdischen, seit gestern in England auf dem Markt) dokumentiert: „Ich habe zusammengetragen[10], was über Kontakte von Menschen mit Aliens berichtet wird."

Hubert Lewis zum Beispiel. Herbst 1957. Er quält sich bei Wind und Regen mit seinem Rad durch die hereinbrechende Dämmerung. Ein verlassener Landstrich im tiefsten England, kurz vor Church Stretton in Shropshire. Zuerst nahm er nur schemenhaft[11] eine große schlanke Figur am Straßenrand wahr. Dann traf ihn fast der Schlag[12]. Am Himmel, etwa 30 Meter über dem Fremden, dreht sich ein diskusförmiges Raumschiff. Lewis wollte gerade in Panik davonjagen, als er die Stimme vernahm: „Kein Grund zur Panik". In lupenreinem Englisch[13]. Lewis später: „Er sagte mir, ich müsse keine Angst vor der Zukunft haben. Er kannte meine Probleme, wünschte mir alles Gute – dann war er weg."

Ufo-Experte Timothy Good: „Es liegt nahe, dass sich mehrere Rassen auf der Erde niedergelassen haben. Vielleicht benützen sie den Planeten als Operationsbasis[14]." Aus einem Zeitraum von 40 Jahren hat Good derlei überirdische Rendezvous aufgezeichnet. Doch nicht immer ging es so friedlich zu wie bei Hubert Lewis. In Puerto Rico soll 1980 ein Außerirdischer von einem Mann mit einem Knüppel erschlagen worden sein. Polizeisergeant Morales fand den Toten in einer Höhle: *„Der Kopf war viel zu groß für den kleinen Körper. Die Haut schimmerte graugrün."* Chemieprofessor Perez, der die Leiche untersuchte: „Ganz klar ein Außerirdischer."

---

6 seine in der Jackentasche vergrabene Hand: seine in der Jackentasche versteckte Hand

7 auf der Bildfläche erscheinen: sichtbar werden; hier: das Geschäft betreten

8 Alien (engl.): der Fremde, der Fremdling

9 -e Basis: der militärische Stützpunkt

10 etwas zusammentragen; hier: Informationen sammeln

11 schemenhaft: nur undeutlich / ungefähr zu erkennen

12 ihn traf fast der Schlag: er war entsetzt / geschockt

13 lupenreines Englisch: perfektes / akzentfreies Englisch

14 -e Operationsbasis (militärischer Begriff): Ausgangspunkt / Planungszentrum für militärische Aktivitäten

In einem gläsernen Fass wurde das leblose Ding aufbewahrt. Eines Tages war es verschwunden. Abgeholt von Leuten der NASA[15].

    Zu blöd: Wieder kein Beweis.

15 NASA: amerikanische Weltraumbehörde

2.3

Was hat Ihnen Ihr(e) Freund/in, Nachbar/in in letzter Zeit über andere Personen berichtet?

Notieren Sie mindestens 5 Sätze. Verwenden Sie „sollen".
Beispiel:
Frau F. soll erkrankt sein.

2.4

Was hat Ihnen Ihr(e) Freund/in, Nachbar/in in letzter Zeit über sich selbst berichtet?

Notieren Sie mindestens 5 Sätze. Verwenden Sie „wollen" in der subjektiven Bedeutung.
Beispiel:
Herr K. will einen Streit mit Frau L. gehabt haben.

2.5

Wovon könnten die Zeitungsartikel handeln, die diese Überschriften haben?

Äußern Sie Ihre Vermutungen mit *„sollen, können, müssen, dürfen"* in der subjektiven Bedeutung.

a.   Mann warf 91.000 Mark in die Weser[16]
b.   Luxus-Badezimmer auf acht Rädern
c.   Nackte Tatsachen
d.   Flugzeug landete an einer Tankstelle
e.   Mit dem Zug ins Guiness-Buch der Rekorde
f.   Dorf zu verkaufen
g.   Wildschwein in der Schule
h.   Bürger halfen Räubern
i.   Ein Mobiltelefon bringt Ehe zum Scheitern

16 -e Weser: Fluss in Norddeutschland

Der Meteorit sei gar keiner gewesen

1 Grammatik untersuchen – Grammatik systematisieren

1.1
Direkte und indirekte Rede erkennen

a. Unterstreichen Sie in den beiden Zeitungsartikeln
- mit einem Bleistift: Informationen / Fakten
- mit einem Farbstift: zitierte Sätze, d. h. Sätze, die der Journalist von anderen Personen übernommen hat.

Anmerkungen siehe Seite 239

Text A *(BILD)*

Der Meteoriten-Krater[1]

Samstag, mittags um 13 Uhr: Bauer Albert Arndt (44, Vater von 6 Kindern) stapelt[2] vor seinem Hof[3] in Widdelsberg Holz auf. Er berichtet: „Plötzlich hörte ich einen dumpfen Knall, wie eine Explosion. Ich schaute hoch – und sah diese riesige Schlammfontäne[4], fast 150 Meter hoch."

Doch Bauer Arndt dachte sich nicht viel dabei: „Ich glaubte, die sprengen da Felsen ab."

Erst am Sonntag, gegen 11 Uhr, macht der Pilot des Polizeihubschraubers „Edelweiß" die unheimliche Entdeckung: Ein Krater mit 20 Metern Durchmesser, mindestens 8 Meter tief. Im Umkreis von 200 Metern ist der Schnee geschmolzen.

Wissenschaftler werden zu dem Loch unweit des weltberühmten Klosters Andechs gerufen.

Erste Vermutung: Hier sei Weltraumschrott[5] abgestürzt. Die Wissenschaftler rücken mit einem Geigerzähler[6] an – aber negativ. Die Absturzstelle ist nicht radioaktiv verseucht.

Ein Meteorit? Er könnte aus dem „Van-Allenschen-Gürtel" am Rande der Milchstraße stammen. Er schummelte[7] sich am Jupiter[8] vorbei, der normalerweise alle Meteoriten aufsaugen sollte.

Gut möglich, dass jetzt noch weitere Himmelskörper bei uns auf die Erde knallen. Denn 50 Meteoriten ziehen täglich im Abstand Mond – Erde an uns vorbei.

Text B *(SÜDDEUTSCHE ZEITUNG)*

20 Meter breiter Krater
Meteorit stürzt in Sumpf beim Eglsee

Seefeld (dpa) – Ein Meteorit ist am Südrand des oberbayerischen Eglsees niedergegangen. Zufällig entdeckte ein Polizeihubschrauber am Sonntag bei Seefeld (Landkreis Starnberg) in einem Sumpfgebiet einen Krater von 20 Metern Durchmesser und acht Metern Tiefe. Es deute alles darauf hin, dass es sich um einen Meteorit handele, sagte der Leiter der Polizeiinspektion Herrsching, Max Enzbrunner.

Ein Landwirt hatte am Samstag aus etwa einem Kilometer Entfernung einen dumpfen Schlag gehört und eine etwa 150 Meter hohe Wasser- und Schlammfontäne gesehen. Die Polizei nimmt an, dass er den Einschlag des Himmelskörpers beobachtet hat.

„Sehr heiß" müsse der Meteorit gewesen sein: In einem Umkreis von 200 Metern sei der Schnee geschmolzen, sagte Enzbrunner.

Man habe radioaktive Messungen eingeleitet[9], weil zunächst angenommen wurde, dass es sich um Weltraumschrott handeln könnte. Die Messungen seien jedoch negativ gewesen. Auch eine Fliegerbombe oder ein Flugzeugabsturz käme nicht in Betracht. Scherzhaft wollte Enzbrunner allerdings auch ein UFO[10] nicht ausschließen: „Es könnte sein – wir wissen's nicht. Es ist auf alle Fälle interessant."

b. Tragen Sie die Sätze, die Sie mit dem Farbstift unterstrichen haben, in diese Übersicht ein:

Etwas, was jemand gesagt hat, wird in diesem Zeitungsartikel wiedergegeben durch ...

direkte Rede	indirekte Rede	zitierte Person
– Er berichtet: „Plötzlich ..."		– Bauer Arndt
		– Bauer Arndt

direkte Rede	indirekte Rede	zitierte Person
– „Es könnte ..."	– Es deute alles darauf hin, dass ...	Max Enzbrunner (Polizist)
–	–	Max Enzbrunner (Polizist)
–	–	Max Enzbrunner (Polizist)

1.2
Wirkungen von direkter und indirekter Rede erkennen

Welche Merkmale treffen Ihrer Meinung nach zu, wenn man mehr von der direkten Rede (dR) Gebrauch macht?
Welche Merkmale treffen zu, wenn man mehr von der indirekten Rede (inR) Gebrauch macht?
Tragen Sie in die Tabelle ein:
man kann sich das, was geschehen ist, besser vorstellen

	dR	inR
wirkt sachlicher		
wirkt für den Leser / Hörer glaubwürdiger		
klingt sprachlich einfacher		
wirkt „lebendiger"		
enthält „komplette" Sätze		
wird durch Anführungszeichen (zu Beginn: unten – am Ende: oben) „eingerahmt"		
ist im Bereich der Presse eher typisch für „seriöse" Zeitungen		
wirkt objektiver / neutraler		
ist eher in der Lage, Neugier / Interesse zu wecken		
erleichtert es dem Leser / Hörer, sich das Geschehene vorzustellen		
ist im Bereich der Presse eher typisch für Boulevard-Blätter		
enthält „unvollständige" Sätze (Ellipsen)		

Wie man indirekte Rede formuliert: Gebrauch von Konjunktiv I und II

Erinnern Sie sich?
Konjunktivendungen:
ich schreib*e*, du *...est*, er/sie/es *...e*, wir *...en*, ihr *...et*, sie *...en*

Konjunktiv II (s. auch *Zwischen den Pausen* Band 1):
ich wäre gefahren, du könntest anklopfen,
sie hätte nicht antworten sollen, er würde das nie tun, ...

A „sein", „haben" und Modalverben in der indirekten Rede

sein	Modalverben	haben
Es wird / wurde behauptet, ... ↓	*Es wird / wurde behauptet, ...* ↓	*Es wird / wurde behauptet, ...* ↓
ich *sei* verliebt du *sei(e)st* / *wär(e)st* verliebt er, sie, es *sei* verliebt wir *seien* verliebt ihr *wär(e)t* verliebt sie *seien* verliebt	ich *könne* gut singen du *könntest* gut singen er, sie, es *könne* gut singen wir *könnten* gut singen ihr *könntet* gut singen sie *könnten* gut singen	ich *hätte* ein Motorrad du *hättest* ein Motorrad er, sie, es *habe* wir *hätten* ihr *hättet* sie *hätten* ein Motorboot
Vergangenheit: ich *sei* gegangen du *wär(e)st* angekommen er/sie/es *sei* geblieben ...	Vergangenheit: ich *hätte* antworten sollen du *hättest* wählen dürfen sie *habe* warten müssen ...	Vergangenheit: ich *hätte* angerufen du *hättest* gefaxt er/sie/es *habe* geschrieben ...

B Vollverben in der indirekten Rede

Gegenwart	Vergangenheit
Es wird / wurde behauptet, ... ↓	*Es wird / wurde behauptet, ...* ↓
ich *nähme* Klavierunterricht / *würde ... nehmen* du *nähmest ...* / *würdest ... nehmen* er/sie/es *nehme ...* wir *nähmen ...* / *würden ...nehmen* ihr *nähm(e)t ...* / *würdet ... nehmen* sie *nähmen ...* / *würden ... nehmen*	ich *hätte* Klavierunterricht *genommen* du *hättest ... genommen* er/sie/es *habe ... genommen* wir *hätten ... genommen* ihr *hättet ... genommen* sie *hätten .... genommen*
ich *reiste* morgen früh ab / *würde ... abreisen* du *würdest ... abreisen* er/sie/es *reise ...* wir *reisten ...* / *würden ... abreisen* ihr *würdet ... abreisen* sie *reisten ...* / *würden ... abreisen*	ich *sei* vorzeitig *abgereist* du *sei(e)st* / *wär(e)st ...* er/sie/es *sei ....* wir *seien ...* ihr *wär(e)t ...* sie *seien ...*

a. Formulieren Sie mit Hilfe der Übersichten A und B Regeln:
Wann gebraucht man bei der indirekten Rede Formen
des Konjunktivs I – wann verwendet man als Ersatzform den
Konjunktiv II?
Woran könnte es liegen, dass Formen des Konjunktivs II an
die Stelle einer „echten" Konjunktiv I-Form gerückt sind?

b. Vervollständigen Sie die Übersicht / indirekte Rede:

Jemand sagte, …

ich	sei verliebt			
du		würdest nie schreiben		
er, sie, es			verreise heute	
wir				würden zu viel telefonieren
ihr	wäret verliebt			
sie		würden nie schreiben		

Jemand sagte, …

ich				sei lange geblieben
du			hättest toll gesungen	
er, sie, es		habe weggehen müssen		
wir	hätten bleiben sollen			
ihr		hättet weggehen müssen		
sie			hätten toll gesungen	

Indirekte Fragesätze

a. Wie werden direkte Fragen indirekt wiedergegeben?
Worauf muss man achten?
Unterstreichen Sie in der Tabelle Redewendungen / Begriffe, die
Ihnen bei der Umwandlung von direkten Fragen in indirekte Fragen
behilflich sein könnten; tragen Sie diese Redewendungen / Begriffe
in die 3. Spalte ein. Schreiben Sie die unvollständigen Sätze zu Ende.

Direkte Fragen	Indirekte Fragen	Darauf muss man achten ...
a. „Und du hast mich wirklich angerufen?"	a. Sie fragte ihn, ob er sie wirklich angerufen habe.	ob
b. „Wann trifft die Reisegruppe aus München ein?"	b. Er wollte wissen, wann die Reisegruppe aus München eintreffe.	
c. „Könntest du mir bis morgen deinen Computer zur Verfügung stellen?"	c. Sie fragte mich, ob ich ihr bis morgen (bis zum nächsten Tag / für einen Tag) meinen Computer zur Verfügung stellen könnte. / Sie bat mich ihr meinen Computer für einen Tag zur Verfügung zu stellen.	
d. „Wie soll ich denn in so kurzer Zeit die Sache in Ordnung bringen?"	d. Er fragte, wie er denn in so kurzer Zeit die Sache in Ordnung bringen könne.	
e. „Warum bist du nie pünktlich?"	e. Sie fragte mich, warum ich nie pünktlich sei. / Sie machte mir den Vorwurf, nie pünktlich zu sein. / Sie beschwerte sich darüber, dass ich nie pünktlich bin. / Sie warf mir Unpünktlichkeit vor. / Sie beklagte sich darüber, dass ich immer unpünktlich bin. / Sie beklagte meine Unpünktlichkeit.	
f. „Spinnst du?"	f. Er fragte mich, ob ich spinne. / Er beschimpfte mich. / Er beleidigte mich. / Er warf mir vor zu spinnen.	
g. „Funktioniert noch euer Taschenrechner?"	g. Sie fragten, ob unser Taschenrechner noch funktioniere.	
h. „Welchen Zug sollen wir nehmen?"	h. Er fragte, welchen Zug sie nehmen sollten.	

i.	„Könntest du mal nach den Zündkerzen sehen?"	i.	Er bat mich nach den Zündkerzen zu sehen.
j.	„Wann beginnt der Film?"	j.	Er fragte, ... / Er erkundigte sich nach der Anfangszeit des Films.
k.	„Warum passt du nicht auf, wenn du den Wein einschenkst?"	k.	Sie fragte mich warum ... / Sie beschwerte sich darüber, dass ich beim Einschenken des Weins nicht aufpassen würde. / Sie warf mir vor, beim Einschenken des Weins nicht aufzupassen.
l.	„Kann man denn in dieser Familie nicht einmal ein ruhiges Wochenende verbringen?"	l.	Er fragte, ... / Er beklagte sich darüber, ...
m.	„Kennst du Kloppstock?"	m.	... ob ...
n.	„Warum kommst du erst jetzt nach Hause?"	n.	Sie wollte von ihm wissen, ... / Sie warf ihm vor, ...
o.	„Warum muss es immer regnen, wenn ich Urlaub habe?"	o.	Er fragte, ... / Er beklagte sich über den Regen im Urlaub. / Er beklagte sich darüber, dass es immer in seinem Urlaub regnen würde.

↓ 1.5

Bitten, Aufforderungen, Empfehlungen, Vorwürfe, Klagen indirekt wiedergeben

a. Ordnen Sie zu:
Welche Strukturen können Sie bei der Umwandlung von direkter in indirekte Rede verwenden, wenn es um Bitten, Aufforderungen, Empfehlungen, Vorwürfe oder Klagen geht?

jmd. riet mir davon ab, ... ◆ (sehr formell!:) jmd. trat mit der Bitte an mich heran, ... ◆ jmd. warnte mich davor, ... ◆ jmd. empfahl mir, ... ◆ jmd. sagte, ich solle ◆ jmd. sagte, ich solle bitte ... ◆ jmd. schlug vor, ... ◆ gab zu bedenken, dass ... ◆ jmd. befahl, ...

Bitten	Aufforderungen	Empfehlungen	Vorwürfe	Klagen
V bat mich, …	W forderte mich auf, …	X riet mir, …	Y warf mir vor, dass …	Z klagte / beklagte sich darüber, dass …

b. Vervollständigen Sie die Übersicht. Bearbeiten Sie l. – m. mit Ihrem Tischnachbarn zusammen.
Geben Sie in der ersten Spalte an, ob es sich um Bitten, Aufforderungen, Empfehlungen, Vorwürfe oder Klagen handelt.

		Direkte Rede	Indirekte Rede
a.	Aufforderung	„Schließ doch endlich den Vertrag ab!"	Sie/Er forderte mich (vehement) auf den Vertrag abzuschließen.
b.		„Könntest du mir eine Tageszeitung mitbringen?"	Sie/Er bat mich eine Tageszeitung mitzubringen.
c.		„An deiner Stelle würde ich jetzt erst einmal überhaupt nicht reagieren."	Sie/Er meinte, ich solle erst einmal nicht reagieren.
d.		Polizeibeamtin: „Ihre Papiere, bitte."	
e.		„Haben Sie vielleicht noch Zucker da?"	
f.		Verkäufer: „Eine Nummer größer steht Ihnen, glaube ich, besser."	
g.		„Ruf nie mehr an!"	
h.		„Wenn Sie – aber nur wenn Sie auch wirklich Zeit haben – den Brief zum Briefkasten mitnehmen würden."	
i.		Reisekauffrau im Reisebüro: „Dieses Hotel ist zwar etwas teurer, aber dafür liegt es direkt am Strand."	
j.		„Ich gebe Ihnen noch einmal drei Wochen. Dann müssen die Arbeiten endgültig abgeschlossen sein."	
k.		„Ich bitte Sie sehr Ihren Schwager auf die Folgen seines Handelns hinzuweisen."	

Herr T. meint:	Ihre Einschätzung:
1.	

1.6
Nähe – Zweifel – Distanz:
Was man mit indirekter Rede alles ausdrücken kann …

Die Situation:
Herr T. hat heute Morgen einen Anruf seiner Arbeitskollegin Frau Jansen erhalten. Herr T. gibt den Inhalt dieses Anrufs an die gemeinsame Vorgesetzte, Frau U., weiter.
In der ersten Spalte finden Sie fünf Möglichkeiten, die Herr T. anwenden könnte; in der zweiten Spalte finden Sie mögliche Absichten, die hinter diesen Aussagen stehen könnten.

a. Was könnte Frau Jansen am Telefon gesagt haben?

b. Tragen Sie in die dritte Spalte ein, was Frau U. von Herrn T. infolge seiner Aussagen halten könnte – ordnen Sie dabei diese Sätze zu:

Naja, das kann jedem mal passieren. ◆ *Toll, wie sich Herr Tiedge ausdrückt. Sehr gebildet, der Mann. Der spricht wie ein Buch. Der hätte besser Journalist werden sollen. Merkwürdiger Typ.* ◆ *„Ist das alles, was Frau Jansen gesagt hat?"* ◆ *Warum regt sich denn Herr Tiedge so auf?* ◆ *Ist ja schlimm, wie der über seine Arbeitskollegin spricht.* ◆ *Höre ich da nicht einen „leisen Zweifel"?*

Das sagt Herr T. …	Herrn Ts Absicht	Frau Us Einschätzung
1. „Frau Jansen hat vorhin angerufen. Sie kommt heute etwa zwei Stunden später. Sie hatte Probleme mit ihrem Wagen. Sie musste den ADAC holen."	Tut mir Leid für Sie. Ich werd's gleich der Chefin sagen. (neutral)	

2. „Frau Jansen hat sich vorhin telefonisch gemeldet. Sie teilte mit, sie treffe heute hier aller Voraussicht nach etwa zwei Stunden später ein. Ihr Wagen sei – vermutlich infolge eines Defekts an der Benzinpumpe – nicht fahrbereit gewesen. Sie habe den ADAC zu Hilfe bitten müssen. Sie bittet, ihr Zuspätkommen vielmals zu entschuldigen."

Ein wichtiger Anruf. Ich muss ihn korrekt und sofort weitergeben.

3. „Frau Jansen hat angerufen. Ihr Wagen wär' nicht angesprungen."

Die Chefin hat heute viel zu tun. Ich sage ihr nur kurz, was los ist.

4. „Die Jansen hat angerufen. Dreimal dürfen Sie raten! Jawohl, ihr Wagen wäre mal wieder nicht angesprungen. Aber keine Bange, in zwei Stunden, meint sie, wäre sie hier."

Heute ist der Tag der Rache da!

5. Frau Jansen hat angerufen. Die Ärmste. Ihr Wagen soll heute Morgen nicht angesprungen sein. Sie sagt, sie komme in etwa zwei Stunden.

Die hat bestimmt verschlafen, und ich darf ihre Arbeit mitmachen. Die Chefin soll merken, was ich von diesem Anruf halten. Aber da muss ich schon sehr geschickt vorgehen …

c. Mit welchen sprachlichen Mitteln möchte Herr T. Zweifel am Wahrheitsgehalt der Aussagen von Frau J. wecken?
   Mit welchen sprachlichen Mitteln versucht er die Aussage möglichst objektiv weiterzugeben?
   Zweifel: _____
   Objektivität: _____

d. Überprüfen Sie Ihre Regel (c.) anhand der folgenden Beispiele.
   Bestätigt sich Ihre Regel?
   Können Sie Ihrer Regel noch etwas hinzufügen?

   – „Unsere Nachbarin hat mir erzählt, dass sie nächsten Monat ausziehen wird."
   – „Deine Schwester erzählte mir, dass sie nächsten Monat heiratet. Finde ich gut."
   – „Unsere Nachbarin hat mir erzählt, sie werde nächsten Monat ausziehen."
   – „Er meint mal wieder, die Musik gestern Nacht wäre nicht aus seiner Wohnung gekommen."

- „Nun ja, offiziell heißt es, sie hätte die Firma verlassen, weil man ihr in Braunschweig eine bessere Stelle angeboten hätte."
- „Unsere Nachbarin hat mir erzählt, sie würde nächsten Monat ausziehen."
- „Deine Mutter hat angerufen. Sie kommt nicht. Sie hat wieder ihre Migräne."
- „Stefan soll gesagt haben, er habe gestern versucht anzurufen, aber niemand sei da gewesen."
- „Unsere Nachbarin hat davon erzählt, dass sie nächsten Monat ausziehen würde. Schön wär's ja."

2 Grammatik üben und anwenden

2.1

Fußballerweisheiten

Geben Sie diese Aussprüche in direkter Rede wieder. Gebrauchen Sie dabei folgende Stukturen:
- von X stammt der berühmte Satz: „..."
- Mit dem Satz „..." hat X den „Nagel auf den Kopf getroffen".
- Wie sagte es doch X so treffend? „..."
- Nicht nur beim Fußball gilt der Satz Jürgen Wegmanns: „..."

a. Erst habe man kein Glück und dann komme auch noch das Pech dazu. (Jürgen Wegmann, Fußballphilosoph, ehemaliger Bundesligaspieler u. a. bei Rot-Weiß Essen und Bayern München.)

b. Der Ball sei rund. Ein Spiel dauere 90 Minuten. Der nächste Gegner sei immer der schwerste. (Sepp Herberger, ehemaliger Trainer der deutschen Nationalmannschaft; führte Deutschland zur Weltmeisterschaft 1954)

c. Abgerechnet werde am Ende der Saison. (Trainer)

d. Nur Tore würden ein Spiel entscheiden. (Trainer)

e. Ein Mittelstürmer müsse Tore schießen, dafür werde er bezahlt. (Trainer)

2.2

a. Unterstreichen Sie beim Lesen direkte und indirekte Rede mit einem schwarzen und einem andersfarbigen Stift.

Text C

Meteorit: Auch die Wissenschaftler fielen darauf rein[11]

Der angebliche Andechs-Meteorit – wer narrte[12] da die Wissenschaftler der ganzen Welt? Sicher ist: Polizist Max Enzbrunner (53), der Leiter der Polizeiinspektion Herrsching in Oberbayern, ist an der Meteoritensage nicht ganz unschuldig.

Am Sonntagnachmittag berichtete er von dem geheimnisvollen Krater neben dem KLoster Andechs. Die Deutsche Presse-Agentur (dpa) zitierte ihn: „Es kann sich eigentlich nur um einen Meteoriten handeln." Darauf deute der in einem Umkreis von 200 Metern geschmolzene Schnee hin: „Sehr heiß" müsse der Meteorit gewesen sein … Die Polizei leitete sogar radioaktive Messungen ein – es hätte ja auch radioaktiver Weltraumschrott sein können.

Christoph Ries vom Institut für Astronomie der Universität München am Sonntagabend: In München hätte der Meteorit erhebliche Verwüstungen angerichtet. „Da wäre ja quasi ein ganzer Häuserblock weg vom Fenster." Und: „Das muss ein relativ großes Objekt gewesen sein."

Martin Beblo registrierte im Geophysikalischen Observatorium von Fürstenfeldbruck zur Explosionszeit am Sonntag um 12.49 Uhr ein „leichtes Erdbeben".

Erst 20 Stunden nach der Falschmeldung klärte die bayerische Polizei ihr Versehen auf: „Der Krater entstand durch eine angemeldete Sprengung mit 100 kg Sprengstoff": ein Naturfreund ließ sich so binnen Sekunden einen Forellenteich schaffen. Das geht nur durch eine Sprengung, weil ein Bagger im Schlamm versunken wäre.

Und warum haben sich die darüber informierten Beamten nicht gemeldet, als sie die Mär[13] vom Meteoriten abends im Fernsehen sahen?

Ein Polizeisprecher glaubt, sie hätten sich nicht erinnern können … Und Max, der Dorfpolizist? Er konnte sich gestern vor Lachen kaum halten …

(Bild-Zeitung)

11 auf etwas hereinfallen / reinfallen (ugs.): eine Lüge / Schwindelei nicht erkennen

12 jmdn. narren:
jmdm. eine Lüge erzählen, die auch geglaubt wird – Redensarten: jmdn. an der Nase herumführen / jmdm. einen Bären aufbinden

13 -e Mär: die seltsame Geschichte

b. Verwandeln Sie die unterstrichenen Sätze von direkter Rede in indirekte Rede bzw. von indirekter Rede in direkte Rede.

2.3

„Journalistentraining" (1)

Unterstreichen Sie in diesen Auszügen einer Rede des deutschen Bundespräsidenten Roman Herzog Stellen, die Sie interessant finden / denen Sie zustimmen / die Sie ablehnen.
Geben Sie dem Bundespräsidenten Recht? Gibt es Parallelen zum Ausbildungsystem in Ihrer Heimat?
Geben Sie diese Textstellen anschließend in indirekter Rede wieder.

Gebrauchen Sie dabei folgende Strukturen:

- Roman Herzog weist meiner Meinung nach zu Recht darauf hin, dass …
- Bemerkenswert / Erwähnenswert finde ich den Satz Herzogs, …
- Der (deutsche) Bundespräsident hat sicherlich recht, wenn er sagt / behauptet / meint, …
- In seiner Rede heißt es, …

Freiheit ist anstrengend: Fördern und Fordern
aus: Frankfurter Allgemeine Zeitung, 6. 11. 1997

Bildung muss in unserem Land zum „Megathema"[14] werden, wenn wir uns in der Wissenswelt des nächsten Jahrhunderts behaupten wollen. (…) Wissen ist heute die wichtigste Ressource in unserem rohstoffarmen Land. Wissen können wir aber nur durch Bildung erschließen[15]. Wer sich den höchsten Lebensstandard, das beste Sozialsystem und den aufwendigsten Umweltschutz leisten will, der muss auch das beste Bildungssystem haben.

Außerdem ist Bildung ein unverzichtbares Mittel des sozialen Ausgleichs. Bildung ist der Schlüssel zum Arbeitsmarkt und noch immer die beste Prophylaxe gegen Arbeitslosigkeit. Sie hält die Mechanismen des sozialen Auf- und Abstiegs offen und hält damit unsere Gesellschaft in Bewegung. (…)

Es gibt keine Bildung ohne Anstrengung. Wer die Noten aus den Schulen verbannt[16], schafft Kuschelecken[17], aber keine Bildungseinrichtungen, die auf das nächste Jahrtausend vorbereiten. (…)

Falsch ist auch die Vorstellung, die Schule sei Reparaturbetrieb für alle Defizite in der Gesellschaft. Hier sind auch die Eltern gefordert. Die Schule kann die Eltern bei der Erziehung nur unterstützen, ersetzen kann sie sie nicht. (…)

Ich wünsche mir ein Bildungssystem, das wertorientiert ist. Bildung darf sich nicht auf die Vermittlung von Wissen (…) beschränken. Zur Persönlichkeitsbildung gehört neben Kritikfähigkeit, Sensibilität und Kreativität eben das Vermitteln von Werten und sozialen Kompetenzen. Dabei denke ich durchaus auch an Tugenden, die gar nicht so altmodisch sind, wie sie vielleicht klingen: Verlässlichkeit, Pünktlichkeit und Disziplin, vor allem aber der Respekt vor dem Nächsten und die Fähigkeit zur menschlichen Zuwendung. (…)

Wir müssen unseren Kindern aber auch vermitteln, dass Freiheit ohne Ziele Orientierungslosigkeit ist und dass Individualismus ohne Solidarität kein Gemeinwesen begründen kann. (…) Zugleich müssen sich unsere Bildungsinstitutionen wieder darauf besinnen, dass man Leistung nicht fördern kann, ohne sie auch zu fordern: Das setzt freilich das Bewusstsein aller voraus, dass es im Leben ohne Anstrengung nicht geht. (…) Wir müssen auch deutlich machen, dass Freiheit anstrengend ist, weil jeder die Ergebnisse seiner Freiheit zunächst selbst verantworten muss. Kurz: Wir brauchen eine neue Kultur der Selbstständigkeit und Verantwortung! Und beides kann nicht durch abstrakte Theorie vermittelt werden, sondern nur durch das täglich gelebte Beispiel von Eltern, Lehrern und Erziehern.

Ich wünsche mir (…) ein Bildungssystem, das international ist. (…) Alle unsere Bildungsstätten sind gefordert, sich noch mehr als bisher der Welt zu öffnen, kosmopolitischer zu werden. Wir müssen schon früh die wichtigsten Sprachen der Welt lehren; warum beginnen wir nicht

14 -s „Megathema" (Jugendsprache):
ein besonders wichtiges Thema; „mega" gilt in der Jugendsprache der 90er Jahre als Steigerungsmittel (Superlativ): Megastars, Megafilme etc.

15 erschließen:
Rohstoffe (z. B. Erdöl) werden erschlossen / gewonnen; Herzog verwendet dieses Wort bezogen auf Bildung: Bildung muss erschlossen / gewonnen werden.

16 die Noten aus den Schulen verbannen:
auf Schulnoten verzichten

17 -e Kuschelecke:
ein Raum / Teil eines Raumes, wo man es sich sehr gemütlich machen kann

mit dem Englischunterricht in der Grundschule? Sprachen lernt man am effektivsten in ganz jungen Jahren. Warum bauen wir nicht den bilingualen Unterricht an unseren Schulen konsequent aus? Und ist es wirklich abwegig, ganze Schulklassen für ein halbes Jahr im Ausland unterrichten zu lassen und dafür Austauschschüler für sechs Monate auf deutsche Schulbänke zu holen?

Ich wünsche mir (…) ein Bildungssystem, das Wettbewerb zulässt. (…)

Warum haben wir uns bislang gescheut, unsere Schulen in einen Vergleich treten zu lassen, der den Wettbewerb fördert? In den Vereinigten Staaten ist Präsident Clinton gerade dabei, einen „national achievement test"[18] für Schüler einzuführen, damit Eltern im ganzen Land wissen, welche Schulen gut und welche weniger gut sind. Wäre das nicht auch ein Modell für uns? Könnten dann nicht die guten Schulen Vorbild und Ansporn für andere sein, die eigenen Angebote zu verbessern? (…)

Ich wünsche mir schließlich (…) ein Bildungssystem, dass mit der Ressource Zeit vernünftig umgeht. Die Ausbildungsdauer ist bei uns überall zu lang. Daher sind alle Seiten gefordert, mit der Zeitverschwendung Schluss zu machen. Wir leisten uns dreizehn Schuljahre für die Vermittlung von Wissen, das andere Länder in zwölf Jahren unterrichten. (…)

Unser Bildungssystem war einst ein Modell für die ganze Welt. Aber es muss weiterentwickelt werden. Das Bessere ist bekanntlich der Feind des Guten. Ziehen wir daraus die Konsequenzen. Machen wir es zu einem Modell für das 21. Jahrhundert! Entlassen wir unser Bildungssystem in die Freiheit.

18 national achievement test (engl.): nationaler / landesweiter Leistungstest

2.4

Wählen Sie einen längeren Text oder zwei kürzere dieser Texte Bertolt Brechts aus. Geben Sie Ihrem Tischnachbarn den Inhalt wieder, benutzen Sie dabei die indirekte Rede.

A

Mühsal der Besten

„Woran arbeiten Sie?" wurde Herr K. gefragt. Herr K. antwortete: „Ich habe viel Mühe, ich bereite meinen nächsten Irrtum vor."

B

Das Wiedersehen

Ein Mann, der Herrn K. lange nicht gesehen hatte, begrüßte ihn mit den Worten: „Sie haben sich gar nicht verändert." „Oh!" sagte Herr K. und erbleichte.

C

Herrn K.s Lieblingstier

Als Herr K. gefragt wurde, welches Tier er vor allen schätze, nannte er den Elefanten und begründete dies so: Der Elefant vereint List mit Stärke. (…) Wo dieses Tier war, führt eine breite Spur. Dennoch ist es gutmütig, es versteht Spaß. Es ist ein guter Freund, wie es ein guter Feind ist. Sehr groß und schwer, ist es doch auch sehr schnell. Sein

Rüssel führt einem enormen Körper auch die kleinsten Speisen zu, auch Nüsse. Seine Ohren sind verstellbar: Er hört nur, was ihm paßt. Er wird auch sehr alt. Er ist auch gesellig, und dies nicht nur zu Elefanten. Überall ist er sowohl beliebt als auch gefürchtet: Eine gewisse Komik macht es möglich, daß er sogar verehrt werden kann. Er hat eine dicke Haut, darin zerbrechen die Messer; aber sein Gemüt ist zart. Er kann traurig werden. Er kann zornig werden. Er tanzt gern. Er stirbt im Dickicht[19]. Er liebt Kinder und andere kleine Tiere. Er ist grau und fällt nur durch seine Masse auf. Er ist nicht eßbar. Er kann gut arbeiten. Er trinkt gern und wird fröhlich. Er tut etwas für die Kunst: Er liefert Elfenbein.

19 -s Dickicht: dichter Wald

D

Eine gute Antwort
Ein Arbeiter wurde vor Gericht gefragt, ob er die weltliche oder die kirchliche Form des Eides benutzen wolle. Er antwortete: „Ich bin arbeitslos." – „Dies war nicht nur Zerstreutheit", sagte Herr K. „Durch diese Antwort gab er zu erkennen, daß er sich in einer Lage befand, wo solche Fragen, ja vielleicht das ganze Gerichtsverfahren als solches, keinen Sinn mehr haben."

E

Herr Keuner und die Zeichnung seiner Nichte
Herr Keuner sah die Zeichnung seiner kleinen Nichte an. Sie stellte ein Huhn dar, das über einen Hof flog. „Warum hat dein Huhn eigentlich drei Beine?" fragte Herr Keuner. „Hühner können doch nicht fliegen", sagte die kleine Künstlerin, „und darum brauchte ich ein drittes Bein zum Abstoßen." „Ich bin froh, dass ich gefragt habe", sagte Herr Keuner.

F

Das Horoskop
Herr K. bat Leute, die sich Horoskope erstellen ließen, ihrem Astrologen ein Datum in der Vergangenheit zu nennen, einen Tag, an dem ihnen ein besonderes Glück oder Unglück geschehen war. Das Horoskop mußte es dem Astrologen gestatten, das Geschehnis einigermaßen festzustellen. Herr K. hatte mit diesem Rat wenig Erfolg, denn die Gläubigen bekamen zwar von ihren Astrologen Angaben über Ungunst oder Gunst der Sterne, die mit den Erfahrungen der Frager nicht zusammenpaßten, aber sie sagten dann ärgerlich, die Sterne deuteten ja nur auf gewisse Möglichkeiten, und die konnten ja zu dem angegebenen Datum durchaus bestanden haben. Herr K. zeigte sich durchaus überrascht und stellte eine weitere Frage. „Es leuchtet mir auch nicht ein", sagte er, „daß von allen Geschöpfen nur die Menschen von den Konstellationen der Gestirne beeinflußt werden sollen. Diese Kräfte werden doch die Tiere nicht einfach auslassen. Was geschieht aber, wenn ein bestimmter Mensch etwa ein Wassermann ist, aber einen Floh hat, der ein Stier ist, und in einem Fluß ertrinkt? Der Floh ertrinkt dann vielleicht mit ihm, obwohl er eine sehr günstige Konstellation haben mag. Das gefällt mir nicht."

aus: Bertolt Brecht: Geschichten vom Herrn Keuner

„Journalistentraining" (2)

Entscheiden Sie sich für die Aufgabe A oder B.

A

Wählen Sie eines der folgenden Themen; befragen Sie mindestens
5 Ihrer Mitschüler dazu. Fassen Sie anschließend die Ergebnisse Ihrer
Befragung zusammen. Gebrauchen Sie dabei folgende Strukturen:

- Meine Vermutungen haben sich bestätigt; so erklärt z. B. X,
  sie / er …
- Die Antwort von X weist in eine andere Richtung: sie / er meint /
  gibt an, …
- Die meisten der von mir befragten Personen vertraten die
  Meinung, dass …; so meinte z. B. jemand, …

a. Denke mal an alle Sachen, die du zu Hause besitzt – auf was
   könntest am wenigsten verzichten?

b. Sollte man das Füttern von Tauben in Städten verbieten, eventuell
   mit einem empfindlichen Bußgeld bestrafen?

c. Welchen Beruf sollten deine Kinder später einmal auf keinen Fall
   ergreifen?

d. Wenn jemand ein Musikinstrument wirklich gut beherrschen
   möchte, braucht er das nötige Talent; mit Fleiß allein kann er das
   nicht erreichen. Stimmst du dem zu?

e. Würdest du dich in Hypnose versetzen lassen, wenn du dadurch
   erfahren könntest, ob du schon einmal zu einer anderen Zeit an
   einem anderen Ort gelebt hast?

f. Kleine Kinder haben heute kaum noch die Möglichkeit, beim Spielen
   draußen richtige Abenteuer zu erleben. Siehst du das auch so?

g. Bist du auch der Meinung, dass einige Spitzensportler zu viel Geld
   verdienen? Sollte der Staat vielleicht einen Höchstverdienst fest-
   setzen und alles Geld an Steuern einbehalten, das über diesem
   Grenzwert liegt? Wenn ja – wie hoch sollte dieser Grenzwert sein?

B

Suchen Sie sich einen Mitlerner, den Sie etwas besser kennen lernen möchten. Stellen Sie ihm die Fragen auf diesem Fragebogen, notieren Sie sich die Antworten in Stichworten. Schreiben Sie dann einen Vergleich: Wie stehen Sie zu den Fragen, welche Antwort hat die interviewte Person gegeben. Welche Antworten hatten Sie erwartet. – Konnten Sie Gemeinsamkeiten feststellen?

1. Bei welcher Gelegenheit hast du zuletzt herzhaft gelacht?
2. Hast du ein Haustier? Wenn ja: Welches? Und Warum?
3. Wo würdest du am liebsten leben?
4. Welche deiner Eigenschaften würdest du am liebsten ablegen?
5. Was tust du in deiner Freizeit, um dich körperlich und geistig fit zu halten?
6. Was macht dich in aller Regel sehr wütend?

2.6

Mit Hilfe des INTERNETs haben Sie die Möglichkeit an einem „Chatting"[20] teilzunehmen – d. h., Sie können sich mit anderen Teilnehmern per Computer unterhalten – über was auch immer Sie gerade interessiert.

Gesprochen wird bei diesen „Gesprächen" nicht mündlich, sondern schriftlich: Sie tippen Ihre Fragen und Antworten in den Computer und Ihre Fragen und Antworten erscheinen augenblicklich bei Ihren Gesprächspartnern – ganz gleich in welchem Land Sie / sie sich gerade befinden.

Geben Sie folgenden Gesprächauszug, an dem wir uns als Beobachter beteiligt haben und den wir so aus dem INTERNET übernommen (ausgedruckt) haben, in indirekter Rede wieder, gebrauchen Sie dabei u. a. folgende Stukturen:

antworten ◆ *erwidern* ◆ *zur Antwort geben, dass …* ◆ *beklagen, dass …*
◆ *jmdn. auffordern, etwas zu tun* ◆ *darauf hinweisen, dass …*

Smokey	*13:04*	Servus
Duffy	*13:05*	sagt zu Smokey: bist du der von ics…online.de?
Smokey	*13:05*	Ich kann nicht lange bleiben! Wird zu teuer. Ja. Bin der von ics…online.de.
Duffy	*13:06*	sagt zu Smokey: Läuft die Software[21] inzwischen fehlerfrei?
Smokey	*13:07*	sagt zu Duffy: Geht so. Manchmal bricht alles zusammen. Dann geht nichts mehr.
Steva	von ics…online.de *schaut zu*.	
Duffy	*13:08*	Steva! Komm rein. Nimm teil.
Smokey	*13:08*	Komm rein. Nimm teil. Woher kommst du? Wie alt? m oder w?[22]

(Steva macht bei diesem Gespräch trotz der Bitte der beiden nicht mit.)

Duffy	*13:10*	sagt zu Smokey: Immer dieselben Fragen! Gähn!
Smokey	*13.11*	sagt zu Duffy: Oh, sorry[23] für die primitiven Fragen! Was ist die Quadratwurzel aus 45?

20 *chatting, von:*
    chat (engl.): plaudern, sich unterhalten

21 *-e Software:*
    Computerprogramme, Computerspiele

22 *m: männlich; w: weiblich*

23 *sorry (engl.): Entschuldigung*

Duffy	*13:12*	sagt zu Smokey: Das kann man ja schließlich nicht laut über den Platz brüllen! „Grins"
Smokey	*13:12*	sagt zu Duffy: Dann flüster eben!!
Duffy	*13:13*	sagt zu Smokey: Ähm? Warte, ich hol' den Taschenrechner! „Grins" du musst entschuldigen, aber ich höre diese Fragen mindestens 20x am Tag!
Smokey	*13:14*	sagt zu Duffy: Ach so! Na gut, dann lass es sein! Jemand von line-209...matav.net *schaut zu*
Duffy	*13:14*	sagt zu Smokey: KONTRA: Nenne die höchste Primzahl! Frag aber bitte nicht mich!

Duffy sagt zu Smokey:

sqr(45)=−6,7082039

| **Smokey** | *13:15* | sagt zu Duffy: Die höchste Primzahl ist 8762541562. |

1 -r Krater:
   Tiefes Loch in der Erde, das durch
   eine Bombe – oder wie hier auch durch
   einen Meteoriten – entstanden ist.

2 Holz aufstapeln:
   Holzstücke übereinander legen

3 -r Hof; hier: -r Bauernhof

4 -e Schlammfontäne:
   -r Schlamm: feuchte Erde / -e Fontäne; hier:
   Schlamm, der in die Luft fliegt (nach dem
   Einschlag des Meteoriten)

5 -r Weltraumschrott, z. B. Zubehör von Raum-
   schiffen, das durch den Weltraum „fliegt"

6 -r Geigerzähler:
   Gerät, mit dem man Radioaktivität
   messen kann

7 sich vorbeischummeln (ugs.):
   unbemerkt an jmdm. vorbeigehen

8 Jupiter, der Meteoriten aufsaugt; hier:
   Jupiter, der durch seine Anziehungskraft
   (Schwerkraft) Meteoriten an seine Ober-
   fläche heranführt

9 man habe Messungen eingeleitet:
   man habe mit Messungen begonnen

10 -s UFO (engl. / Undefined Flying Object):
   unbekanntes Flugobjekt

(1) _____

Wo in aller Welt liegt ...

1 Mit Bildern arbeiten

1.1

Betrachten Sie das Bild (1) einige Minuten – machen Sie sich dabei
Notizen zu folgenden Fragen:

a. Was fällt Ihnen als erstes auf? Was fällt Ihnen spontan ein?
   Sind es eher positive Dinge? (Ruhe, Natur)? Vielleicht auch eine
   Reise, die Sie an einen Ort gebracht hat, der Sie an dieses Bild
   erinnert?

b. Welche Atmosphäre, welche Stimmung „spricht" aus diesem Bild?
   Was trifft Ihrer Meinung nach zu?
   – Einsamkeit
   – eine Bedrohung
     (z. B. ein aufkommendes Unwetter?)
   – Ruhe, eine friedliche Atmosphäre
   – Unruhe, Hektik
   – eine freundliche Atmosphäre
   – eine fröhliche, lebendige Atmosphäre

   Finden Sie auf dem Bild Details (z. B. die Wolken, der Zustand der
   Brücke, die Arbeit der Männer, die Wasseroberfläche ...), die Ihren
   Eindruck (siehe **b.**) unterstützen?

(2) _____

(3) _____

(4) _____

(5)

(6)

(7)

3.2

Sehen Sie sich die Abbildungen auf den Seiten 244 und 245 an.
Notieren Sie sich auch beim Betrachten dieser Bilder Stichwörter zu
den Fragen unter **3.1**.
Würden Sie einen dieser Orte gern auf einer Reise besuchen?

... Berlin

Egal. Berlin ist eine Reise wert.

Berlin – das ist ein Name, der das Paradies auf Erden bedeutet. Zumindest dem, der die Äquatorsonne über dieser Stadt in der Karibik versinken sieht. Berlin ist auch ein heiliger Name. Zumindest für die größte amische Gemeinde der USA, die in einem Dorf dieses Namens in Ohio den Versuchungen des modernen Großstadtlebens trotzt – ohne Fernseher und Auto. Und manchmal ist Berlin auch ein Name, der Hoffnung auf verschollenes Nazi-Gold, das in einer Bergarbeitersiedlung in den argentinischen Anden versteckt sein soll; der Ort auf 4500 Meter ist das höchstgelegene Berlin der Welt.

Berlin ist eine Weltstadt. 118 Orte sind unter diesem Namen bekannt.

Orte wie das kleine Fischerdorf an der Ostküste Kanadas oder die riesige Rinderranch in Texas, Orte wie jener, der 1875 in Südamerika als erste Mustersiedlung für sozialen Wohnungsbau entstand, oder der, in dem 1794 die Whisky-Rebellion ausgetragen wurde, mit der sich pensylvanische Farmer erfolgreich gegen höhere Steuern für Privat-Destillerien wehrten. In Uruguay spielt der F. C. Berlin, in Feuerland liegt an einem einsamen Küstenstreifen ein Berlin, in dem niemend wohnt. Und in Südafrika stehen die Berliner auf dem Weg zur Arbeit auf dem Bahnsteig ihres Berliner Bahnhofs.

Das Berlin am Kap wurde wie die meisten anderen von einem echten Berliner gegründet. Hier war es Colonel Adolph von Hake, der 1857 nach Ende seines Militärdienstes ein Stück Land geschenkt bekam. Bei vielen anderen Orten, die nach der Preußenstadt heißen, lässt sich das nicht so leicht nachvollziehen. 1969 etwa stürzte ein spanischstämmiger Luftwaffenoberst mit seiner Maschine in den Bergen Boliviens ab. Aus Dankbarkeit baute er seinen Rettern auf 4000 Metern Höhe ein ganzes

Dorf, das er Estanzia Centro Berlin nannte. Doch wieso er diesen Namen wählte, blieb auch den Hochlandindianern, die ihn gefunden und monatelang gepflegt hatten, ein Rätsel.

Der Berliner Fotograf Harry Hampel reiste drei Jahre lang von einem Berlin zum nächsten, rund um die Welt. Er besuchte das kleinste Berlin in Neuseeland, das aus Mutter, Vater und Tochter Vickerman besteht, und schlug sich zum Berlin Creek durch, einem kleinen Fluss im malariaverseuchten Dschungel Guyanas. Er wagte sich in das berüchtigte Slumviertel von Georgetown in Guyana und das erdbebengeplagte Camarco Berlin in Nicaragua. Die Hazienda Berlin in Venezuela erlebte er als Festung, in der man Überfälle kolumbianischer Guerilleros fürchtete. Und als Hampel das Berlin der argentinischen Anden besuchte, war im ganzen Dorf niemand zu Hause.

Manchmal war die beschwerliche Anreise aus anderen Gründen vergebens. Auf dem riesigen Gelände der Estanzia Berlin Boliviens durfte nicht fotografiert werden. Die ortsansässige Drogenmaffia ließ sich selbst durch Souvenirs aus der deutschen Mutterstadt nicht umstimmen. Beim Carcel Berlin in Kolumbien blieben die Türen verschlossen. Der Direktor des Gefängnisses 400 Kilometer nördlich von Bogottá warnte ihn eindringlich vor den 200 Einwohnern.

Kolumbien ist das Land mit den meisten Berlins – 45 an der Zahl. Das älteste aber liegt in Schleswig-Holstein und ist 22 Jahre älter als das vermeintliche Original an der Spree. Auf dem Ku'damm kann man hier ohne Verkehrslärm und Abgase flanieren, und der Potsdamer Platz ist auch keine Baustelle. Die Einführung des weltweit beliebten Ortsnamens darf also diese kleine Gemeinde für sich beanspruchen, die Straßennamen jedoch übernahm man später von der großen Schwester. Aber was „Berlin" eigentlich bedeutet und woher das Wort abgeleitet wurde, wissen die Berliner bis heute nicht.

Und das schönste Berlin? Für Hampel ist das immer das nächste auf seinem Reiseplan. 65 hat er bisher kennen gelernt. Als nächstes wird er die Ukraine und Russland besuchen und dann den Mount Berlin, einen 3490 Meter hohen Vulkan in der Antarktis.

Lars Reichenhardt, Magazin der Süddeutschen Zeitung Nr. 10, 6. 3. 1998

Ihr Berlin liegt in:
(1) Estate Berlin, Guyana
(2) Berlin in Schleswig-Hollstein, Deutschland
(3) Berlin, Alti Plano, Argentinien
(4) Barrio Berlin, Nicaragua
(5) Berlin, Oklahoma, USA
(7) Estancia Centro Berlin, Bolivien
(8) Berlin, Kolumbien

Quellenverzeichnis

Textquellen:

S. 12: aus: Reinhard Mey, Alle meine Lieder, Maikäfer Musikverlagsgesellschaft mbH, Berlin 1985, S. 65; S. 16 f.: aus: Arezu Weitholz, Der perfekte Popsong, in: SZ-Magazin Nr. 34 vom 22. 8. 1997; S. 21: aus: Die Mädchenfänger, in: Bild am Sonntag vom 15. 10. 1995; S. 22 f.: aus: Felix Huch, Beethoven – Leben und Werk des großen Komponisten, Hartfried Voss, Ebenhausen / München; S. 23 B: aus: Michael Parouty, Johannes Jansern, Mozart – Aimé Des Dieux; S. 24: Arie aus: Wolfgang Amadeus Mozart, Die Zauberflöte; S. 29: aus: Kurt Tucholsky, Gesammelte Werke in 10 Bdn., S. 290 ff., Rowohlt Verlag, Reinbek 1965; S. 32 ff.: nach: Daan van Kampenhout, Der Punkt, an dem die Zeit stillsteht, in: Esoterik aktuell Nr. 2/1966; S. 35 V A – D und S. 44 ff.: nach: Andrea Hauer, Die Magie der Rituale, in: Beauty September 1995; S. 37 ff.: nach: Dirk Konnertz, Christiane Sauer, Tschüs dann! Die erfolgreichen Arbeitstechniken fürs Abitur, Klassen 10–13, Mind Unlimited Lernhilfe, Veritas, A-Linz 1997; S. 52 f.: nach: Edgar Hilsenrath, Jossel Wassermanns Heimkehr, Piper Verlag, München, 1993; S. 54 f.: nach: Das Glasperlenspiel, in: Esoterik aktuell Nr. 2 / 1996; S. 57 D: nach einem Werbespot von Danone GmbH, München; S. 58 E: aus: Paul Watzlawick, Anleitung zum Unglücklichsein, Piper Verlag München 1983; S. 60 f.: aus: Hilfe, die Egos kommen, in: YoYo Nr. 20/1996, S. 86 – 87; S. 67 f.: nach: Ursula Ott, Ich hoffe, Sie waren zufrieden, in: Die Woche vom 6. 12. 1996; S. 68 f.: nach: Michaela Simon, Benehmt euch, in: JETZT, Jugendmagazin der SZ Nr. 9/1997; S. 75 ff.: nach: Josef Scheppach, Blick in die Zukunft des Allerkleinsten, in: Peter Moosleitners interessantes Magazin 7/1997, ab S. 8, Gruner + Jahr München; S. 79 f.: nach: Der Delphi-Report: Zeugen der Zukunft, in: Bild der Wissenschaft Nr. 2/1995; S. 80 f.: aus: Delphi-Studien, in: Kosmos Nr. 9/1994; S. 81 ff.: nach: Christian Ankowitsch, Nun aber gleich los!, in: DIE ZEIT Nr. 6 vom 2. 2. 1996; S. 89, 1.3 a., b.: zitiert aus: Gerhard Hellwig: Das große Buch der Zitate, Orbis-Verlag, 1990; c., d.: zitiert aus: Michael Adam (Hrsg.), Das große FALKEN Buch der modernen Zitate, Niederhausen 1994; S. 94 ff.: nach: Joe Morgenstern, Der Turm des Schreckens, in: SZ Magazin Nr. 31 vom 2.8.1996; nach: Esztergalyos Kontrolleurin, in: Falter Nr. 43/1996; S. 104 nach: Vorstellungsgespräch: Schwindeln erlaubt, in: YoYo Nr. 17/1996; S. 105 f. : nach: Warum klauen Kids?, in: Juma Nr. 3/1995; S. 108 ff.: Auszüge aus: Moral '96, in: Bild am Sonntag vom 27. 10. 1996; S. 111 ff.: nach: Masken, aus: Max von der Grün, Etwas außerhalb der Legalität, Sammlung Luchterhand 1987; S. 115 ff.: Max Frisch, Fragebogen, Suhrkamp Verlag, Frankfurt a. M. 1992; S. 124 ff.: aus: Erich Fromm, die Furcht vor der Freiheit, Deutsche Verlags-Anstalt Stuttgart 1993, edition Suhrkamp, Frankfurt a. M., 1967; S. 130 f.: nach: Manfred Dworschak, Wer sucht, wird fündig, in: ZEIT Punkte Nr. 5/1996; S. 132 f.: nach: Susanne Gaschke, Pflicht zum kritischen Bick, in: ZEIT Punkte; S. 136 f.: nach: Kopfgeld für Graffiti-Sprayer, in: YoYo Nr. 17 vom 31. 7. 1996; S. 141 f.: nach: Rosa Luxemburg, Tagebücher, Briefe aus dem Gefängnis; S. 142: aus: Detlef Vetten, Der Spinnenmann, in: ZEITmagazin Nr. 32 vom 2.8.1996; S. 148 f.: nach: Christopher Schwarz, Helfer, die gebraucht werden, in: FAZ-Magazin Nr. 715 vom 12. 11. 1993; S. 149 f.: aus: 20 Jahre Ärzte ohne Grenzen, Hrsg. Ärzte ohne Grenzen, Bonn; S. 150, 151 f.: aus: Das Greenpeace Buch, Beck, München 1996; S. 152: nach: David Winner, Die größte internationale Menschenrechtsorganisation, Arena Verlag, Würzburg 1991; S. 167: nach: Rachel Elboim Dror, Rettet die Wölfe, aber vergesst die Menschen nicht, in: DIE ZEIT Nr. 39 vom 20. 9. 1996; S. 173 ff., Text I – III: nach: Fernando Groener, Rose-Maria Kandler, 7000 Eichen – Joseph Beuys, König, Köln 1987; S. 174, Text IV: aus: Norbert Scholz, 43, Landschaftsplaner, in: ZEITmagazin Nr. 17 v. 18.4.1997; S. 175, Text V: nach: Michael Hierholzer, Zeitfragen im Spiegel der Künste, Inter Nationes, Bonn; Text VI: nach: Fernando Groener, Rose-Maria Kandler, 7000 Eichen – Joseph Beuys, König, Köln 1987; S. 183: nach: Bernhart Schwenk, Unheilige Geister, Haus der Kunst München / Cantz Verlag Ostfildern 1993; S. 186 ff.: nach: Der Zwang zur Tiefe, aus: Patrick Süskind, Drei Geschichten und eine Betrachtung, Diogenes Verlag, Zürich 1986; S. 193 ff.: aus: Klaus Maria Brandauer, Bleiben tu' ich mir nicht, Jugend & Volk Verlagsges., Wien 1985 / Pictures & Lines Wien; S. 199 f.: aus: Warten auf den Auftritt, in: JETZT – Jugendmagazin der SZ Nr. 33/1995; S. 200 ff.: aus: Werner Pfister, Andrea Meuli, Jeden Abend Angst (Agnes Baltsa), in: Musik & Theater Nr. 2 / Februar 1998; S. 219 C: aus: Michael Kumpfmüller, Nachts, wenn die Grauen kommen, in: Die Wochenpost Nr. 35 v. 22. 8. 1996; S. 221 f.: nach: Achim Metz, Passivrauchen: Wie groß sind die Gefahren?, in: Bonner Rundschau v. 5.2.1998; S. 222 C: aus: Ingo Wibbeke, Aliens – Die Außerirdischen leben mitten unter uns, in: EXPRESS v. 13. 2. 1997, S. 3; S. 225, Text A: Der Meteoriten-Krater, in: Bild-Zeitung; Text B: aus: 20 Meter breiter Krater, dpa; S. 235: nach: Meteorit: Auch die Wissenschaftler fielen darauf rein, in: Bild-Zeitung; S. 236 f.: nach: Freiheit ist anstrengend: Fördern und Fordern, in: Frankfurter Allgemeine Zeitung vom 6. 11. 1997; S. 237 f., A – F: nach: Geschichten von Herrn Keuner, aus: Gesammelte Werke 12, Prosa 2, Werksausgabe edition Suhrkamp, Frankfurt a. M. 1967; S. 246 f: Lars Reichenhardt, Egal. Berlin ist eine Reise wert, in: Magazin der Süddeutschen Zeitung Nr. 10 vom 6. 3. 1998.

Bildquellen:

S. 10 f.: aus: Cornelius Cardew, Treatise, © 1967 by Gallery Upstairs Press, USA, © 1970 assigned to Hinrichsen Edition, Peters Edition Limited, GB-London; S. 70: argus Fotoarchiv, Hamburg; S. 118: links: Gerhard Gäbler, Leipzig – rechts oben: André Kertesz – rechts unten: dpa / Süddeutscher Verlag Bilderdienst München; S. 140: oben: Sabine Vielmo / Greenpeace – unten: Gerhard Gäbler, Leipzig; S. 148 f.: Ärzte ohne Grenzen e. V.; S. 150 f.: Greenpeace; S. 152 f.: Amnesty International; S. 164 oben: Sabine Vielmo, unten: Bernhard Nimtsch / Greenpeace; S. 165: Rajan / Greenpeace; S. 166: D. Vennemann / Greenpeace; S. 171: oben links: aus: Jean Clottes, Jean Courtin: Grotte Cosquer – oben rechts: James Wilson Morrice – Mitte links: Henri de Toulouse-Lautrec – Mitte: aus: H. Frauberger (Hg.), Illustrierter Katalog der Sammlung von Gipsabgüssen des Central-Gewerbevereins für Rheinland, Westfalen und benachbarte Bezirke zu Düsseldorf, Düsseldorf 1906 – Mitte rechts: Jean Arp, VG Bild-Kunst, Bonn 1998 – unten links: Paula Modersohn-Becker – unten rechts: Giorgio Morandi, VG Bild-Kunst, Bonn 1998; S. 180: Joseph Beuys, VG Bild-Kunst, Bonn 1988; S. 184/185: Tony Cragg: „Unheilige Geister" 2-teilig B871–872, Staatsgalerie moderner Kunst, München; S. 192 u. S. 196 f.: Yogesh Rao, Haar; S. 242, 244, 245: aus: Harry Hampel, Von Berlin über Berlin nach Berlin, Verlag Rütten & Loening Berlin 1998.